AF557089

Ines Burdow
Andreas Hüneke (Hgg.)

Sweetheart, es ist alle Tage Sturm

Lyonel Feininger – Briefe an Julia 1905–1935

kanon verlag

Der Abdruck der Briefe Lyonel Feiningers erfolgt mit freundlicher Genehmigung von Conrad Feininger und der Houghton Library, Harvard University.

ISBN 978-3-98568-009-2

1. Auflage 2021

Gestaltung: Anke Fesel / bobsairport
Unter Verwendung einer Fotografie von Andreas Feininger / Getty Images sowie des Bildes »Ausfahrende Schiffe« von Lyonel Feininger / akg-images
Lektorat: Sabine Franke, Leipzig
Herstellung: Daniel Klotz / Die Lettertypen
Satz: Marco Stölk
Druck und Bindung: Pustet, Regensburg
Printed in Germany

www.kanon-verlag.de

Inhalt

Ines Burdow
Lyonel und Julia Feininger – eine Spurensuche 6

Andreas Hüneke
Leo und Julia 14

Die Vorgeschichte bis 1905 23

1905–1908 »Findetage« 27

1909–1919 »Unsere Welt-Wende« 53

1920–1925 »Die Kabale spitzt sich zu …« 129

1926–1929 »Wir gehen jetzt dessauern …« 193

1930–1935 »Es ist schlimm in Deutschland« 231

In die Neue Welt 260

Chronologie 265

Personenverzeichnis 268

Zu dieser Ausgabe 283

Ines Burdow

Lyonel und Julia Feininger – eine Spurensuche

Mitte 2018 bekam ich die Transkripte von ungefähr 850 Briefen Lyonel Feiningers an seine zweite Frau Julia in die Hände. Der damalige Leiter der Quedlinburger Lyonel-Feininger-Galerie, Michael Freitag, beauftragte mich, eine Lesung zu konzipieren, die 2019 im Rahmen des Veranstaltungsprogramms zur Ausstellung »Die Feiningers – ein Familienbild am Bauhaus« stattfinden sollte. Zusammen mit dem Künstler Frank Diersch entwickelte ich ein Live-Hörspiel zum Thema. Michael Freitags enormes Wissen und Rückfragen bei Dr. Roland März, ebenfalls ein Feininger-Experte, halfen uns dabei.

Die Briefe ließen mich allerdings nicht los. Briefe, die 1905 beginnen und 1935 enden. Dreißig Jahre Leben, dreißig Jahre Zeitgeschichte aus der Perspektive Lyonel Feiningers, das meiste davon unveröffentlicht oder lediglich verstreut auffindbar in Ausstellungskatalogen und wissenschaftlichen Fachpublikationen, oft auf einzelne Zitate reduziert, in denen Feininger sich zu seinem Kunstverständnis äußert, zu wichtigen Figuren des Kunstmarkts seiner Zeit oder zu Verhandlungen bei Verkäufen.

Die Ausgabe, die Sie nun in Händen halten, bietet erstmals eine gebündelte und umfangreiche Auswahl der Briefe, die viele Aspekte, welche in den dreißig Jahren Thema der sehr persönlichen Korrespondenz waren, auffächert. Sie bietet also ein komplexes Bild, vor allem mit Blick auf die gemeinsame Geschichte der beiden Schreibenden. Es sind Briefe, die eine außergewöhnliche Liebesgeschichte erzählen und uns durch die Zeiten führen. Die Zeiten vor, während und nach dem Ersten Weltkrieg, die Zeiten während der Weimarer Republik, der Deutschen Inflation, der Entstehung, Blüte und Schließung des Bauhauses, die Zeiten der Weltwirtschaftskrise, des aufkommenden Nationalsozialismus bis hin zur Machtergreifung Hitlers, die dazu führt, dass Lyonel und Julia Deutschland Richtung Amerika verlassen müssen. Julias jüdische Abstammung und Lyonels als »entartet« stigmatisierte Kunst brachten die Familie, trotz amerikanischer Staatsbürgerschaft, zunehmend in Gefahr. In New York fanden sich deren Mitglieder nach und nach wieder zusammen.

Bei der intensiven Beschäftigung mit den Lebensumständen Julia und Lyonel Feiningers haben mich ihr beeindruckender Lebensweg, der Zusammenhalt, die Weltoffenheit und der Mut der beiden, immer wieder Neues zu wagen, tief berührt. Wie sehr sie gekämpft haben, Zustände für sich herzustellen, die sie nicht zuletzt auch zum inneren Überleben brauchten und um ihre Liebe und Partnerschaft zu schützen. Alles war in Bewegung, nichts blieb, wie es war – und immer wieder wagen sie sich auf neues Terrain, in der Hoffnung auf eine bessere Welt. Es ist anrührend zu lesen, wie liebevoll Freundschaften gepflegt werden. Und Lyonel, dem Öffentlichkeit nicht geheuer war und der davon ausging, dass Kunst nicht wirklich lehrbar sei, ging fast fünfzigjährig mit Gropius das große und für seine Zeit revolutionäre Experiment des Bauhauses ein.

Das Bauhaus in Weimar war zunächst einmal eine Idee, als Antwort auf drängende kulturelle Probleme, auch im Bereich der Erziehung und Bildung, letztlich aber die gesamte Lebensführung betreffend. Hier sollte mit neuen Formen experimentiert werden. Und so bezog in wechselhaften Zeiten das Bauhaus 1919 im beschaulichen Weimar die vom belgischen Architekten Henry van de Velde für die dortige Großherzogliche Kunstschule und die Kunstgewerbeschule errichteten Gebäude. Die »neuen« Lehrenden teilen sich vorerst ihre Ateliers mit Professoren wie auch mit Studenten und Studentinnen der alten Schulen, deren Lehrtätigkeit oder Studium vom Krieg unterbrochen worden waren und die an der neuen Institution bleiben wollten. Lyonel und Julia sehen sich und ihre Familie mit der »sozialen und wirtschaftlichen Situation einer Nation konfrontiert, […] die durch Krieg und Revolution ausgeweidet worden war, mit Aufständen und Gewalt auf der Straße, dem drohenden Gespenst der Inflation und Engpässen«, schreibt der jüngste Sohn, T. Lux Feininger, in seinen Lebenserinnerungen »Zwei Welten«. Und er erinnert sich, »dass der Künstler mit dieser Aufgabe über sich hinauswuchs; mehr noch: dass er ungeahnte Kräfte in sich entdeckte und dass seine Kunst blühte und Früchte trieb wie nie zuvor.« Die Lektüre der Briefe zeigt, dass Julia und Lyonel die Entscheidung, nach Weimar zu ziehen, zusammen trafen und trugen. Weimar, das war auch das zärtlich erinnerte Städtchen, das ihnen schon zu Beginn ihrer Liebe, als Julia noch dort studierte, Zuflucht gewesen war – und jetzt eben als Speerspitze der Avantgarde den Aufbruch in eine neue Zeit markieren soll.

Dass Lyonel Feininger, der Amerikaner mit deutschen Wurzeln, heute zu den bedeutendsten Künstlern der Klassischen Moderne zählt, war klar – doch Julia Feininger? In den Briefen konnte ich neben einem feinsinnigen, wortgewandten, humorvollen Menschen, fortschrittlichen Vater, liebenden Ehemann und dem zweifelnden Künstler und Beobachter der politischen Vorgänge der Zeit auch die Künstlerin Julia Berg, ehemals Lilienfeld und bald darauf Julia Feininger entdecken. Es braucht nicht viel, um der Korrespondenz zu entnehmen, dass beide nicht nur intensiv auf derselben Wellenlänge schwangen und sich immer wieder empathisch und sensibel aufeinander einstimmen konnten, sondern auch bei allem anderen auf Augenhöhe agierten. Allerdings muss diese Julia in Lyonels Worten entdeckt werden, denn nur dessen Briefe wurden von ihr nach seinem Tod gesichtet, in Auszügen von ihr zu einem Manuskript zusammengestellt und in dieser Form zur Veröffentlichung freigegeben – wobei das offenbar von ihr geplante Publikationsprojekt nicht zustandekam. Und doch ist es ein wichtiges Anliegen dieser Ausgabe, Julia, so gut es geht, aus dem Schatten ihres Mannes zu holen und sie ihm wieder an die Seite zu stellen, was Lyonel Feininger sicher gefreut hätte. Gleichzeitig respektiere ich ihren Wunsch, ihre eigenen Briefe nicht dazuzustellen.

In der Quedlinburger Ausstellung »Die Feiningers – ein Familienbild am Bauhaus« haben mich damals auch die Fotos von Julia neugierig gemacht. An ihr war über die Jahre eine deutliche Wandlung auszumachen: Ein frühes Foto, das wohl Lyonel gemacht hat, zeigte die junge Julia auf einem Ast sitzend im weißen Kleid der wilhelminischen Zeit, mit üppig hochgestecktem Haar, mit verliebtem Lächeln den Betrachter durch die Kamera anschauend. Auf einem anderen frühen Foto wirkt sie, ebenfalls in für die Kaiserzeit typischer Mode, mit ausgestelltem Rock, geschnürter Taille, großem Hut und komplizierter Hochsteckfrisur etwas matronenhaft. Auf dem nächsten Foto jedoch sah ich eine entspannte, selbstsicher wirkende moderne Frau, lässig auf einen Schreibtisch gestützt, mit kurzem Haar und geradem, direktem Blick. Sehr harmonisch wirkt ein Atelierfoto: Julia im Sessel sitzend und Lyonel aus einem Buch vorlesend, während er an der Staffelei steht und malt. Im Netz finde ich jedoch auch Fotos, auf denen Julia, noch als recht junge Frau, erschreckend müde und gealtert wirkt.

Das Plakatmotiv für die Quedlinburger Ausstellung zeigte damals einen Anblick, wie ihn wohl auch Julia vor Augen gehabt haben mag: Lyonel mit Hut, Mantel, Brille und Pfeife mit den drei Söhnen, vorn im Bild Andreas, auf Feiningers Arm der kleine Laurence und T. Lux im Kinderwagen. Was für ein untypisches Foto für diese Zeit! Wir sehen einen Vater auf ganz alltägliche Weise mit seinen Kindern, als wären die vier beim Spaziergang vom Fotografen oder der Fotografin überrascht worden, als wäre eine Fotografie solch eines Familienvaters mit Kinderwagen zu dieser Zeit das Normalste auf der Welt.

Welch eine Familie, die aus der Verbindung von Julia und Lyonel hervorgegangen ist: Aus Andreas wird ein wegweisender Fotograf, aus Laurence ein in seinem Spezialbereich bahnbrechender Musikwissenschaftler und aus Lux ein eigenwilliger Maler und Pädagoge von ganz eigenem Rang. Und doch: Das Buch »Die Familie Feininger« wäre ein anderes, ein ganz eigenes Projekt.

Der 150. Geburtstag von Lyonel Feininger am 17. Juli 2021 bietet nun den ersehnten Anlass, seine Briefe an Julia endlich der Öffentlichkeit zugänglich zu machen, wenn auch erst einmal in einer Auswahl aus dem enorm umfangreichen Typoskript, das Julia nach seinem Tod 1956 in den sechziger Jahren erstellt hat. Bei der Briefauswahl habe ich mich vor allem auf das Paar konzentriert, auf die gemeinsame Entwicklung während der intensivsten Schaffensperiode des Künstlers Feininger in äußerst bewegten Zeiten. Lyonels wichtigste Ansprechpartnerin und Kritikerin war Julia – sie war lebenswichtig, so scheint es, für den empfindsamen Künstler, der sich immer wieder durch tiefe innere Täler kämpfen musste. Julia war es, die ihn von Anfang an auf seinem Weg unterstützte, ihm den Rücken freihielt und ihren eigenen künstlerischen Werdegang für Lyonels Schaffen zurückstellte.

In der Quedlinburger Ausstellung hatte Michael Freitag Skizzen und Bilder der beiden aus den ersten gemeinsamen Jahren des Paares ausgestellt, an denen sehr gut zu erkennen war, dass Lyonel und Julia sich auf einem ähnlichen künstlerischen Level begegneten – wie auch Äußerungen in den Briefen beweisen. Lyonel war zum damaligen Zeitpunkt ein vor allem in Berlin hochgeschätzter Zeichner und Karikaturist, der jedoch neue Ausdrucksformen für sich suchte, weg wollte von Auftragsarbeiten für verschiedene Zeitschriften, mit denen er bis dahin seinen Lebensunterhalt verdiente. Julia ermutigte ihn, seine Bildsprache in neuen Techniken wie der Druckgrafik zu entfalten und schließlich, 1907, zur Malerei überzugehen. Mit dem wachsenden Erfolg ihres Mannes wurde Julia dann zu Lyonels Managerin und im Grunde auch seine Kunsthändlerin. Sie übernahm Absprachen für geplante Ausstellungen sowie die Abwicklung vieler Werkverkäufe samt der Briefkorrespondenz, und auch notwendig werdende Reisen zu Verhandlungen vor Ort.

Während der gemeinsamen Jahre in Paris 1906–1908 hatten Lyonel und Julia hingegen noch beide Karikaturen und Illustrationen für das Magazin »Le Témoin« angefertigt und wohl auch in anderen Zeitschriften zusammen publiziert. Julia hatte schon früh ihre eigene künstlerische Ausbildung betrieben, im Jahr 1900 war sie im »Verein der Künstlerinnen und Kunstfreundinnen zu Berlin« aufgenommen worden, wo sich vor ihr schon Käthe Kollwitz ausbilden ließ. 1905 schrieb sie sich in Weimar in der damals angesehenen Großherzoglich-Sächsischen Kunstschule ein. Im selben Jahr, in den Sommerferien, traf sie im Zug an die Ostsee auf Lyonel – eine schicksalhafte Begegnung, die beider Leben erst mal ordentlich auf den Kopf stellte.

Später dann, als Mutter von drei Söhnen, widmete sich Julia der Aufgabe, die Kinder aufzuziehen und für Lyonel bestmögliche Arbeitsbedingungen zu schaffen, sie managte die Familie, organisierte in den meisten Fällen die Umzüge und die damit verbundene Einrichtung der neuen Wohnungen, sie reiste zu den wechselnden Ausbildungsorten der Kinder – und scheint nur in den Pausen, wenn Lyonel etwa die Sommerwochen als Vater allein mit den Söhnen verbringt, mitunter erkennen zu lassen, wie sehr sie dies anstrengt. Denn auch das zieht sich durch die Briefe hindurch: Dass beide besondere Antennen füreinander hatten, wenn sie jeweils am Zweifeln oder in schlechter Verfassung waren – und wie sie sich darum bemühen, ihre Beziehung lebendig zu halten, beide in der Gewissheit, wie elementar sie füreinander ist. Es gehört mit zum Schönen und Besonderen dieser Briefe, zu lesen, dass sich das auch nach langen Ehejahren nicht zu ändern scheint.

Jeder einzelne von Julia Feininger für die Nachwelt transkribierte Brief regt dazu an, ihn zu zeigen. Trotzdem wollte und musste ich für dieses Buch eine Auswahl treffen. So erscheinen in der vorliegenden Ausgabe die Söhne eher am Rande – nicht, weil in den Briefen nicht häufiger von ihnen gesprochen würde, sondern weil ich mich bei all den vielfältigen Facetten der Korrespondenz entschieden habe, neben der künstlerischen Entwicklung Lyonels einen weiteren Fokus auf die besondere Paarbeziehung von Julia und Lyonel zu legen. Auch die Töchter aus erster Ehe, Marianne und Lore, sind in Kontakt mit der Familie, selbst wenn ihre Namen nur sehr selten in den von Julia transkribierten Brieftexten, die mit dem Jahr 1935 enden, erscheinen. Von Lore wissen wir, dass sie eine anerkannte Fotografin wurde und zudem spät auch mit dem Komponieren von Musik begann. Über Mariannes beruflichen Werdegang ist dagegen nichts bekannt.

Viele Ereignisse und Gespräche werden in den Briefen nur angerissen und manches, von dem man weiß, dass es sich in dieser Zeit ebenfalls ereignet hat, kommt gar nicht vor. Denn das Paar hat sich natürlich nur in Zeiten der räumlichen Trennungen, etwa bei Reisen, brieflich verständigt, später auch telefonisch. So gibt es aus manchen Jahren sehr reichhaltiges und aus anderen nur wenig bis gar kein Briefmaterial. Und es entstehen immer wieder Momente, in denen wir mit Spannung erfahren wollen, wie es weiterging, aber die Briefe an ebendieser Stelle enden. Vieles wartet noch darauf, durch die Feininger-Forschung ans Licht geholt zu werden, und es wird hoffentlich all dies einmal in einer Gesamtausgabe der Briefe beleuchtet werden können.

Natürlich brauchen die Briefe Erläuterungen, die auf die künstlerischen, politischen und gesellschaftlichen Strömungen, Entwicklungen und Hintergründe eingehen, wie auch – im Anhang – ein Verzeichnis der genannten Personen. Die Briefe sind in der authentischen chronologischen Reihenfolge belassen, wodurch es sinnvoll erschien, die wichtigsten Ereignisse Jahr für Jahr eingangs knapp für die Leserinnen und Leser zu rekapitulieren und so das jeweilige Jahr mit den wichtigsten Wegmarken im Leben der Feiningers zu umreißen. Dies geschieht bewusst in einer nüchternen Sprache, um anschließend dem Briefeschreiber den erforderlichen Raum zu lassen, seinen ganz eigenen Klang zu entfalten.

Hierbei fasziniert unter anderem Feiningers lebendiger Schreibstil und sein Humor, den er sich trotz aller Widrigkeiten, Zweifel und Selbstzweifel bewahrt, sowie seine Offenheit in seelischen Dingen, selbst wenn er hadert, es ihm nicht gutgeht, seine Arbeit stagniert. Uns tritt ein beeindruckender, feinfühliger Mann entgegen, der sich gerade auch mithilfe seiner familiären Schutzhülle immer wieder zu stärken scheint.

In besonders emotionalen Momenten, später zudem in politisch brisanten, verfällt Lyonel Feininger in seine amerikanische Muttersprache, meist mit deutschen Einsprengseln durchsetzt. Aus T. Lux Feiningers Erinnerungen wissen wir außerdem, dass Julia und Lyonel vor den Kindern oft englisch sprachen, wenn es um etwas ging, das diese nicht hören sollten. Ohnehin lässt die Brieflektüre zweifelsfrei darauf schließen, dass Julia des Englischen mehr als rudimentär mächtig war. Lyonel sprach außerdem ein sehr gutes Französisch, dessen er sich aber nur sehr viel seltener bedient.

Mit Ausnahme des ersten Briefes, der im Original auf Englisch geschrieben ist und hier zum Auftakt ausnahmsweise im Haupttext in deutscher Übersetzung wiedergegeben wird, sind die englischen Briefe immer in der Originalsprache abgebildet, um das den Feiningers eigene Sprachpotpourri unverfälscht abzubilden. Aus demselben Grund wurden auch möglichst viele andere sprachliche Besonderheiten Lyonel Feiningers beibehalten.

Wichtig und unverzichtbar war für mich bei der Vorbereitung dieses Bandes die Bereitschaft von Michael Freitag, sich ständig von mir mit Fragen löchern zu lassen, obwohl er anderes zu tun hatte. Unschätzbar wertvoll war zudem, dass sich Andreas Hüneke, der sich als hochangesehener Kenner seit Jahrzehnten intensiv mit Lyonel Feininger und seinem Umfeld beschäftigt, gewinnen ließ, das Ganze zum Schluss mit viel Geduld und großer Genauigkeit wissenschaftlich zu überprüfen, die Rahmentexte zu überarbeiten und zu ergänzen, Erläuterungen beizusteuern sowie den Band mit einem ausführlichen Vorwort zu bedenken. Nicht zuletzt war freundlicherweise ein Enkel von Julia und Lyonel, Conrad Feininger, uns bei Fragen und der Einholung der Abdruckrechte behilflich.

Diese Buchausgabe möchte Menschen ermutigen, sich mit Feiningers Welt und Werk zu beschäftigen, und denen, die dies schon lange tun, neue Facetten dieses Universums nahebringen.

»Was man braucht, ist Zukunft, nicht die Ewigkeit des Augenblicks. Man muss die Toten ausgraben, wieder und wieder, denn nur aus ihnen kann man Zukunft beziehen.«
(Heiner Müller)

In diesem Sinne wünsche ich Ihnen eine spannende Lektüre durch die Zeiten mit Julia und Lyonel Feininger.

Ines Burdow
Berlin, im April 2021

Andreas Hüneke

Leo und Julia

Es ist ein häufiges Schicksal von Künstlerinnen, die zu Beginn des 20. Jahrhunderts gerade an einigen Stellen die Möglichkeit errungen hatten, sich ausbilden zu lassen, dass wir heute kaum in der Lage sind einzuschätzen, was sie hätten leisten können, wenn sie mit der gleichen Intensität bei der Sache geblieben wären oder hätten bleiben können wie ihre Männer. Gustav Mahler hat Alma Schindler geradezu verboten, weiterhin zu komponieren, wenn sie ihn heiraten würde. So extrem ist es meist nicht verlaufen. Aber ähnliche Fälle wie bei Julia Berg und Lyonel Feininger gab es oft. In den ersten Jahren hat sie, auch nach der Heirat und der Geburt der Söhne, mitunter noch gemalt und gezeichnet und wurde darin von ihm sogar in gewissem Maße unterstützt. Doch nach und nach trat ihre eigene künstlerische Tätigkeit immer weiter in den Hintergrund und sie bemühte sich weitgehend darum, alle möglichen Hindernisse, die Lyonels schöpferisches Tun behindern könnten, aus dem Weg zu räumen. Noch gegen Ende der zwanziger Jahre, die für das Selbstbewusstsein der Frauen so viel gebracht haben, wurde ein solches Verhalten ganz als positive Leistung und der Frau angemessen verstanden. Hans Hildebrandt schreibt in seinem 1928 erschienenen Buch »Die Frau als Künstlerin«: »Das schöpferische Wirken des Weibes im Bereiche der bildenden Kunst wäre allzu gering bemessen, wollte man es ausschließlich in den gestalteten Werken suchen. Es kann sich, ohne eine einzige persönliche ›Leistung‹, zu höchster Bedeutung steigern, wenn die Frau all ihr schöpferisches Vermögen an die Kunst eines Mannes hingibt, den sie liebt. [...] Die liebende Frau hat den schärfsten Blick für Vorzüge und Mängel des Einen. Beglückt, im Schatten des Größeren sich mit der zweiten Rolle zu bescheiden, versteht sie es, seinem Gestaltungsdrange herbeizuschaffen, was er ersehnt, zahllose Hemmnisse wegzuräumen. Sie lernt mit seinen Augen sehen, weckt in sich Vorstellungen seiner Einbildungskraft.«[1] Das ist eine ziemlich genaue Beschreibung dessen, was sich aus der Korrespondenz von Lyonel und Julia ablesen lässt.

Als sich die beiden 1905 begegneten, war Lyonel – der sich selbst oft Leo nannte und der später von seinen Kindern und auch von Freunden Papileo genannt wurde – bereits ein anerkannter und gefragter Karikaturist. In einer wenige Jahre vorher erschienenen Geschichte der deutschen Karikatur heißt es: »Der erste von den Berliner Zeichnern ist Lionell Feininger [...]. Feininger ist jeder Aufgabe gewachsen, er schafft politische Blätter von monumentaler Wirkung in kräftigen Gegensätzen [...]. In ihm steckt ein außerordentliches zeichnerisches Können, ein außerordentliches Formenverständnis.«[2] Aber damit gab sich Leo nicht zufrieden – und Julia auch nicht. Er wollte sich die Inhalte, und oft auch die Gestaltung, nicht von Redaktionen vorschreiben lassen und wollte ungebunden seinen eigenen künstlerischen Vorstellungen nachstreben. Julia unterstützte und ermutigte ihn von Anfang an auf seinem Weg zum freien Künstler. Sie kannte sich in der Ölmalerei bereits aus, wollte beim Studium in Weimar ihre Maltechnik vervollkommnen – er griff 1907 erstmals zu Pinsel und Ölfarbe. Sie besuchte einen Lithografie-Kurs und wurde an der Kunstschule wahrscheinlich auch in anderen Drucktechniken unterwiesen – er ließ sich von ihr die spezifischen technischen Anforderungen erklären.

In den ersten Jahren ihres Zusammenseins scheint Julia noch relativ häufig selbst künstlerisch tätig gewesen zu sein. In den Briefen wird gelegentlich darauf eingegangen, und manchmal konnte Julia Zeichnungen in denselben Zeitschriften veröffentlichen wie Leo. Ein paar von ihren Arbeiten haben sich im Familienbesitz erhalten. Die Gemälde sind traditionell realistisch, die Papierarbeiten zeigen Einflüsse des Jugendstils und wohl auch von den Karikaturen Lyonels. All das ist am Anfang einer künstlerischen Laufbahn

---

1 Hans Hildebrandt: »Die Frau als Künstlerin«, Berlin 1928, S. 35.

2 Georg Hermann: »Die deutsche Karikatur im 19. Jahrhundert«, Bielefeld und Leipzig 1901, S. 127.

nicht ungewöhnlich. 1912 nahm sie an einer Silhouetten-Ausstellung teil. Es ging dabei um die neue Entwicklung der alten Kunst des Scherenschnitts. Und Max Osborn beschreibt in dem Katalog dessen modernste Form als »farbiges Scherenbild«: »Die farbigen, geschnittenen, übereinandergeklebten Papiere beschränken sich bald nicht mehr auf den Hintergrund und den Rahmen, sie bemächtigen sich der Gestalten selbst. [...] Alle Geheimnisse der dekorativen Vereinfachung, ja alle letzten Geheimnisse der Malerei, das Wesen der Kunst überhaupt scheint sich hier zu verstecken: wir blicken den Gesetzen der Auswahl, der Reduktion gegenüber der verwirrenden Vielfalt der Natur unmittelbar ins Auge.«[3] In diesen Zusammenhang gehörte auch Julia, und die beschriebenen Werke sind eigentlich Collagen, wofür damals allerdings noch nicht dieses Wort verwendet wurde. In diesen Collagen war sie Leos späten, flächenbetonten Karikaturen sehr nahe. Gleichzeitig schuf Leo Gemälde, die meist mit Figuren bevölkert sind, die aus seinen Karikaturen entnommen zu sein scheinen. Gerade im Jahr 1912 entstanden daneben die ersten reinen Architekturkompositionen. Aber ganz verschwunden sind die komischen Figuren und ist das Groteske nie aus seiner Kunst. Für ihn blieb charakteristisch, dass er immer wieder auf Älteres zurückgriff und versuchte, aus ihm heraus ins Zukünftige vorzustoßen. Das liegt schon in dem Prinzip der Arbeit nach den »Naturnotizen« begründet, die er unermüdlich überall sammelte, wo er unterwegs war. Auf sie konnte er Jahre und Jahrzehnte später noch zurückgreifen.

Die fast pausenlose Beschäftigung mit seinen Gemälden, Zeichnungen und Aquarellen, und dann plötzlich ab 1918 ein paar Jahre lang auch mit Holzschnitten, brachte Julia dazu, immer mehr der organisatorischen Arbeit, die Leos wachsende Bekanntheit mit sich brachte, auf sich zu nehmen, um ihm unliebsame Ablenkungen von ihm fernzuhalten.

---

3 Max Osborn: »Die Kunst der Schere«, in: Katalog der Ausstellung moderner geschnittener Silhouetten, Hohenzollern-Kunstgewerbehaus, Berlin 1912, S. 16–18.

Ablenkung suchte er allerdings in Seitenwegen der künstlerischen Tätigkeit, die sein ganzes Leben durchziehen. Wesentliche Triebkraft war dabei die schon in seiner Kindheit angelegte Faszination für die verschiedenen Verkehrsmittel. Begeistert beobachtete er die Schiffe auf dem Hudson. Mit seinem Freund Francis Kortheuer baute er Schiffsmodelle, die sie auf dem See im Central Park segeln ließen. Dieses Hobby hat er mit seinen Söhnen weiter betrieben, und die Modelle mussten an der pommerschen Ostseeküste in der Regamündung ihre Seetüchtigkeit erweisen. Noch in den späten Jahren war er zusammen mit den Söhnen und den Schiffsmodellen wieder im New Yorker Central Park. Die gleiche Begeisterung brachte Leo für Lokomotiven auf, und auch dafür baute er schon als Kind mit Kortheuer Modelle. In seinen Karikaturen wandeln sich die Lokomotiven oft zu lebendigen Wesen. Für die Söhne baute er Spielzeug-Eisenbahnen aus Holz, die er mit Hingabe für eine geplante industrielle Produktion weiterentwickelte. Durch den Ersten Weltkrieg ist es aber nie zur Fabrikation gekommen. Auch für Autos und Flugzeuge entwickelte Leo gesteigertes Interesse, wovon die Briefe so manches Zeugnis ablegen. In seinem Schaffen haben sie jedoch weniger Spuren hinterlassen. Das Fahrrad taucht ebenfalls fast nur in den Karikaturen auf. Bereits in den letzten Jahren des 19. Jahrhunderts war er leidenschaftlicher Radfahrer, und er leistete sich während seiner gesamten Zeit in Deutschland immer wieder neue Modelle dieses für seine finanziellen Verhältnisse luxuriösen Verkehrsmittels. Das Fahrrad ermöglichte ihm die Erkundung der Dörfer um Weimar oder auf Usedom.

Leos technisches Interesse galt außerdem der Fotografie. Er hat frühzeitig mit Plattenkameras begonnen. Auch Julia fotografierte, und oft ist nicht klar, von wem die Aufnahmen stammen. Aber gegen Ende der zwanziger Jahre begann Leo, sich intensiver fotografisch zu betätigen. Dafür kamen verschiedene Anregungen zusammen. Am Bauhaus in Dessau machte fast jeder fotografische Experimente. Leos Söhne Andreas und Lux gehörten zu diesen Pionieren, bei Andreas wurde das Fotografieren in der Folgezeit der Hauptberuf. Auch Leos Tochter Lore aus erster Ehe war

Fotografin. Vor allem aber wurde seit Mitte der zwanziger Jahre die Kleinbildkamera Leica mit Rollfilm produziert, die das Fotografieren ungemein erleichterte. Entgegen dem Trend der Zeit zu einer dinglichen Neusachlichkeit setzte Leo auf bewusste Unschärfen, auf verschwimmende Dämmerung, Spiegelungen und überstrahlendes Licht, um – wie in seinen Gemälden – den Bildraum zu vereinheitlichen, die Grenzen der Gegenstände zu relativieren und Transzendenz aufscheinen zu lassen. In dieser Zeit hat er auch nach Fotografien gemalt, ist damit aber nicht ganz glücklich geworden. In den späten amerikanischen Jahren kam dann die Farbfotografie neu hinzu.

Für seine Söhne hatte Leo nicht nur Spielzeug-Eisenbahnen gebaut, sondern eine ganze Stadt aus Holz geschnitzt und bunt bemalt. »Die Stadt am Ende der Welt« besteht aus krummen Fachwerkhäusern und mehreren Kirchen. Motive aus Leos malerischem und grafischem Werk tauchen auf – die Kirche von Gelmeroda und das Tor von Ribnitz. Sie ist mit Eisenbahnen und Schiffen ausgestattet und mit einer Fülle skurriler Figuren bevölkert. Auch ein paar Tiere sind dabei – ein Elefant, ein paar aufgeplusterte Raben mit schwarzen Hüten. Die Stadt wurde ständig erweitert, auch als die Söhne längst über das Spielalter hinaus waren. Der Sohn Lux hat darüber 1965 ein Buch veröffentlicht und mit Fotos seines Bruders Andreas ausgestattet.[4]

Neben all diesen vom Auge und vom Bildnerischen bestimmten Vorlieben und Tätigkeiten war die Musik ein unverzichtbarer Bezugspunkt für den Maler. Die Liebe zu ihr war ihm von den Musiker-Eltern sozusagen in die Wiege gelegt worden. Vom Vater wurde er auf der Violine unterrichtet, und er brachte sich selbst das Klavierspiel, später auch das Orgelspiel bei. Die Familie besaß einen Flügel, und Leo schaffte sich ein Harmonium an, um wenigstens einen Abglanz des Orgelklangs erzeugen zu können. Johann Sebastian Bach war sein Favorit unter den Komponisten, und er

---

[4] T. Lux Feininger, Lyonel Feininger: »Die Stadt am Ende der Welt«, München 1965.

hatte eine sehr konkrete Vorstellung davon, wie dessen Musik und vor allem seine Fugen zu interpretieren seien – eine Vorstellung, die der heutigen Auffassung davon anscheinend näher steht als der damaligen. So war er selten zufrieden mit den Aufführungen auch seiner eigenen Fugen-Kompositionen, die er in den zwanziger Jahren schuf. In der Weimarer Bauhaus-Zeit war er mit dem Komponisten Hans Brönner befreundet und musizierte viel mit ihm zusammen, auch Bachsche Fugen. Dabei stellten sie fest, dass das Wesen Bachs doch auch in Leos Malerei zum Ausdruck komme. Laurence Feininger, der 1971 die Kompositionen seines Vaters herausgab,[5] sah die Verwandtschaft zwischen dessen Malerei und Bachs Fugen in der Art, wie unscheinbare Motive – bescheidene Dorfkirchen und schlichte Fugenthemen – eine monumentale Entfaltung erfahren. Darüber hinaus kann man in den Bildern Parallelerscheinungen zu den musikalischen Ausdrucksmitteln beobachten: Echowirkungen, Variationen und Umkehrungen formaler Motive, melodieartige Stufenfolgen, Begleitmotive am Bildrande, rhythmische Gliederung, das Gegeneinandersetzen großer Klangfarbenkomplexe und anderes erzeugen ein quasi musikalisches Erlebnis. Der Verlust des Flügels beim Umzug aus dem Dessauer Meisterhaus in die kleinen Räume der Neubauten in Berlin Siemensstadt hat Leo sehr geschmerzt. Aber die Violine hat ihn nach Amerika begleitet und wurde bis ins hohe Alter gespielt.

Ans Bauhaus kam Leo 1919 wegen seiner kristallinen Architekturbilder. Noch hatte auch Julia zu dieser Zeit gestalterische Ambitionen. Jedenfalls erstritt sie sich zunächst den Status einer Hospitantin und wurde bald darauf auch als reguläre Studentin eingetragen. Aber die Ausbildung abgeschlossen hat sie nie. Laut Programm des Bauhauses erfolgte die Aufnahme »ohne Rücksicht auf Alter und Geschlecht«, wenn die »Vorbildung vom Meisterrat des Bauhauses als ausreichen erachtet wird«.[6] Anfangs waren die Stu-

---

5 Laurence Feininger: »Das musikalische Werk Lyonel Feiningers«, Tutzing 1971.

6 Walter Gropius: »Programm des Staatlichen Bauhauses in Weimar«, 1919; zitiert nach Hans M. Wingler: »Das Bauhaus«, Bramsche 1975, S. 41.

dentinnen weit in der Überzahl. Im Februar 1920 empfahl Walter Gropius, um die begrenzten Werkstattplätze den »Befähigtsten« vorzubehalten, »vor allem auch zu beachten, daß das weibliche Element nach und nach nicht mehr als 1/3 der Plätze einnimmt.«[7] Im März 1921 machte Gropius den Vorschlag, »weibliche Schüler« vor allem in die »Frauen-Abteilung«, d. h. die Weberei aufzunehmen, wo keine Lehrbriefe der Handwerkskammer ausgestellt wurden. Nur in Einzelfällen sollten Frauen in die Buchbinderei oder die Töpferei gelangen, wo auch für sie ein Lehrbrief obligatorisch sei. Die Begründung für diesen Vorschlag lautete: »Nach unseren Erfahrungen werden sich Frauen in den seltensten Fällen für die schweren Handwerke wie Steinbildhauerei, Schmiede, Tischlerei, Wandmalerei, Holzbildhauerei, Kunstdruckerei eignen. Es wäre also darauf hinzuwirken, daß nach dieser Richtung keine unnötigen Experimente mehr gemacht werden.« Auch der »Formunterricht«, also die künstlerische Ausbildung, sollte nach Geschlechtern getrennt erfolgen.[8] Der Meisterrat nahm diesen Vorschlag an.[9] Die proklamierte Gleichberechtigung war demnach noch weit von unseren heutigen Vorstellungen entfernt. Von Julia sind aus der Bauhaus-Zeit ganz diesen Auffassungen entsprechend auch nur Marionetten für ein Puppenspiel, Spielzeugtiere aus Stoff und Karnevalsmasken durch Leos Fotografien überliefert. Lediglich die Puppen sind erhalten.

Noch kurz bevor Leo 1919 seine Tätigkeit am Bauhaus begann, lernte er den Kunsthistoriker Alois Schardt, bald Allo genannt, kennen. Von ihm fühlte er sich in seinem künstlerischen Streben ebenso verstanden wie von Julia. Allo seinerseits ließ sich von Leos fotografischer Obsession mitreißen, begann ebenfalls zu fotografieren, und als Leo während der Arbeit an den Halle-Bildern bei ihm wohnte, entwickelten beide ihre Filme in der Badewanne.

---

7 Sitzung des Meisterrates am 2. Februar 1920, in: Volker Wahl (Hg.), »Die Meisterratsprotokolle des Staatlichen Bauhauses Weimar 1919 bis 1925«, Weimar 2001, S. 71.

8 Walter Gropius, Paul Klee und Gerhard Marcks an den Meisterrat, 15.3.1921, in: Wahl 2001, S. 123.

9 Meisterratssitzung am Donnerstag, dem 17. März 1921, in: Wahl 2001, S. 126.

Als Schardt 1933 zum kommissarischen Direktor der Nationalgalerie in Berlin berufen wurde, haben Leo und Julia das enthusiastisch begrüßt und Hoffnungen auf eine positive Entwicklung daran geknüpft. Viele meinten zu dieser Zeit noch, nach einer »revolutionären« Phase würden die »Vernünftigen« unter den Nationalsozialisten die Oberhand gewinnen und alles werde einen erträglichen Ausgang nehmen. Doch Schardt konnte sich mit seiner Präsentation der Moderne, als deren Spitzen er Franz Marc und Lyonel Feininger sah, im Kronprinzenpalais, in dem damals die Neue Abteilung der Nationalgalerie untergebracht war, nicht durchsetzen. Damit schwand seine Hoffnung, die nationalsozialistische Kunstpolitik in seinem Sinne mitgestalten zu können. In dieser Zeit des Umbruchs, in der das Meisterhaus in Dessau aufgegeben werden musste, in der es eine neue Wohnmöglichkeit zu finden, Gemälde und Grafiken sicher unterzubringen und mit der Stadt Dessau über finanzielle Regelungen zu verhandeln galt, setzte Julia ihre ganze Kraft ein, um Leo diese Fragen nicht zusätzlich zu seinen Schaffensproblemen aufzuladen.

Überblickt man Feiningers Werk, so herrscht der Eindruck von Klarheit und Abgeklärtheit vor und man ist zu der Meinung geneigt, es sei aus einem kühl wägenden Intellekt heraus in einem abgeklärten Prozess entstanden. Die Briefe an Julia legen jedoch beredtes Zeugnis davon ab, mit welchen Zweifeln und Stimmungsschwankungen Leo zu kämpfen hatte. Wie oft sind sie aus höchster Begeisterung über das Erreichte geschrieben und kurze Zeit darauf aus tiefer Depression angesichts desselben Bildes. Manche Gemälde wurden mehrfach abgewaschen und neu aufgebaut, immer wieder umgestoßen, und manchmal gelang es ihm erst nach Jahren, sie zum »Übernatürlichen« zu zwingen. Denn darum ging es ihm: um das Erreichen einer Transzendenz. Darin war er der Romantik eines Caspar David Friedrich verwandt, und das war es vor allem, was Julia und auch der Freund Allo verstanden hatten und was Letzterer in seinen besten Bildinterpretationen zum Ausdruck brachte: Er beschrieb den Kampf des in die Höhe, ins Jenseitige strebenden Geistes mit den Kräften der Erdverhaftung anhand der

Wasserflächen und der aufragenden Segel ebenso wie anhand der über den Häusern aufsteigenden Kirchtürme.

Gleichzeitig focht Leo aber stets einen Kampf zwischen klarer Formsetzung und Formauflösung aus, der sich durch sein gesamtes Schaffen zieht und in seinen letzten Lebensjahren in beide Richtungen weiter ausschlug. Denn die Einheit des Bildraums ist desto vollkommener, je weniger sie von Einzelformen gestört wird. Das hat Leo nicht zuletzt bei dem von ihm verehrten William Turner lernen können. Aber er fürchtete sich vor dieser letzten Auflösung, die auch ein Ende bedeutet, hinter dem es kein Streben und damit auch kein Leben mehr gibt. Eines seiner letzten Bilder mit dem Titel »Shadow of dissolution« – ins Deutsche übersetzt als »Dunkelgeahnte Auflösung« – ist daher auch als Todesahnung interpretiert worden.

Im Januar 1956 starb Leo. Julia hat sich fortan ganz der Erhaltung und Platzierung seines Nachlasses gewidmet. Einen großen Teil der schriftlichen Dokumente sowie zahlreiche Naturnotizen und Fotografien übergab sie der Harvard University in Cambridge, Massachusetts, wo sie bis heute verwahrt werden und aus dem Nachlass T. Lux Feiningers ergänzt wurden. Ein Verzeichnis von Leos Gemälden hatte Julia schon lange in Arbeit. So konnte der ersten ausführlichen Feininger-Monografie, die 1959 erschien, ein vollständiges Werkverzeichnis nach den damals gängigen Kriterien angehängt werden.[10] Hans Hess, der Sohn des mit Leo und Julia befreundeten Erfurter Sammlers Alfred Hess, konnte sich bei der Erarbeitung dieses Buches auf die uneingeschränkte Unterstützung Julias verlassen. Sie bereitete bald auch eine Publikation von Auszügen aus den Briefen Leos an sie vor, die sie jedoch nicht mehr realisieren konnte. Es entspricht ganz der anfangs beschriebenen, selbstgewählten Rolle Julias, dass sie ihren eigenen Anteil an der Korrespondenz in die Auswahl nicht mit einbezog, sondern nur Leos Briefe. Die Erschließung der anderen, nicht minder interessanten und aufschlussreichen Hälfte des Briefwechsels zwischen Leo und Julia wird noch erfolgen müssen.

---

10 Hans Hess: »Lyonel Feininger«, Stuttgart 1959.

Die Vorgeschichte bis 1905

Es klingt wie im Märchen: Eine Frau und ein Mann begegnen sich im Zug auf dem Weg in die Ferien. Amor verschießt seine Pfeile gut gezielt. Es kommt zu der berühmten »Liebe auf den ersten Blick«. Sie verbringen die Ferien gemeinsam und bleiben ein halbes Jahrhundert lang – bis zum Tod des Mannes – ein Paar. Allerdings sind beide, als sie sich begegnen, anderweitig verheiratet. Er hat zwei Töchter, knapp drei und vier Jahre alt. Aber ohne zu zögern lösen sie sich aus ihren bisherigen Bindungen, um sich auf das Neue einzulassen.

Es ist kein Märchen, sondern so geschehen mit Lyonel Feininger und Julia Berg, geborene Lilienfeld. Aber natürlich lief nicht alles reibungslos. Jedoch erfahren wir von den Problemen, die bei der Trennung von ihren bisherigen Lebenspartnern entstanden, aus ihren Briefen nur wenig. Julia ist anscheinend zunächst von ihrer Familie verstoßen worden. Und Lyonels Frau Clara hat den Scheidungsprozess wohl lange erschwert. Die beiden Töchter waren noch jung, aber doch alt genug, um das Ausbleiben ihres Papas bewusst zu erleben. Allerdings hielten sie auch in späteren Jahren den Kontakt aufrecht. Die Tochter Lore, eine geachtete Fotografin, brachte nach dem Tod Lyonels ein Buch mit Grafiken und Aquarellen ihres Vaters heraus, die sie im Laufe der Jahre von ihm geschenkt bekommen hatte und deren Reproduktionen sie in den 500 gedruckten Exemplaren mit der Hand kolorierte. Die Biografie ihres Vaters, die sie dem Buch voranstellte, schloss sie mit den Sätzen: »Wir alle sind in treuem Gedenken Vater Lyonel in herzlicher Liebe verbunden geblieben. Sein stiller, feiner Humor, sein liebevolles Verständnis für die Freuden und Bedrängnisse seines Familienkreises, seine bezaubernde, kluge und freundliche Art in der Unterhaltung mit uns und seinen Freunden, die zugleich so demütig und überaus taktvoll war, machten ihn überall beliebt. Sein Leben lang war er der ›Papileo‹, nicht nur für seine Kinder, auch für alle, die ihn kannten.«[11]

---

[11] Lore Feininger: »Aus der Werkstatt Vater Lyonels«, Berlin 1957.

Leider wissen wir nicht allzu viel über Julia, selbst eine junge Künstlerin, als sie 1905 in Lyonels Leben tritt. Julia Lilienfeld wird am 23. November 1880 als Tochter Jeannette (Jenny) Lilienfelds und des Großkaufmanns und Handelsrichters Bernhard Lilienfeld in Berlin in eine wohlhabende Familie hineingeboren. Ihre Eltern, eigentlich jüdischer Abstammung, sind zum Christentum übergetreten. Jenny gehört zur Familie Zuntz, die seit dem frühen 19. Jahrhundert in Bonn eine angesehene Kaffeerösterei mit Zweigstellen in mehreren Städten betreibt. Bernhard leitet die Berliner Niederlassung. Julia zeigt früh künstlerische Begabung und besucht mit sechzehn Jahren ein »Damenatelier«, wo jungen Frauen die Grundlagen der bildenden Kunst vermittelt werden. 1900 nimmt sie für ein Jahr am Unterricht von Martin Brandenburg, einem Künstler der Berliner Secession, im »Verein der Berliner Künstlerinnen« teil, wo sich fünf Jahre vorher schon Käthe Kollwitz ausbilden ließ. 1903 heiratet Julia den Arzt Walter Berg. Als dessen Frau ist sie nicht auf einen eigenen Beruf angewiesen. Aber ein solches Leben genügt ihr anscheinend nicht, und so entschließt sie sich 1905, an der renommierten Großherzoglich-Sächsischen Kunstschule in Weimar zu studieren, die 1895 auch für Frauen geöffnet worden war. Sie gibt Lyonel in dieser Zeit wichtige künstlerische Impulse, stellt jedoch, als sie eine Familie gründen, ihr eigenes künstlerisches Schaffen mehr und mehr zurück, auch um sich mit Lyonels zunehmendem Erfolg um die Organisation von dessen geschäftlichen Angelegenheiten zu kümmern.

Lyonel Feininger kommt am 17. Juli 1871 in New York auf die Welt. Seine Eltern sind angesehene deutsch-amerikanische Musiker, die Pianistin und Sängerin Elizabeth Feininger und der Konzertgeiger und Komponist Karl (später Charles). 1873 und 1876 werden Lyonels Schwestern Helen und Elsa geboren. Als Kind genießt er die Musik, die von den Proben der Eltern zu ihm herüberdringt. Vom Vater wird er im Violinspiel angeleitet und als Halbwüchsiger tritt er bereits in Kammerkonzerten auf. Aber als er sich 1880 mit Francis Kortheuer aus der Nachbarschaft befreundet, erhält er von dessen Tante, einer Malerin, auch Zeichenunterricht. Mit Francis zusammen baut er Modell-Lokomotiven und -Schiffe. Letztere erproben die Jungen auf dem See im Central Park.

Der Vater unternimmt 1886 eine Konzertreise nach Deutschland, die Mutter begleitet ihn. 1887, sechzehnjährig, reist Lyonel den Eltern nach, die zu der Zeit in Berlin in der »Pension Müller«, Unter den Linden 16, wohnen. Ursprünglich sollte er nach dem Willen des Vaters wie dieser einst in Leipzig ein Violinstudium aufnehmen, doch mit Erlaubnis der Eltern besucht er stattdessen den Zeichenunterricht an der Allgemeinen Gewerbeschule in Hamburg.

1888 zieht er nach Berlin und wohnt zur Untermiete am Lützowplatz 6, um sich auf die Aufnahmeprüfung der Königlichen Akademie Berlin vorzubereiten, die er Anfang Oktober besteht. Die Eltern trennen sich 1889 und der Vater kehrt allein nach New York zurück. Lyonel zieht in die »Pension Müller« und teilt sich dort ein Zimmer mit dem Organisten Fred Werner, der ihm die Fugen Johann Sebastian Bachs nahebringt. Auch Lyonels Schwestern Helen und Elsa kommen nach Berlin. Um einem Freund, der finanziell in der Klemme steckt, zu helfen, verkauft der junge Lyonel eine Uhr. Als Strafe dafür schickt ihn der Vater im September nach Lüttich in das Collège Saint-Servais der Jesuiten.

Lyonel kehrt 1891 nach Berlin zurück, studiert ab Oktober weiter an der Berliner Kunstakademie und wohnt mit Fred Werner nun in der Köthener Straße 2. Erstmals verbringt er den Sommer auf Rügen, was in den nächsten Jahren sein bevorzugter Ferienaufenthalt wird. 1892 verlässt er die Akademie, da er mit den dortigen Lehrmethoden unzufrieden ist, und reist nach Paris, wo er die Académie Colarossi besucht, die zeitgemäßen Unterricht bietet und daher auch viele deutsche Künstler anzieht. Nach seiner Rückkehr nach Berlin im Mai 1893 wohnt er bei der Mutter, die inzwischen in die Schillstraße 16 gezogen ist. Anschließend wohnt Lyonel in der Courbierestraße 12. Seit mehreren Jahren veröffentlicht er bereits Karikaturen in Zeitschriften, und er versucht sich nun als freier Karikaturist.

1895 werden die Eltern geschieden. Lyonel zieht im folgenden Jahr zu seiner Schwester Helen und ihrem Mann Arthur Berson, einem Meteorologen und kühnen Ballonfahrer, in die Albastraße 16 in Friedenau. Nachdem beide Schwestern im November 1898 und im Januar 1899 an Tuberkulose gestorben sind, zieht Lyonel wieder zu seiner Mutter, nun in die Fasanenstraße 48.

Lyonel Feininger wird schnell einer der gefragtesten Karikaturisten Deutschlands. Von 1896 bis 1914 arbeitet er unter anderem für die bekannte Zeitschrift »Lustige Blätter« und für ein Jahr hat er eine feste Anstellung bei der ebenso prominenten Zeitschrift »Ulk«. In seinem künstlerischen Umfeld lernt er den jungen Maler und Illustrator Edmund Fürst kennen, dessen Schwester Clara, eine Pianistin, er 1901 heiratet. Sie ziehen nach Wilmersdorf, in die Ringbahnstraße 16. Im selben Jahr wird die Tochter Lore und 1902 Marianne geboren.

Lyonel ist mit seiner Tätigkeit als Karikaturist unzufrieden, weil die Redaktionen weitgehend vorschreiben, was er zu zeichnen hat. Er sehnt sich danach, frei seinen eigenen künstlerischen Intentionen folgen zu können. Und mit Julia Berg lernt er einen Menschen kennen, der ihn auf diesem Weg kritisch unterstützt und an seine Begabung dazu glaubt.

1905–1908
»Findetage«

1905

Im Juli 1905 treffen Lyonel Feininger und Julia Berg, geborene Lilienfeld, im Zug Richtung Ostsee jeweils die Liebe ihres Lebens. Kurzentschlossen verbringen sie den Urlaub miteinander im mecklenburgischen Graal. Julia wird im November fünfundzwanzig, Lyonel ist im Juli vierunddreißig Jahre alt geworden. Beide sind zum Zeitpunkt der Begegnung erst wenige Jahre anderweitig verheiratet, doch ihnen wird schnell klar, dass sie einen gemeinsamen Neuanfang wagen wollen. Nach ihrer Rückkehr trennt sich Julia von Walter Berg und Lyonel verlässt seine Frau Clara und die kleinen Töchter Leonore und Marianne. In der Folge lassen sich beide scheiden.

Lyonel zieht in Berlin zu seiner Mutter Elisabeth in die Bamberger Straße 44 ins Bayerische Viertel und arbeitet weiterhin für die Satirezeitschriften »Ulk« und »Lustige Blätter« als freier Illustrator und Karikaturist. Julia studiert ab Oktober an der Großherzoglich-Sächsischen Kunstschule Weimar. Die Weimarer Malerschule war in der zweiten Hälfte des 19. Jahrhunderts vor allem für die Landschaftsmalerei von Bedeutung. In den ersten Jahren des neuen Jahrhunderts ist sie mit impressionistisch beeinflusster Freiluftmalerei noch auf der Höhe der Zeit. Julia belegt eine Lithografie-Klasse und vermittelt Lyonel in den folgenden Monaten Kenntnisse der Drucktechniken. Was sie außerdem für Kurse belegt, ist nicht bekannt.

4. Oktober 1905[12] [Berlin]

[...] Ich bin voller, voller Mut und voller Vertrauen in den guten Stern, der über uns steht. Es kann aber vorkommen, und es kommt vor, dass ich manchmal auf eine Weise leide, die ich niemals für möglich gehalten hätte. Ich muss dir das sagen, denn es ist süß und gut, wieder zu leiden, nach all den Jahren inneren Totseins von Herz und Hirn, durch die ich gegangen bin. Es wird dir viel bedeuten zu wissen, dass ich leiden kann, dass mein Mut nicht bloss deshalb vorhanden ist, weil ich fühllos bin [...][13]

d. 13. Oct. 05 [Berlin]

[...] Oh darling, warum hasse ich briefliche Tüfteleien so und vermeide sie? weil 10 Jahre lang meine Eltern sich durch ihre Briefe langsam zu Tode marterten. Ist ein Brief einmal geschrieben und losgelassen in einer besonderen Stimmung, dann in Gottes Namen soll der Empfänger bedenken: diese Stimmung, die Nüance kehrt vielleicht niemals wieder und wie alle Stimmungen, ist wahrscheinlich längst verflogen oder ins Gegenteil umgewandelt. Nimm sie hin, sie wurde Dir in grenzenlosem Vertrauen eines liebenden Herzens geschenkt. ... und zerpflücke sie nicht, wenn Dir das Vertrauen lieb ist, das Dir geschenkt wurde. Antwortest Du in einer kühleren Stellungnahme, so ist bereits ein zwiefaches Missverständnis fast Voraussetzung, und jedes hin und her der Briefe bringt neue Missverständnisse. Die treffendste Antwort einer Stimmung, wenn sie

---

[12] Was Lyonel Feininger in seinen ersten Briefen zwischen dem Ostsee-Aufenthalt und Oktober 1905 an Julia geschrieben hat, hat diese in ihrer mit drei englischsprachigen Briefauszügen aus den ersten Oktobertagen 1905 beginnenden Abschrift nicht offenbart.

[13] Der Brief wurde auf Englisch verfasst, der Original-Text lautet:
October 4th 1905 [...] I am full, full of courage and confidence in our good star. But I can, and do, suffer at times in a way, that I never have thought I could. I must tell you so, because it is sweet and good to suffer again, after all the years of inner deadness of heart and brain I went through. It will be dear to you to know that I can suffer, that my courage is not only present because I feel nothing [...]

nicht augenblicklich, zur Zeit selbst, erfolgt, kommt wie ein Schlag auf den Empfänger. …

d. 14. Oct. 05, abends [Berlin][14]

… ich sandte Dir heute, oder war es gestern, einen ganz schlechten Druck der nächsten »Lustigen« Seite.[15] Vieles ist ganz anders geworden, als ich wollte – es ist immer eine Entmutigung und vor allem eine künstlerische Ungeheuerlichkeit, dass die wichtigsten Faktoren einer Wirkung so ganz willkürlich von halbgebildeten Handwerkern gehandhabt werden, bei diesen Blättern. Ich bitte Dich nicht einen Moment zu glauben, dass ich jemals einen solchen Zentner schweren, schwärzlichen Himmel beabsichtigt habe und ein Gesicht an König Eduard von England als wäre er eine in Verwesung übergegangene Pfirsichleiche! Doch bei allem hat das Blatt etwas ausser dem Gewöhnlichen, selbst bei aller Verkehrtheit – ich möchte ein Bild so komponiert sehen, in Lebensgrösse. Es sind ja, leider, alles Axthiebe, die ich von mir gebe – wie soll etwas ausgereiftes, differenziertes entstehen? Aber ich könnte wohl, wenn! Und einmal wollen wir schon sehen. Nicht aus Ehrgeiz – nicht, bei allen Göttern, sondern aus dem innersten Gefühl der Überzeugung sage ich das. Pouf! Boum! wie der Franzose sagt, wenn einer grosse Worte macht. Liebe, mir ist jetzt wieder wohl, ich habe meine Citrone und meine Zwiebel gegen die Wand geschmissen, es hat aufgehört zu regnen draussen, meine unfertige 20 Mark-Dreck-Zeichnung (pardon) an der ich sündhafter Mensch seit zwei Tagen arbeite ohne etwas Gescheidtes draus zu drehen, habe ich verschmerzt – und in 20 Minuten kommt ein Brief von Dir.

[…] Ich schrieb ebenfalls neulich viel über unsere Findetage, aber mir ist die Zeit der ersten Tage so wunderbar und ach, so kuddelmuddel geraten – ich lebte doch in gerade den Tagen in einer

---

14 Die Post wurde damals mehrmals am Tag befördert und zugestellt, so dass sogar Verabredungen für den Abend ausgehandelt werden konnten.

15 In Heft Nr. 42 der »Lustigen Blätter« erschien eine ganzseitige farbige Karikatur König Eduards VII. mit der Bildunterschrift »Der Rattenfänger von England«.

so unglaublichen Zwiespalt – … wenn alles nur lustig endet. Was macht denn das Vorhergehende, der Durcharbeitungsprocess, die Gärung und das Klarwerden aus, wenn's auch schmerzlich war? Es ist nichts umsonst. …

Sonntag, d. 15. Oct. [Berlin]

Von nun ab gelobe ich Dir ganz einfach und dumm Englisch zu schreiben, wenn es wieder so schlimm mit mir wird wie heute, vorhin. Du musst dich damit dann begnügen; denn ich will nicht solche Briefe auf meine alten Tage schreiben wie die zerrissenen heutigen. Erstens weil sie nicht überhaupt zu verstehen waren, ich selbst wurde nicht aus ihnen klug als ich sie überflog. Und dann weil ich in ihnen so verdammt waschlappig erscheine und das bin ich nicht. Ich bin seit einigen Tagen etwas überreizt von zu wenig Schlaf und dann, das weisst Du ja, bin ich überhaupt ein empfindsamer, eindrucksfähiger Mensch; komme mitunter in eine melancholische Stimmung hinein. Das alles war früher nicht, ich bin einfach nicht so viele starke Eindrücke gewohnt. Bedenke wie ich gelebt habe! abgestumpft und gleichgültig, taub für äussere Eindrücke – und jetzt ist alles gleich so wunderbar lebendig und schön. … If I could but write just as I feel, without this dreadful searching for expression, I could be happy.[16] … Die »Julia«, meine Lieblingsyacht, hängt über meinem Schreibtisch.[17] …

16. Oct. 05 abends [Berlin]

… Der frische sonnige Herbst-Sturm, der heut den ganzen Tag fegte, hat auch in mir den letzten Rest von Wolken und Spinnweben fortgeweht – es ist jetzt lauter Sonnenschein und blauer Himmel. Wenn ich jetzt nicht eine gute »Ulk« Seite diese Woche mache, heiss ich Matz. (Die letzte war nämlich so schlecht, dass ich sie Dir garnicht erst schicken wollte. Die habe ich aber auch an dem

---

16 *Wenn ich nur so schreiben könnte, wie ich fühle, ohne diese furchtbare Suche nach Ausdruck, könnte ich glücklich sein.*

17 Gemeint ist eines der von Feininger gebauten Schiffsmodelle.

Dienstag d. 3. gezeichnet) … Es folgt nicht immer daraus, dass ich schlechte Sachen mache, wenn ich unglücklich bin, denn Du wirst erstaunt sein, ich habe die »Lustige« Seite, die Du gut findest, an dem grauenhaften Montag gezeichnet … trotzdem ich halb verrückt war, wollte ich doch ein »Kerl« sein … ich bin froh, dass das Blatt Dir gefällt … Heute habe ich Dir die Lustigen geschickt … alles Fro[h]narbeiten … unvollkommen in der Auffassung, weil sie nach Skizzen anderer gemacht worden sind. Aber damit muss ich Geld verdienen. Wenn es keine andre Arbeit gibt, muss ich eben die nehmen, die ich bekommen kann und noch dazu froh sein. Du wirst Dir sagen, dass wir mit dem, was uns materiell unserm Ziel näher bringt, nicht uns streiten sollen, mit dem Broterwerb. Es ist traurig genug, ich muss ja davon leben, und Gott danken dafür als eine Extra-Gabe, wenn ich wirklich alle 4–5 Bilder eines nach meinen Begriffen schaffen darf. »Darf« – ich darf immer – blos können! Ich bin eben ungleichwertig, und für vieles, was andere spielend bewältigen (wenn auch oberflächlich) bin ich schwerfällig und muss mich schrecklich quälen. Heute machte ich zwei Bilder fertig, das eine recht gut, (Du wirst es im nächsten »Ulk« sehen) habe ich in zwei Stunden spielend gemacht, fix und druckfertig, das andere Bild ist heute Abend endlich fertig geworden, und ich habe seit Donnerstag daran gewurschtelt und mich halb krank angestrengt. Mir tut die Brust ganz weh vom vielen Gebeugt-Sitzen – und es ist ein Dreck, sage ich Dir … und bringt mir ganze 20 Mark ein. Dafür 3 ½ Tage sich quälen, nicht allein physisch, sondern seelisch … Du wirst ganz traurig sein, dass sowas möglich ist … Du sagtest neulich … über meine Ton-Bilder … in den Mitteln[18] … zuerst trifft so etwas wie ein Peitschenhieb … aber dann dankt man für die Erleuchtung, befreit von einer Zwangsvorstellung, und ich schöpfe daraus Bestätigung für die Art zu arbeiten, die wirklich die meine ist: <u>Fläche</u> und <u>Linie.</u> … Alles kann doch künstlerisch gestaltet werden, man muss

18 Julia Feininger hat ausgespart, was sie Kritisches zu den »Ton-Bildern«, also zu der Methode, mit Grau-Tönen eine plastische Wirkung der Figuren und eine Tiefenwirkung des Raums zu erzeugen, sagte.

eben können – – und das andere, was nicht die Seele, als selbstverständlich – als Mittel zum höchsten Ausdruck dem unterstellen. Es hat noch kein Mensch ausser Dir an »Korea Strasse«[19] je die Seele gefunden. Gott – es ist ja eine verstümmelte Seele, hundert Unvollkommenheiten in eben so vielen Kleinigkeiten, durch Verdrucken, verätzen, auf dem langen Weg vom Kopf bis durch das Clichieren, das Drucken – und zum ersten Mal bin ich nicht zur Verantwortung gezogen worden, wieso, warum das Wasser – violett und nicht blau!

Über meine Träume habe ich keine Gewalt, ich habe schreckliche Dinge geträumt, schrecklich. Aber wenn's dabei bleibt, ich will keine Taggespenster haben. …

Abends, Montag, d. 30. Oct. 05 [Berlin]

… today, all the afternoon I have been thinking of our work, our studies together later on, soon; … I feel again the strength to work better … dear, I am growing young again, and my fantasy is coming back. I begin to feel more simply and naively again, and wish to work at my art once more, I have such a longing for next summer … I expect to do so much then. Everything is awake now and struggling for expression, I see with new and thirsty eyes. I remember a few months ago saying to Fürst how I envied artists who could be so eager to work, I could not understand it, because I couldn't feel so, but now I do feel it.[20] …

---

19 Gemeint ist eine der Karikaturen Feiningers, die sich jedoch bisher nicht identifizieren ließ. Die Korea-Straße ist die Meeresdurchfahrt zwischen der koreanischen Halbinsel und den japanischen Inseln Kyushu und Honshu.

20 *Heute habe ich den ganzen Nachmittag über an unsere Arbeit gedacht, unsere gemeinsamen Studien später, bald. … Ich fühle wieder die Kraft, besser zu arbeiten … Liebes, ich werde wieder jung, und … meine Phantasie kommt zurück. Ich fange wieder an, einfacher und naiver zu fühlen, und möchte wieder einmal an meiner Kunst arbeiten, ich habe eine solche Sehnsucht nach dem nächsten Sommer … ich gehe davon aus, dann so viel machen zu können. Alles ist jetzt wach und ringt nach Ausdruck, ich sehe mit neuen und durstigen Augen. Ich erinnere mich, dass ich vor einigen Monaten zu Fürst sagte, wie ich Künstler beneiden würde, die so eifrig arbeiten können, ich konnte es nicht verstehen, weil ich nicht vermochte, genau dies zu verspüren, aber jetzt spüre ich es.*

D. 1. Nov. Vormittags (1905) [Berlin]

... staune und – lache. Es ist 11.20 Vormittag und ich habe eine der besten Seiten soeben fertig gemacht die ich seit langer Zeit gezeichnet – und alles seit ¾ 8 heut früh und dazu noch in Abständen an Dich geschrieben. ... Dein Brief gestern Abend hat mich so erschüttert, und hier hast Du das Resultat, eine gute Arbeit, mit Feuer geschaffen. Liebe verlangt nach Freud ohne Namen, oder Schmerzen unsagbare, nur der Gleichmut ist ihr Tod. Und in Leid wie in Freud, wenn sie nur gross genug waren, habe ich von jeher Gutes geschaffen. [...] Wann fängt die Klasse für Lithographie an? Auch erst am 8ten? Du gehst dann hin, nicht? Du kannst in kurzer Zeit ganz wertvolle Sachen lernen in Bezug auf technische Methoden und Hilfsmittel, die teilst Du mir dann später alle mit, nicht wahr? Ich habe so grosse Lust zur Lithographie ... lerne auch radieren. Ich möchte vor allem alte Städte ... eine Reihe von Blättern solcher Motive machen und dann einen Lokomotiv Cyclus. [...]

d. 2. Nov. (1905) früh 8.20 [Berlin]

[...] ich sitze im Erdgeschoss hinter gelbdurchsichtigen Halbgardinchen, und darüber hinweg sehe ich die Häuser vor mir, und rechts und links, soweit der Ausblick gestattet, unten noch kühl im Schattenton, nach oben schon wärmer werdend, Fensterspiegeln, unten gähnend und dunkel, oben silbern und ganz oben, in den Höhen, wo sie den blauen Himmel wiederstrahlen, sind sie tiefblau. Und diese lange Klippe von Fassaden ist im obersten Stockwerk so tiefglühend gold beleuchtet von der Sonne, die wird dann warm zurückreflektiert, auf meinen Tisch, auf diesen Briefbogen, der in gold und violetten Tönen wie ein Opal schillert – und über dem Goldstreifen des obersten Stockes der Häuserwand ein türkis-blauer Himmel, zum weinen schön. Alle Tage, alle Tage jetzt. ... Spiegelnde Fenster [...] das ist mein und ich schenke es Dir ... spiegelnde Fenster. Als kleiner Junge schon, auf dem Land, wie habe ich sie geliebt. Das wird auch einen Cyclus geben! Sonnenuntergang, alles in goldenem und violettem Halbton, und an einer Stelle, ganz ganz weit hinten, halb durch Bäume versteckt, 2–3

Reihen von westlich gewendeten Fenstern, die das Gold des Himmels wie Speere zurückschleudern, das ganze Bild in unbeschreiblich schönen Ton versetzten. In dem schon sterbenden Ost-Himmel, dem »Gute Nacht« Himmel sind plötzlich Stücke, wie Edelsteine vom sonnendurchglühten Westhimmel, ganz frank und keck hingesetzt – mir ist dies gewaltsame Aneinandersetzen von zweierlei Himmel immer etwas unheimlich schönes gewesen. … Lust zu allem, zu allem … zu solchen Zeiten bin ich mir bewusst, kein Dutzend Mensch zu sein … Alles durch Dich, alles. Über den Trennungsschmerz brachte ich kaum einen Ton heraus, wie konnte ich das, wo ich schon allem anderen voraus, dem Lichte zustrebte – … gefährlich ist's, den »Leo« zu wecken … so viel habe ich seit einem Jahrzehnt nicht mehr gefühlt in mir von Lust und Hunger … nach Schaffen. So – Pause, meine Gier muss sich an einem Regenwurm[21] satt tun, habe zu arbeiten, sonst komme ich in Teufelsküche. …

d. 5. Nov. 1905 [Berlin]

… I shall surely send you the Regenwurm when it is printed … and think dear, that even so humble a work as that … may advance us in the Attainment of our high aim – that money goes to the savings bank to morrow[22] – Gott vergib mir das schlechte Bild … es steckt so viel in mir. Sei nur traurig mit mir, dass ich auf diesem Wege mein Geld verdienen muss, anstatt mit Holz hacken oder sonst einem ehrlichen Gewerbe, das nicht die Begabung in einem schändet. […]

früh morgens, d. 10. Nov. 05 [Berlin]

[…] Ich brauche ebenso sehr wie Du Paris, und in absehbarer Zeit pilgern wir dahin. Man kann ganz klein und billig dort leben,

---

21 Gemeint ist eine Zeichnung, die in der »Berliner Illustrirten Zeitung« veröffentlicht wurde.

22 *Natürlich werde ich dir den Regenwurm schicken, sobald er gedruckt ist … und ich glaube, Liebes, dass selbst so ein bescheidenes Werk wie dieses uns dem Erreichen unseres hochgesteckten Zieles näherbringen könnte – dieses Geld geht morgen zur Bank auf unser Sparkonto.*

als Kunststudent, ich kenne das so genau … So wenig wissen wir immer noch von einander … Wer bist Du denn? Hast Du mich jüngst gefragt. Ich bin wirklich in New York geboren, aber schon im zartesten Kindesalter im Sommer stets monatelang auf dem Lande, in Connecticut gewesen. Mit 4 Jahren liessen mich meine Eltern ganz mit lieben Farmersleuten auf dem Lande,[23] mit Leuten die ich, und später meine Schwestern, so liebten, eigentlich jahrelang mehr als unsere wirklichen Eltern. Die waren für uns, wenn sie auf wochenlangen Besuch im Sommer zu uns kamen, eigentlich für unsere Begriffe wie ein Fürstenpaar. Sie waren gefeierte Künstler und wir hörten in aller Munde nur Ausdrücke der höchsten Bewunderung für sie. Auch schienen sie uns Kindern das schönste Menschenpaar auf der Welt zu sein. Meine Mutter mit ihren glänzenden hellen Schleppkleidern, Conzertkleidern, war mehr als irgend eine Kaiserin und mein V A T E R! Gott, das alles ist heute noch in mir, diese unvernünftige, kritiklose Hinnahme alles dessen, was meinen Vater überhaupt ausmacht. … am 26. Oktober um Mitternacht herum, im Jahre 1887 bin ich in Hamburg auf der »Gellert« im Hafen angelangt.

… Nachmittags … Nebenan, eine der herrlichsten Fugen, die Bach jemals schrieb – und das Schaf, das da spielt, verhunzt sie, zum Weinen. … ach, jetzt spielt sie doch etwas, was sie wirklich kann – eine reizende Étude von Chopin – nun wirds bald besser in meinem Kopfe, wenn auch das Herz einstweilen noch nicht so recht hüpfen will. Bach kann ich nicht verhunzen hören – man kann ihn gerne schlecht spielen, wie ich, aber es muss im Bach'schen Stil erfasst sein und das können so wenige. …

Nachmittags, Sonnabend, d. 11. Nov. 05 [Berlin]

… heute Nachmittag gehst Du in die Lithographie Klasse und lernst hoffentlich etwas über den »D-ief-T-ruck«[24] – und ich muss

---

23 Es handelte sich um die Familie Clapp in Sharon, Connecticut.

24 Die weiche Aussprache harter Konsonanten gehört zu den dialektalen Besonderheiten in Mitteldeutschland – und gerade im Bemühen um eine

in die Lustige Sitzung, wenn sie wenigstens lustig wäre – aber es ist alles andere als gerade das. … heute früh um ½ 11 war es noch so dunkel, dass wir in der Ulk-Konferenz die elektrischen Lichter brannten. Der Himmel war ganz schiefergrau in der Königgrätzer Strasse als ich durch zur Prinz Albrecht Strasse ging – so eine sohsige[25] … Stimmung, dabei hat es ganz feinen Nebelniederschlag gegeben – weisst Du so alles nass und doch halb-fester Modder, da hat alles so einen gelblichgrauen famosen, mitunter sehr tiefen Ton – und dazu steht dann ein Blau, einfach himmlisch, das Ganze schreit danach. Ja, so eine Stimmung war wie auf meinem Bild in den Lustigen Blättern im vorigen Jahr, wo der kleine Bülow vor den 3 Riesenweibern steht, vorm Reichstag, mit der blauen Aktenmappe unterm Arm. Solche Tage finde ich kolossal charakteristisch für Berliner Regentage … gleichmässig über die ganze Stadt erstreckt, die und Abenddämmerung – Kampf zwischen dem westlichen Himmel und den früh angesteckten Lichtern und Laternen am Leipziger Platz, gegen die Bellevue Strasse zu gesehen. Wie liebe ich diesen lehmigen, schweren grau-gelben Grund für einen gelben Postwagen oder einen blauen Dienstmannskittel! Blau steht überhaupt wie kaum eine andere Farbe, gerade im Berliner Strassenton, die Häuser sind doch auch so danach schreiend gestrichen, oder werden durch Staub und Wetter so, und Asphalt hat auch so was Reizvolles in der schlüpfrigen Halbspiegelung. …

Abends. 13. Nov. 1905 [Berlin]

… I played some Bach fugues before – sitting in the dark and thought you were listening to me. They are so beautiful, but one has to hear them many times before one knows how beautiful they are – –[26] …

---

korrekte Aussprache missrät es Dialektsprechern, wie hier, manchmal doppelt. – Im Übrigen ist die Lithografie ein Flachdruck, während zum Tiefdruck die Radierung gehört.

25 Gemeint ist wahrscheinlich »soßige«.

26 *Ich habe vorhin einige Bach-Fugen gespielt – im Dunkeln sitzend und stellte mir vor, Du hörst mir zu. Sie sind so schön, aber man muss sie viele Male hören, bevor*

Montag Abend, d. 4. Dec. 1905 [Berlin]

… Ich höre noch Deine Worte: Dass Du jetzt ein Jahr lang ohne Not von mir getrennt bleiben könntest – nun versuche, indem Du fleissig daran denkst, es die 13 Tage lang auszuhalten! Denn länger als die Trennung wird diesmal die Zeit unseres Zusammenseins werden! … Du und ich, wenn wir alt geworden sind, müssen wir auf eine lange Schaffenszeit in der Welt zurückblicken können. In allem! …

Donnerstag Nachmittag ½5 Uhr, d. 7. Dec. 1905 [Berlin]

… You must bring a few books, or even one book, to read aloud to me, dear! I Shall be so happy to have you read to me; not Hans Heinz Evers, »Die Tomate«[27] – Also war heute doch Sonne, von früh auf, und jetzt scheint der gute Mond. Aber die Sonne schien mir umsonst den ganzen Vormittag … denn um 10, die Zeit wo sie jetzt über die vis-à-visigen Hausdächer herüberguckt musste ich fort, um Farb-Platten zu machen. …

Sonnabend früh, d. 9. Dec. 05 [Berlin]

… ich komme ganz fix auf'n Sprung zur Dir, ehe ich in die Sitzung fahre. …

Heute scheint die Sonne wieder und es ist auch hier in der Grosstadt Frühlingsluft so warm – und ach so matschig. Aber ich bin wie auf tausend Sprungfedern heute, mein ganzes Mensch zuckt und hüpft vor dem Gefühl der Möglichkeit unserer Zukunft und was wir aus unserem Leben alles machen wollen. Und dazu kommt noch das Verklärtsein durch die kleine Viertelstunde die ich eben, in aller Frühe, am Harmonium sass. »Ich folge Dir

---

man weiß, wie schön sie sind. – –

27 *Du musst ein paar Bücher mitbringen, oder zumindest ein Buch, damit Du mir laut daraus vorlesen kannst, Liebste! Es wird mich so glücklich machen, wenn ich Dich hier habe und Du mir vorliest; nicht Hans Heinz Evers, »Die Tomate«.* – »Tomatensoße« heißt eine frühe Schauergeschichte des wegen der Drastik seiner Schilderungen auch von erotischen Szenen skandalumwitterten Bestsellerautors Hanns Heinz Ewers, dessen Name im Brief nicht korrekt wiedergegeben ist.

gleichfalls mit freudigen Schritten«[28] habe ich gespielt – ein liebes Ding, fast naiv geschrieben – von wem sonst als von unserm Bach. … Ich weiss so genau noch, als ganz kleiner Junge von 4–5 Jahren, in unserem Haus in New York (wir hatten ein ganzes Haus, Souterrain und 2 Stockwerke), sass ich unten im grossen Speisezimmer in der Dämmerung, und die Ofenklappe vom grossen Heizofen, der auch den darüberliegenden Musikraum durch ein Gitterwerk im Fussboden mit Wärme versorgte, machte man mir auf, damit ich besser hören konnte – und nun sass ich da, ganz verzückt, während meine Eltern Violine und Klavier spielten – Bach, Beethoven, Mendelsohn[29], Schumann, Schubert – ach, ein Schauer ging durch mich, ich glaube, kein Mensch hat geahnt, was in mir vorging. Mein Vater hat jedenfalls später mich eigentlich nicht für sehr musikalisch gehalten. Es kann auch sein, dass meine technische Veranlagung in späteren Jahren das Übergewicht gewann, und die hat mein Vater niemals richtig an mir geliebt. Ich pusselte ihm zu viel, er ärgerte sich, dass ich so gut Stecknadeln, ohne sie zu verbiegen, in meine Holzsachen, die ich baute – Boote, Lokomotiven usw. – hineintreiben konnte. Das schien ihm jedes Kunstgefühl auszuschliessen. Wie an den meisten Menschen ist auch an mir viel gesündigt worden. Oder aber? ist vielleicht die zwangsweise Entwicklung nach einer entgegengesetzten Seite hin doch von irgend einem geheimen Nutzen? Vielleicht. Jedenfalls ist mein Leben reich an Möglichkeiten und ich habe nichts Verbittertes in mir. Verbittert sein ist eigentlich, für mein Gefühl, ein Geständnis der Ohnmacht, und der Armut. … Oh Du, ich bin voll Pulver und Kugeln und die Lunte ist angezündet, so komme ich mir vor, so Gutes will ich machen, mit solchem Willen dazu. …

½ 2 Mittags, Sonnabend 9. Dec.

… Und Du hast recht mit dem was Du über ausdrucksvolle Einfachheit sagst – die kann man nur auf umgekehrtem Wege er-

---

28 Sopran-Arie aus der Johannes-Passion von Johann Sebastian Bach.

29 Felix Mendelssohn Bartholdy.

reichen, indem man nach und nach lernt, alles Überflüssige zu unterdrücken, weil man auch das Überflüssige vollständig gelernt hat und aus dem Können heraus fortlassen darf. Das ist das höchste Können, überhaupt man soll es immer anstreben … Sonnabend ist es immer so schrecklich mit den zwei Sitzungen. Man kommt garnicht dazu, irgend etwas vernünftiges zu tun. Die Ulk Sitzung hat heute ewig gedauert, ich habe die ganze Zeit über skizziert. Alles mögliche, alle Herrn, in den verschiedensten Stellungen, irgend welche Details, Ansatz der Schultern, etc. Überschneidungen, Hände, Flecke, das schärft das Auge und regt an. …

1906

Am 8. Februar trifft Lyonel James Kelley, den Chefredakteur der Chicago Sunday Tribune, der in Europa nach Zeichnern sucht, die seiner Zeitung in dem noch jungen Genre des Comics mit anspruchsvollen Werken einen Vorteil gegenüber der Konkurrenz verschaffen können. Lyonel schließt einen Vertrag über zwei Comic-Serien, »The Kin-der-Kids« und »Wee Willie Winkie's World«. Sie erscheinen ab Mai beziehungsweise ab August und werden in einer großen Titelgeschichte prominent angekündigt. Im November stellt Lyonel allerdings die Lieferung ein, weil die Redaktion ihn in Amerika haben will, er aber noch nicht bereit ist, Europa zu verlassen, und auch wegen Komplikationen in seinem Scheidungsprozess erreichbar bleiben muss. Zudem bringt insbesondere die seinerzeit ungewöhnliche Abenteuerreihe »The Kin-der-Kids« beim Lesepublikum nicht den von den Machern der Zeitung erwarteten Erfolg. Die beiden Serien, die in ihrer gestalterischen Qualität für die damalige Zeit einzigartig sind, bleiben somit unvollendet und haben in ihrer spezifischen Art keine Nachfolge gefunden. Nach drei kurzen Pausen in der Publikationsfolge kann wenigstens »Wee Willie Winkie's World« immerhin noch bis Januar 1907 erscheinen.

Vom 12. bis 16. Februar besucht Lyonel Julia in Weimar und wohnt im Hotel Elephant. Im März endet sein Vertrag mit den »Lustigen Blättern«, für die er aber weiterhin Zeichnungen liefert. Vom 12. März an ist er wieder in Weimar und bleibt für fast fünf Monate. Er mietet ein möbliertes Atelier in der Kurthstraße 7a, heute Bauhausstraße. Zusammen mit Julia oder allein mit dem Sportrad macht der leidenschaftliche Radfahrer ausgiebige Erkundungstouren ins Weimarer Umland. Es entstehen »Naturnotizen«, knappe Skizzen, die über die Jahre zu einem Fundus für sein gesamtes Werk anwachsen.

Für Julia und Lyonel ist es eine glückliche Zeit im beschaulichen Weimar. Doch es gibt noch eine gemeinsame Sehnsucht: Zusammen nach Paris! Als Julia ein Kind erwartet, beschließt das unverheiratete Paar, dorthin zu ziehen. Der Auftrag der Chicago Sunday Tribune macht es finanziell möglich. Sie reisen am 24. Juli nach Paris, wo sie ein Atelier, 242 Boulevard Raspail, mieten. Lyonel und wohl auch Julia zeichnen zudem in der Académie Colarossi, wo auch Frauen zum Aktzeichnen nach weiblichen und männlichen Modellen zugelassen sind. Von Paris aus bereisen sie den Sommer über die Normandie (Arcueil, Meudon und Longueil). Wie schon in Paris hält Lyonel die Architektur und das Leben in den Städten in zahlreichen Skizzen fest, nach denen später Zeichnungen, Aquarelle und Gemälde entstehen.

Lyonel erhält Aufträge für die neu gegründete Zeitschrift »Le Témoin«, bei denen er ohne redaktionelle Vorschriften seine eigenen Vorstellungen verwirklichen kann. In derselben Zeitschrift werden auch Zeichnungen von Julia veröffentlicht.

Am 27. Dezember kommt in Paris Julias und Lyonels erster Sohn Andreas zur Welt. Julias Mutter Jeannette besucht das Paar in Paris, vielleicht um Julia in der ersten Zeit zu unterstützen.

Freitag, d. 9. Februar 1906 8 ½ Uhr früh [Berlin]

… und dann habe ich ein sehr grosses Ereignis zu berichten, etwas schwer-Wichtiges, etwas, auf das ich früher wie auf einen Ruf wartete – meine Zukunft in America. Der Chefredakteur der grössten Chicagoer Zeitung, »The Chicago Tribune« war bei mir und will mich haben. Er besah sich meine Arbeiten und wir haben wohl 1 ½ Stunden gesprochen, er will Sonntag mit mir ins Reine kommen, und zittere nicht, Liebe Du, ich werde nicht annehmen, ich kann nicht. Vielleicht dass ich ihn dazu kriege in 2–3 Jahren wieder an mich sich zu wenden – aber er hat's eilig, à brûle pourpoint,[30] und wird wohl nicht wieder mir später den Vorschlag machen. — Ironie des Schicksals … ich will ihn Sonntag im Hotel Bristol aufsuchen und hören was die Bedingungen sind. Es kann sein, dass doch für später etwas dabei herauskommt. Er ist, wie er selbst sagt, 7000 Engl. Meilen hergekommen, um ganz aparte neue Kräfte zu finden für das Riesenblatt, für die täglichen Witzbeilagen – eine prachtvoll bezahlte Gattung, wenn man das »Glück« hat, beim Publikum Anklang zu finden. … was müssten wir nur schon in künstlerischer Hinsicht alles aufgeben. … Morgen Abend schreibe ich dem Mister vorher, dass ich nicht darauf eingehen kann. Ich sagte ihm bereits, dass ich nicht könne, und aus welchen Gründen, aber er wollte erst Sonntag endgültigen Bescheid haben. Und nun, Du, mir hat der Besuch so gutgetan. Ein anderer Zeitungsmensch, Correspondent der New Yorker Times, hat ihn mir zugeführt, der kennt meine Sachen sehr gut und schätzt mich kolossal hoch, und später kann dann doch etwas anderes kommen, denke ich. Und <u>sicher</u> ist, dass ich jederzeit hinüber kann, und dann soll's der Teufel holen, wenn ich die Tausenden der unfertigen »Künstler« der dortigen Witzpresse nicht ausstechen kann. … ich gehe niemals als Neuling hinüber, und ein Europäisches Renommée ist colossal was wert in America.

10 Minuten nach 9, Abends

… gestern Abend bin ich genau wie Du … draussen im Schnee, fast gestorben vor Sehnsucht und einer unaussprechlichen Angst vor ich weiss nicht was. Als ob mir doch das Lebensglück mit Dir zusammen entwischen sollte, ich kann das Gefühl nicht beschreiben, es ist eine Ausgeburt unseres wahnsinnigen Zustandes. …

---

30 Zu Deutsch: »ein schlagender Grund«.

Sonnabend früh, d. 10. Febr. 06 [Berlin]

... wenn das morgige Gespräch sehr vorteilhaft ausfiele, was Bedingungen angeht meine ich, so dass die Sache doch nicht ohne Weiteres abzutun ginge – dann würde ich ganz schnell zu Dir auf 2–3 Tage kommen und beraten, es gibt viel darüber zu sagen. Wenn ich z. B. 24.000,– Mark jährlich (6000 Dollar) mir bedingen könnte, dann wäre für alle Mal die drückende Geldfrage verschwunden aus unserm Leben. ... Beunruhige Dich nicht dass ich Dir darüber schreibe. Wir werden uns klar sein müssen dass wir vieles aufgäben was unsere Zukunft so wunderbar erfüllt ... für ewig wäre es ja nicht möglich dort, aber 2–3 Jahre ...

Sonntag Abend, d. 11. Februar 06 [Berlin]

... ich hatte solche Kopfschmerzen vorhin, als ich Dir das Telegramm schickte, ich musste mich hinlegen und habe Migränin geschluckt, und jetzt ist's inzwischen ½ 8 geworden. Dann kann ich nicht sehr viel an Dich schreiben, und es ist auch nicht nötig jetzt viel zu sagen – ausser dass ich morgen, Montag, mit dem Nachmittag Zug zu Dir kommen will. ... Ich stehe der Sache sehr sehr kühl gegenüber. Das einzig Gute, das ich zunächst darin anerkennen will, ist, dass ich eine schriftliche Aufstellung des Anerbietens erzielt habe und die auszunutzen ist fürs erste das Wesentliche. Ich kann nicht jetzt darüber schreiben, ich bin so seelisch beansprucht diese Tage, dass ich das Gefühl habe ersticken (zu) müssen, wenn ich Dich nicht gleich sehe, und darum komme ich morgen zu Dir. Ich will sehen, auf wie lange ich bleiben kann – meine Entscheidung muss nämlich bald gefällt werden, und es ist so vieles auch hier klar zu machen. ...

Unser Wiedersehen wird ja ungleich anders, als wir es uns vorstellten. Ich wollte, ich könnte den Leuten drüben trauen. – Das waren unruhevolle Tage. Ich bin zappelig und kein Wunder. Du musst diesmal mit »Heile-heile-Segen-Händchen« helfen. Und Du! Ich muss feste arbeiten bei Dir, nehme schon Arbeit mit ... habe 2 Seiten zu machen, aber dalli! und Du bist dabei. ...

Sonntag, d. 4. März, 1906 gegen 1 Uhr [Berlin]

... Ich war heute früh bei Engel. Alles geht nach Wunsch. Er war sehr gut und offensichtlich ergriffen, als ich ihm eröffnete dass ich, einstweilen von hier aus, für America arbeiten wollte und feste Abschlüsse in der Weise getroffen hätte dass ich dies könne – und dass ich in Anbetracht der gesteigerten Geldinteressen mich nicht länger fest hier verpflichten kann. Jedenfalls habe ich ohne Mühe ihn ... an den Gedanken gewöhnt, dass ich über kurz oder lang kündigen müsse – wiewohl ich weiter mitarbeiten würde, so lange es eben gehe .... Das Bewusstsein endlich mein eigener Herr, auch in Gelddingen zu sein ist herrlich wunderbar, das quälerische ist die Ungewissheit, aber da alles jetzt bestimmte Formen angenommen hat und die Mittel mir zur Verfügung stehen unsere Pläne auszuführen, ist Heiterkeit und Ruhe in mich gekehrt .... Von Juli ab bindet mich überhaupt nichts mehr an einen bestimmten Ort, solange ich meinen Americanischen Verpflichtungen genüge.

Abends, kurz nach 9

... wie viel hat heute die Harmonika gedröhnt, lauter Freudenchoräle mit unerwarteten Dissonanzen und Accord-Auflösungen ... ich habe mich mit ihr heute zu viel abgegeben, morgen wirds anders – dann habe ich so viel vor, dass ich gar nicht mehr dazu kommen kann zu spielen. ... wie tausendmal besser in jeder Hinsicht wird mein selbständiges Arbeiten, schneller, leichter – ja und künstlerisch ungleich besser, wenn es auch nicht fortwährend nach Ausdrücken für welterschütternde Ereignisse suchen muss. ... Ist das ein unglaublich schöner Tag heute, ich sitze mitten in der Sonnenglorie drin, und das Fenster am Sofa ist sperrangelweit auf und es ist so warm. Auf den Dächern draussen singen die Spatzen so lustig und ich bin so fleissig und froh! Die paar Tage!

Mittw. d. 7. März 06 [Berlin]

[...] ich sehe ein, dass es doch das grösste Opfer ist das Du mir überhaupt noch bringen konntest – denn um mich bist Du heimatlos geworden. ... Nun, ich könnte wohl verschiedenes darüber schreiben und es wäre doch nichts was wert wäre an Dich geschrieben zu sein. Denn ich der ich Dich liebe würde Dich lieber tot wissen, als dass Du zu Deinem alten Leben wieder zurückkehrtest, um dafür wieder in Liebe und Gnaden zu Hause aufgenommen zu sein. Ich kriege, bei aller Teilnahme für das Bedauerliche an der Sache, keine erheuchelten Phrasen heraus. Es ist nicht zu verwundern wenn ich manchmal zusammenschrecke bei dem Gedanken, dass Du vieles an das Du von Kindheit an gewöhnt warst für unser Leben aufgibst. Aber wenn ich an die Seligkeit Deines lieben Gesichts denke, wenn wir über unsere Zukunft sprechen – ist alles nichtig gegen die brausende Freude die mich erfüllt, dass wir jetzt ganz am Ziele sind und alle Opfer schon gebracht.

1907

In Paris entsteht im April Lyonels erstes Gemälde, ein Stillleben. Zuvor hat Lyonel das Frühjahr dafür genutzt, damit zu beginnen, die »Willie-Winkie«-Geschichte in ein Kinder-Bilderbuch für das deutschsprachige Publikum umzuarbeiten, von dem Julia und er sich auch finanziell viel erhoffen. Lyonel will das Buch dem Cassirer-Verlag anbieten. Da aus dem für April angekündigten Besuch des Verlegers in Paris jedoch nichts wird, bleibt das Projekt unvollendet.

In der sich inhaltlich und stilistisch neu ausrichtenden Zeitschrift »Das Schnauferl – Blätter für Sporthumor«, in der die neuesten technischen Entwicklungen satirisch kommentiert werden, können sowohl Lyonel als auch Julia Zeichnungen veröffentlichen.

Im Frühsommer reist die Familie nach Günterstal bei Freiburg im Breisgau, wo Lyonel nach der Natur malt. Ab 22. August hält sich Lyonel allein in Baabe und Lobbe auf Rügen auf, um zu malen, das erste Mal getrennt von seinem Sohn »Butzi«.

Lyonel wird von Clara Feininger, geborene Fürst, geschieden.

Im Oktober ist die Familie wieder zurück in Paris. Lyonel sieht in der Galerie Bernheim-Jeune und im Salon d'Automne Werke von Vincent van Gogh und Paul Cézanne.

Baabe a. Rügen Hotel Fortuna d. 22. Aug. 07

My darling, my little one! Nun habe ich den ganzen Ort begrüsst; den Wald, den Strand, das Dörflein selbst. Eigentlich ist es ein etwas schwermütiges Wiedersehen. Erstens von wegen dem Alleinsein und dann weil sich in drei kurzen Jahren so vieles hier geändert hat. Lauter Neues, lauter Villen, Hotels, Rasirbuden, Waschküchen etc.; und so vieles Liebe, alte, auf ewig verschwunden. Eine Sturmflut von vor 2 Jahren hat die ganze Küste verändert ausserdem. Aber Hotel Fortuna besteht immer noch unter derselben Leitung und so traf ich wenigstens nicht unter fremden Menschen ein. Und als ich mich im Dorfe umsah, fiel mir eine förmliche Last vom Herzen; denn das wundervolle 300 Jahre alte Haus mit dem fabelhaften Dache steht immer noch – nur haben sie den einen, gerade so notwendigen Birkenbaum, der daneben stand, gefällt, und dafür eine nagelneue Telegraphenstange hingesetzt. … Oh girlie, wenn Du kommst, wirst Du alles sehen, was ich seit so vielen Jahren hier lieb habe, und dann wird es unsagbar schön sein. […] Dear little one, you must not feel lonely or sad, because you have little Butzi anyway to comfort you – and I shall commence tomorrow, with work, and that will do me good.[31] …

Baabe, d. 25. Aug. 07

[…] Das Bild ist monumental geworden, das ist das Haus, wie ich's habe all die Jahre auffassen wollen. Nachmittags habe ich's von der anderen Seite, hinter einem blühenden Lupinenfeld gemalt – bei griesegrauer Regenstimmung.[32] Dabei habe ich eine so ausgesprochene frappante Contourwirkung beobachtet, dass ich kein Bedenken trug sie kühn wieder zu geben, obwohl ich noch in keinem Bilde so etwas jemals gesehen habe. Nämlich: links der

---

31 *Meine liebe Kleine, Du musst dich nicht einsam und traurig fühlen, denn Du hast ja den kleinen Butzi, der Dich tröstet – und ich fange morgen an, mit der Arbeit, und das wird mir guttun.*

32 Vgl. »Bauernhaus in Lobbe auf Rügen I«, 1907, Öl auf Pappe, 37,5 × 61,5 cm, Privatbesitz, Moeller 014. Es scheint sich aber um eine andere Fassung zu handeln.

Gegenstände waren die Konturen blau, rechts warm grünlich und dies schien sich absolut vom Gegenstand auch auf den anliegenden Himmel zu übertragen. Drum habe ich links im warmgrauen Himmel einen breiten blauen Streifen neben der bereits dunkelblauen Kontur, rechts einen breiten hellgrünen Streifen im Himmel gemalt. Auf die Weise haben nicht nur das Hausdach und die sonstigen, in die Luft ragenden Gegenstände ihren farbigen Kontur, sondern, umgekehrt, auch der Himmel seine Konturen farbig. …

Baabe, d. 27. Aug. 07 spät Abends.

… denn ich fühle, dass ich nicht halb genug dort mich concentrieren konnte. Hier bin ich einfach wie ein Dampfkessel, der so lang versperrt gewesen, bis der Druck fürchterlich geworden. Es ist mir auch gut und heilsam, allein zu arbeiten – d. h. ohne darüber einstweilen zur Rede gestellt zu werden (verstehe mich nur recht … wenn ich sage »zur Rede«) – das will sagen, dass ich meine Fehler allmählich selbst einsehe, und dass ich nicht während des Weiterarbeitens durch Verdauung einer wenn noch so lehrreichen Kritik am naiven Schaffen aufgehalten werde. Der Glaube ist so nötig während des Schaffens. […] Ich male naiv das was ich sehen lerne. Ich habe seit einigen Tagen mich in Harmonie mit den Mitteln befunden, die Überlegung fehlt dabei nicht, es ist wundervoll, diese neu-entwickelte Fähigkeit – Töne und Farben nebeneinander versetzen zu können und miteinander zu vergleichen und sie zu analysieren. …

d. 29. Aug. 07 [Baabe]

… mir schweben schon ganz andere Leucht-und-Ton-Werte – andere Übersetzungsmöglichkeiten als bisher vor – aber es ist so fast unmöglich, von der gewohnten Wirklichkeit abzugehen. Das Gesehene muss innerlich umgeformt und crystalisiert werden. …

Montag, Abend 8 ¼ Uhr d. 2. Sept. 07 [Baabe]

[…] Es ist zu komisch, anfangs quetschte ich meine geliebten Bauernhäuser in die vier Ränder meiner Leinewand ein, jetzt stehen bei meinen Studien … (die eigentlich Bilder immer zu werden bezwecken) die Häuser ganz weit im Mittelgrund … Du wirst ja sehen. Nicht umsonst fängt man mit 36 Jahren als vergnügter Greis, an zu malen und malt mit lokomotivartiger Leidenschaft 8–10 Stunden täglich. Aber mir dämmert eine Hoffnung auf … wenn ich nur nicht vor übergrosser Lebensfreude überschnappe, Girlie. Da wird nichts helfen, Du musst mitmachen. Arbeit ist mir Lebensgesetz und soll sie uns nicht trennen, muss sie uns vereint arbeiten sehen, und das wollen wir. …

Lobbe, d. 11. Sept. 07 Abends gegen 9 Uhr

… was war das heute für ein himmlisch-schöner, warmer Sommer Tag, sonnig und dunstig, das Meer fast zu blau, aber dafür der Himmel einfach schmelzend … Vormittags machte ich garnichts. Ich ging an den Strand vor die Klippen und suchte nach einem Strand-Motif – – und deren gibts viele, aber ich fand gerade heute und bei der Stimmung (allmählich vergehender Nebel, und noch nicht richtig sonnig), gar nichts das mich hätte veranlassen können, mein letztes hierher mitgebrachtes Stück Leinewand auf dem allergrössten Klappbrett zu opfern. Darum lagerte ich mich faul in die Sonne, schmiss Steine, beobachtete das Liebesleben der Strandfliegen, und liess die Arbeit Arbeit sein. […] Gott schenke uns nur so (diesen Klex hat eine wildgewordene Motte oder Nachtfalter soeben gemacht) schöne Tage, wenn wir zusammen hier sind. So schön, so ohne Makel von Anfang bis Ende. Der Nachhauseweg in der Dämmerstunde war einzig – draussen auf den Marschfeldern lag schon der buntschillernde wattige Grundnebel, und Lobbe ragte daraus mit seinen Dächern und Bäumen wie in Cotton eingepackt. Im Süden stand der zarte Neumond und der West-Himmel war glühend rot im Abenddunst. […] Sweetheart, nun ist dieses der letzte Brief. … Versäume nur nicht den Zug … Der dicke Nebel liegt draussen und Hammel blöken auf der Wiese, man sieht sie garnicht. …

1908

Im Frühjahr reisen die Feiningers von Paris nach London. Hier steht Lyonel zum ersten Mal vor einem Gemälde des englischen Malers William Turner (1775–1851), dessen lichtdurchflutete Bilder ihn seit frühester Kindheit faszinieren und auf seine späteren Werke großen Einfluss gewinnen.

Zum Sommeranfang erfolgt die Rückkehr der Familie von Paris nach Berlin, wo sie zunächst am Magdeburger Platz 4 wohnen, bei Julias Eltern Jeannette und Bernhard Lilienfeld, die sich inzwischen mit der neuen Lebenssituation ihrer Tochter ausgesöhnt haben. Anscheinend beraten Julia und Lyonel intensiv über ihren Lebensmittelpunkt. Aber Lyonel will sich die Option einer Rückkehr in sein Geburtsland offenhalten und entscheidet sich, die amerikanische Staatsbürgerschaft zu behalten. Die Sommermonate verbringt er allein auf Usedom, vor allem in Heringsdorf.

Im Herbst machen sich Julia und Lyonel ein weiteres Mal nach England auf: Am 25. September heiraten sie in London, wo dies im Gegensatz zu Deutschland auch für Geschiedene ohne Weiteres möglich ist.[33] Nach ihrer Rückkehr nach Berlin fällt auf einer Radtour zum Schlachtensee die Entscheidung für einen Umzug in das ländliche, von Äckern umgebene Zehlendorf, damals »bei Berlin«.[34] Im Oktober bezieht die kleine Familie die erste und zweite Etage eines Hauses in der Königsstraße 32.

Im Berliner Verlag Georg Bondi erscheint ein Band mit »Norwegischen Volksmärchen«, zu dem Lyonel neben der Gestaltung des Umschlags und der Initialen für die Kapitelanfänge auch acht ganzseitige Märchenillustrationen beisteuert.

---

33 Nach dem Bürgerlichen Gesetzbuch von 1900 galt im Scheidungsfall das Schuldprinzip; eine gegenseitige Einwilligung der Eheleute zu ihrer Scheidung war unzulässig. Der schuldhaft Geschiedene durfte in Deutschland nur nach einem besonderen Dispens eine zweite Ehe eingehen. Diese Bedingungen gab es in England nicht.

34 Erst 1920 wurde die Landgemeinde Zehlendorf nach Groß-Berlin eingemeindet.

Berlin, d. 29. Juni, 1908

[...] Mein Orgelchen, meine Harmonika, die tröstet mich sobald ich resolut mich von der aufreizenden Arbeit abwende. Ich habe gestern Abend bei ganz leiser Registrierung wohl eine Stunde [...] geübt.

Mittwoch Abend, 1. Juli 1908 [Berlin]

... Ich habe gestern eine Seite in den »Lustigen« bekommen. So was trauriges, künstlerisch natürlich Unmögliches – und eben: sie wollen nichts Künstlerisches. [...] Nun, ich nahm die Seite da ich sonst nichts mehr erwischt hätte, und will wenigstens sehen ehrlich das Geld dafür zu verdienen, denn ich brauche es. Lächerlich wars nur eine Secunde denken zu können, dass die Lustigen mir eine von den eigenen Seiten abgenommen hätten. [...] Bondy hat 220,– Mark herausgeangelt aus der Kasse und mir gegeben – er war sehr verlegen, und scheint es nicht über sich bringen zu können, das ganze Geld gleich zu zahlen. [...] Berlin wirkt totschlagend auf mich, sobald ich in Berührung mit Verlegern trete. Ich komme mir so hülflos vor, vor ihren Forderungen, und dabei fühle ich wie totsicher mein ganzes Renommé flöten ginge wenn sie wüssten was mein Bestreben ist. Das kommt ihnen nämlich tatsächlich wie Überschnapptheit vor, oder Unfähigkeit. Und das Gefühl: Du passt in die Gesellschaft nicht und bist unfähig ihre Forderungen zu erfüllen, ist doch manchmal danach dass man sich wirklich fragen möchte: haben DIE am Ende recht? Well – – ...

Sonnabend, d. 11. Juli 08 [Berlin]

... weisst Du, wir müssen zum arbeiten kommen; mir scheint dieser Notwendigkeit gegenüber alles übrige nebensächlich zu sein. Ich sehe Dich, ohne Arbeitsinteressen, langsam geistig verstumpfen und unglücklich werden. Es ist nun einmal unabänderlich, dass wir unvermählt im Herbst Wohnung nehmen müssen also wollen wir mit Ruhe und Freude daran gehen; es muss uns der Gedanke überhaupt wie das Wichtigste vorläufig erscheinen, dass wir zur Arbeit und Ordnung endlich kommen. Nun höre in Bezug auf

America: … ich will nicht Deutscher werden. Ich hätte vor kurzem nicht gedacht dass mir dieser Gedanke so ganz bis in die Seele widerstreben könnte.

… So lieb wie ich das Land in vielem habe, es würde mir alles vergällen, mein Americanisches Geburtsrecht aufzugeben. Vor allem, ohne übermässigen Patriotismus zu empfinden bin ich doch frei, aber als Deutscher wäre ich das nicht, und noch viel weniger mein Sohn. Und daran müssen wir ernstlich denken. Im Grunde bin ich Weltbürger geworden. …

Mittwoch, den 15. Juli 08 [Berlin]

… noch immer weiss ich nicht ob ich werde morgen fahren können, weil es unsicher ist, ob ich Dr. Eysler schon morgen früh sprechen … und Geld erhalten kann, und ich bin absolut auf dem Trockenen … Ich habe wieder eine Seite heute bekommen, Du siehst es geht ganz gut mit dem Verdienen, nur zahlt keiner … ich bin sehr nervös und schlafe hundsmiserabel, so dass ich nicht sehr froh über den Lauf der Dinge bin … Soeben kam Dein Telegramm – ach Gott, nun hast Du meinen Brief von gestern nicht erhalten! Natürlich bist Du ganz unruhig, ich habe Dir ja sofort telegraphiert, fast mein letzter Pfennig ging drauf, ich bin eben total abgebrannt und hereingefallen weil ich mich auf mein Guthaben bei den Lustigen verlassen habe. Morgen lachen wir hoffentlich darüber – könnte ich nur zu Dir hinfliegen! …

Magdeburgerpl. 4 Montag Abend 24.8.1908 [Berlin]

… oh girlie, Morgen freue ich mich so wie noch kaum ein Mal, weil unsere Trennung endlich aufhört und wir ein Ziel wieder vor Augen haben. Was wir jetzt auch tun, wirds zusammen sein. …

1909–1919

»Unsere Welt-Wende«

1909

Am 5. April wird in Berlin der zweite Sohn Laurence geboren. Den Sommer verbringt die Familie in Heringsdorf. Lyonel kehrt Anfang August allein nach Zehlendorf zurück, wo ihn seine beiden kleinen Töchter besuchen. Julia folgt drei Wochen später mit den Kindern. Julias Mutter stirbt in Berlin.

Lyonel wird ordentliches Mitglied der Berliner Secession, die im Mai 1898 als Gegenpol zum dominierenden akademischen Kunstbetrieb gegründet wurde und inzwischen zur führenden modernen Künstlervereinigung geworden ist.

(ohne Datum; Datum des Poststempels: 1.8.09) [Zehlendorf]

… Ein Lebenszeichen für Dich, morgen früh mit der Sonntagszeitung zusammen. Wenn's Wetter halbwegs schön ist, denke daran an den Strand zu gehen und Dich in unserer Hütte allein aufzuhalten. Gerade wenn die Wetterwolken vorüberziehen und es zwischendurch einen Regenschauer gibt, dann gerade ist es schön. Nimm einen Block und zeichne, aufs Geratewohl zunächst, irgendwelche Vorstellungen, Compositionen oder Ideen. Sie kommen nachher von selbst, und regen an zu anderen. Hindurch tut man nichts, sondern schaut hinaus aufs Meer. […]

d. 4. Aug. 09 [Zehlendorf]

… soeben kam ich vom Magdeburger Platz zurück und habe Deinen liebsten gestrigen Regentagsbrief auf dem Flügel liegend vorgefunden und mich so gefreut. … Und meine Stimmung ist durch die Sonne Deines Briefleins und durch die draussige Sonne heiter, ich ersehe aus Deinem Brief viel Gutes darin, dass Du arbeitest. Ich habe heute Vormittag meine eigene Arbeit eigens beiseite geschoben um Dir die Notizen und Zeichnungen, die Du haben wolltest auszusuchen und Dir zu versenden. Ich habe mich dabei sehr über die Sachen gefreut und sie nach längerer Zeit wieder mit frischen Augen angesehen: Du hast viel Gutes und sehr Anregendes darunter. … Deine Schuhchen schickte ich auch, ebenso das

Parfeng, und habe mir nur vorher ein Tröpfchen davon auf die Kravatte getupft und rieche nun allenthalben wie der Mai … Meine Sachen sind entschieden besser, ich bin viel weiter gekommen, als im Vorjahre. Es steckt bereits Kraft und Farbe in manchem was ich diesen Frühling gemalt habe, das sehe ich jetzt und ich bin auch weniger in den rein technischen Versuchen befangen, sondern etwas weiter, wo ein Werk schon anfängt etwas erzählen oder leben zu wollen durch Inhalt und Ausdruck. Ich habe wieder einmal zur Zukunft Vertrauen gefasst. … Mama hat mir heute ein sehr schönes Buch von Maeterlink zum Geburtstag geschenkt: Weissheit und Schicksal[35] – wie ich glaube ein sehr edles und schönes Werk. Einstweilen lese ich meinen gottvollen Schmöker von Sue[36], es ist mir gerade recht so. …

Montag d. 9. August 09 [Zehlendorf]

… was für eine Freude und ein Trost auf dieser Welt seid ihr für euren Papileo! Wie war der Anfang dieses Tages lieb, gleich mit der ersten Post kam der Butzelbrief und noch hatte ich nicht aufgehört mir den Kopf über Deinen »fetten Gruss« zu zerbrechen – (wie habe ich Deinen Brief nach Fettflecken vergeblich abgesucht) da hielt unten die gelbe Postkutsche und im nächsten Augenblick kamen schon die Flundern – fetten, fetten Dank, Du Liebste. […]

Sonntag Abend, d. 15. Aug. 09 [Zehlendorf]

[…] jetzt zähle ich schon die Tage bis meiner Rückkehr zu euch. Du klagst über Deine Arbeiten dass sie Dir so verfehlt jetzt erscheinen, mir geht's genau so. Ich stehe vor einer toten Wand da-

---

35 Das Buch »Weisheit und Schicksal« des belgischen Schriftstellers Maurice Maeterlinck, der zwei Jahre darauf den Nobelpreis erhalten sollte, ist ein Jahr nach der Originalfassung 1899 auf Deutsch erschienen.

36 Eugène Sue (1804–1857) war ein französischer Romancier, Dandy und Sozialist, dessen Fortsetzungsromane sich enormer Beliebtheit erfreuten, insbesondere der dickleibige Milieuroman »Die Geheimnisse von Paris« (1842/43). Dessen »4 endlose Bände« hat Lyonel sich am Tag zuvor »in der Nikolaischen Buchhandlung (am Kanal, Ecke Potsdamerstr.)« antiquarisch gekauft und sich somit »für mindestens 4 Wochen glücklich gemacht«.

mit, bin sehr mutlos plötzlich. … Es gibt eben Zeiten, wo ich ein Teufelskerl mich wähne – und dann plötzlich, suche ich vergeblich nach einem einzigen Werk, das bestehen könnte. … Nicht wahr? der anfangende Herbst jetzt schon, ehe überhaupt ein Sommer da war, das macht einen traurig manchmal. Ich bin immer noch entsetzt, nach 22 Jahren, wie bald der Sommer hier vorbei ist. Wir haben drüben den ersten Frost Ende November. August ist unser heissester Monat – und dann, die Tage sind im Sommer nicht so lang, dafür aber länger im Winter. Diese plötzliche Abnahme der Tagesdauer kennen wir gar-nicht, die stimmt einen so traurig.[…]

d. 18. August 09 [Zehlendorf]

… Ich stehe in meiner besten Kraft als Zeichner, gerade jetzt, in höchster Blüte, und die Leute verstehen mich nicht und wollen mich für teures Geld nicht. Ich beneide jeden einzelnen der Jüngeren, nicht etwa um ihre Leistungen, sondern darum, dass sie sich nicht zu genieren brauchen, billiger zu arbeiten und auf die Weise ein anständiges Einkommen sich zu verdienen. … Es hat immer nur den einen grossen Übelstand bei mir, dass ich im Grunde meiner Seele kein Witz-Blatt-Zeichner bin, also bin ich schlimmer dran weil ich weniger dazu mich eigene wie die anderen. […] Arbeite ich gut, dann ist mein Halt als Künstler fest und stark und ich komme über alles hinweg, aber sobald ich einen Menschen brauche, bist Du die Einzige in meinem Leben, und ich brauche Dich sehr. Es kann mir kein anderer Mensch das geben als Du, das was ich haben muss. […]

… Weisst Du noch, in Weimar, Du und ich in der Motzstrasse, wie oft wir genau zur selben Zeit an dasselbe dachten und zuletzt in der Hinsicht uns für unfehlbar hielten? Wenn wir nicht mehr diese innere, innerste Zusammengehörigkeit haben sollten, dann wäre es doch sehr traurig. Ich mag garnicht daran denken – ich habe ein Sehnen nach einem unserer Wunder … es gibt Mütter, meistens solche die, so wie das erste Kind da ist, nie wieder zum Manne stehen wie vorher, sie sind unfähig, zugleich Mutter und Geliebte zu sein, ihre feinsten Nerven, Herzfäserchen, sind abgestorben für den Mann, und sie leben fortan als brave Mutter. Sei Du ewiglich Beides, verlass mich nicht, … und ich, ich will mich für Dich immer erneuern; hinter dem schöpfenden Künstler soll immer zuerst Dein Mensch stecken. Wenn unsere Trennungen nur das an sich haben, dass sie uns uns wieder gegenwärtiger machen, dann sind sie schon gut und unendlich wertvoll für uns. Es ist ja ein Gesetz der Physik, warum nicht auch eins der Psyche: dass constant gleichartige Beanspruchung mit der Zeit Angewöhnung und Abstumpfung hervorbringt. Für die hohe Freude des Wiedersehens liebe ich die Trennung, die alles erneuert. Warum, wenn wir nicht ganz in Einklang zueinander stehen und entsetzlich darüber traurig sind, suchen wir uns zu fliehen, uns zu verkriechen? Es ist die Trennung, die alles wieder gesundet, die wir suchen, und wenn's ein Stündlein nur ist. … Oh Girlie, ich freue mich auf Dich, ich freue mich auf euch dreien! – – …

1910

Im Februar besucht Lyonel erneut Weimar, da ihn die Dörfer der Umgebung und deren Kirchen immer aufs Neue inspirieren.

In der 20. Ausstellung der Berliner Secession zeigt er zum ersten Mal ein Gemälde.[37]

Am 11. Juni wird der dritte Sohn Theodore Lucas (Lux) in Berlin geboren. Im Sommer hält sich die Familie wie im Vorjahr in Heringsdorf auf. Den September verbringt Lyonel allein in Neppermin auf Usedom, wo ihn Aussicht und Landschaft begeistern. Seine besondere Beziehung zu dem Ort drückt er in den Spitznamen »Nevermind« und »Peppermint«[38] aus.

Lyonel liefert bis 1913 Zeichnungen für die Wochenzeitschrift »Licht und Schatten«, in der literarische und künstlerische Werke pu-

---

37 Es handelt sich um »Longueil, Normandie«, 1909, Öl auf Leinwand, 80,5 × 101 cm, The Art Institute of Chicago, Moeller 057.

38 »Never mind!« bedeutet »Macht nix!«, »Was soll's!« beziehungsweise »Scher' dich nicht drum!«; »peppermint« ist das englische Wort für »Pfefferminze«.

bliziert werden. Hier hat er Gelegenheit, seine freien Zeichnungen, die keine Karikaturen sind, einer größeren Öffentlichkeit vorzustellen.

Neppermin, Friday, Sept. 2. 1910

… I sat myself upon my wheel and rode to Balm and back before supper. It ist very stimmungsvoll there, I may perhaps make a picture there. But I see how hard it is to paint anything but the most tedious naturalism, which, when painted, is not naturalistic at all but only langweilig; I mean to keep right at each study until I have it where I want it.[39] …

Nevermind! Sept. 14. 10

… I am beginning the better of that darned nature I so much scolded at, and when one gets so far, one lik[e]s her very much indeed and is correspondingly grateful to her for her good help.[40] …

Well, Nevermind! Sept. 19, 1910

… and for the rest I do not find my studies at all good … I can find no »Reiz« in them at all, and am only happy that I can at least paint better »out of my head«! I could cherfully burn every one of the studies and never feel that I had lost anything at all. I shall paint the picture I see here in the landscape from »Notizen« and memory, when I get back to Zehlendorf – and they will be good. … I shall go walking about and make many notes.[41] …

---

39 *Ich habe mich auf mein Rad gesetzt und bin vor dem Abendessen nach Balm und zurück gefahren. Es ist sehr s t i m m u n g s v o l l dort, ich werde vielleicht ein Bild dort machen. Aber ich sehe, wie schwer es ist, etwas anderes zu malen als den ödesten Naturalismus, der, wenn er gemalt ist, gar nicht naturalistisch, sondern nur l a n g w e i l i g ist; ich will an jeder Studie so lange arbeiten, bis ich sie da habe, wo ich sie haben will.*

40 *Ich fange so langsam an, dieser verflixten Natur, über die ich so viel geschimpft habe, beizukommen, und wenn man erst einmal so weit gekommen ist, mag man sie sogar sehr und ist ihr entsprechend dankbar für ihre gute Hilfe.*

41 *Ach-was-soll's! 14. Sept. 10*
… und im Übrigen finde ich meine Studien überhaupt nicht gut … ich kann keinerlei »R e i z« in ihnen finden und bin bloss froh, dass ich wenigstens besser »aus dem Kopf« malen kann! Ich könnte jede der Studien mit Freuden verbrennen und

Tuesday, Sept. 20, 1910 [Neppermin]

... and we will develop our idea of going in March to Paris for a few weeks, which will be the greatest Anregung und Anstoss for us both. Now or never you must make the endeavor to work. Think of 30–40 years to come, with no activity or production, quite impossible for you, you must, and I shall do all I can to help you to keep you interested.[42]

1911

Ende April ist Lyonel wieder in Weimar und zeichnet in den umliegenden Dörfern. Im Mai reist er nach Paris weiter, wo sechs seiner Gemälde auf der »27. Exposition de la Société des Artistes Indépendants« gezeigt werden. Er lernt Robert Delaunay kennen und sieht erstmals kubistische Werke von Pablo Picasso und George Braque. Am 19. Mai kehrt er nach Zehlendorf zurück.

Die Familie verbringt den Sommer zusammen in Heringsdorf. Lyonel besucht von dort aus Benz und Zirchow.

Karl Loewenstein, ein Jurastudent, mit dem Feininger bekannt geworden ist, schlägt vor, die hölzernen Lokomotiven und Wagen, die Lyonel für Andreas gebaut hat, seinem Vater Otto Loewenstein zur industriellen Produktion in dessen Spielzeugfabrik in München anzubieten.

---

hätte nie das Gefühl, irgend etwas verloren zu haben. Das Bild, das ich hier in der Landschaft sehe, werde ich aus »Notizen« und Erinnerung malen, wenn ich wieder in Zehlendorf bin – und sie werden gut sein. ... Ich werde spazieren gehen und viele Notizen machen.

42 *Dienstag, 20. September 1910*

... und wir machen uns an die Umsetzung unserer Idee, nach Paris zu gehen im März für ein paar Wochen, was für uns beide ungeheure Anregung und Anstoss bedeuten wird. Jetzt oder nie musst Du die Anstrengung machen, zu arbeiten. Denk an die 30–40 Jahre, die vor Dir liegen, ohne Aktivität oder Produktion, ganz unvorstellbar für Dich, du musst, und ich werde alles tun, was ich kann, um Dir dabei zu helfen, Dein Interesse wachzuhalten.

Friday, May 12th 1911 [Paris]

... es ist ein trostloser Regenvormittag [...] wenigstens ist mein Zimmer freundlich und geeignet, auch bei Regenwetter andauernd benützt zu werden, das Fenster liegt direkt am Boulevard und ich sehe alles was vorgeht auf der Strasse, und da die von mit so bevorzugte Categorie der Menschheit, die <u>Strassenpflasterer</u> direkt vorm Hotel an der Arbeit sind, kann ich Studien wie ein Pascha machen. Also nehme ich den Regen nicht sehr tragisch. [...]

Sonntag, 5 Uhr Nachmittags, d. 14. Mai 1911 [Paris]

... komme soeben von meinem Sonntagsspaziergang durch Paris und mein Weg führte mich von Bd. St. Germain durch »Boul Miche«, die Luxembourggärten, Observatoire bis Mont Parnasse. Diese Menschenmenge draussen, und diese frohe Stimmung in allem. So ganz anders als ein Sonntag anderswo, beispielsweise Berlin! [...] Ach girlie mine, wie ich dort vorüberging, wo wir mit unserem Butzilein so oft früher gingen (in seinem Wägelchen)! Wie kam mir der Gedanke dass das erst ein Paradis wäre, wenn ihr dabei wäret, und wir wieder alle zusammen hier wohnen könnten. Sonst aber machte mich die Sache <u>zu</u> wehmütig. Ich <u>brauche</u> meine Menschen um mich, und wenn sie auch manchmal »stören«; <u>da</u> müssen sie auf alle Fälle sein damit ich sie immer holen kann so wie ich wagen kann, wieder mitteilsam zu werden – denn das kann ich <u>nicht</u> wenn ich noch bei einer ungeklärten Arbeit bin. ... Ich bin recht erholungsbedürftig und gerade die Arbeit die mich treibt und rege hält, reibt mich nachts auf, ein Zeichen dafür, dass ich nervös bin. Ich träume constant von Notizen machen, und muss dabei im Traum constant Häuserfenster sorgfältig ausschraffieren. Neulich träumte ich, ich sei ein »Kubist« und habe lauter Vierecke schräg von oben nach unten abschattieren müssen. [...]

Gestern war der Tag der entzückenden Fahrt nach Montlhéry über Longjumeau, zu der ich absolut durch Zufall gekommen bin. Es war massloss heiss und sonnig an den Fortificationen an der Porte d'Orleans, wohin ich mit unserer Trambahn gefahren war – – – und da sah ich draussen an der Endstation so einen komischen Zug stehen […], und da dachte ich »fährste hinaus, bis zur Endstation«. Gedacht, getan, ich hupfte 'runter von der Fortification, kaufte ein Billet für Fr. 1.10 (was mir zuerst teuer vorkam, für 2te Klasse, nachher aber dachte ich anders darüber) und stieg hinauf in den Wagen mit der ersten Etage. Da gings auch gleich los mit der Reise, und wir donnerten in 20 km Kilometertempo durch Arcueil, Bourg-la-Reine, Antony u.s.w. und immer weiter, zuletzt durch Blumenfelder, Gärten, Hohlwege wo die Baumäste bin in den Wagen hineinsprangen, und alle 1 oder 2 Kilometer war ein Dorf oder Städtchen. Lange Zeit sah man den Eiffelturm, aber zuletzt waren wir sogar von dem befreit. Dafür ragte an einem fernen Hügel ein grosser Turm, eine Burgruine aus dem 13. Jahrhundert (die Ruine, nämlich der Turm selbst stammt von ungefähr anno 800!) und manchmal keuchte unsere Maschine bergauf im Schneckentempo, manchmal dagegen sausten wir hinab im 40 Kilometertempo, so dass man fast vom Platze flog. Ein herrlicher Tag, der Himmel voll Wolken, aber dabei warm und sehr sonnig. Wir rasten durch verschlafene enge Strassen mittelalterlicher Städtchen von 1500 Einwohnern (Dörfer kann man sie unmöglich nennen) und die Maschine tutete wie besessen in die Hausfenster hinein, alle Köpfe staken raus um das Ungeheul zu sehen. Und was für eine Kultur in so einer französischen Landschaft, wie wächst alles so satt und gepflegt – es gab Blumenfelder, Gemüsefelder, Getreide – kein Plätzchen war ungepflegt, an den Häusern, an den Gartenmauern; in der heissen Sonne, die sie scheints nötig haben wuchsen, ja wucherten die violetten Glycinen in schweren Trauben, in vollster Blüte. So etwas habe ich noch nie erlebt … Ich kam nach 1 ½ Stunden Fahrt in Montlhéry an … kletterte hinauf bis auf die Burg, die hoch oben über der Stadt liegt, mitten in einem verwilderten Kastanienpark. Es war ein wehmütiger Anblick, ich wurde ordentlich beklommen […]. Aber der Himmel wurde sehr drohend und ich ging bald wieder hinunter, an der alten Kirche vorbei wo gerade Knabenchorgesang mit Orgelspiel ertönte … Ich ging zu Fuss zurück gegen Paris […]. Ich werde Dienstag oder Mittwoch kurz entschlossen abfahren, ich habe genug und kann nicht mehr jetzt absorbieren […]

Sunday (17.V.1911) [Paris]

… am beginning to feel homesick after you all, and only the thought that I am still making real use of my few days here, gives me any courage to stay.[43] …

1912

Lyonel bezieht ein Atelier in der Zehlendorfer Düppelstraße, schräg gegenüber von der Wohnung.

Feininger lernt die Künstler der »Brücke« Erich Heckel und Karl Schmidt-Rottluff kennen, die im Vorjahr von Dresden nach Berlin umgezogen sind. Wie der Kontakt zustandekommt, ist nicht belegt, aber im April unternimmt er bereits zusammen mit Schmidt-Rottluff einen Ausflug nach Werder an der Havel. Zwischen Feiningers ersten Architekturkompositionen, die in diesem Jahr entstehen, und den gleichzeitigen Werken Heckels und Schmidt-Rottluffs gibt es durch den Einsatz kristalliner Formen auch stilistische Beziehungen. Es ist der Beginn von Freundschaften, die Lyonel sein ganzes Leben begleiten.

Julia beteiligt sich an der »Ausstellung moderner geschnittener Silhouetten« in dem um 1910 in der Königgrätzer Straße in Berlin errichteten Hohenzollern-Kunstgewerbehaus.

Der Sommeraufenthalt findet nochmals in Heringsdorf statt. Zeitweise ist Lyonel dort mit den Kindern allein, Kinder- und Hausmädchen unterstützen ihn allerdings. In diesen Zeiten, die sich fast jährlich, oft nicht mit allen Söhnen, wiederholen, ist Julia meist mit organisatorischen Tätigkeiten befasst, manchmal auch gesundheitlich angegriffen und ruhebedürftig.

Der österreichische Zeichner Alfred Kubin bittet ihn brieflich um den Austausch von Zeichnungen. Es entsteht eine intensive

---

43 *… fange an, Heimweh nach Euch allen zu haben, und nur der Gedanke, dass ich meine wenigen Tage hier dennoch richtig ausnutze, verleiht mir die Kraft, überhaupt noch auszuharren. …*

Künstler-Brieffreundschaft, die bis 1919 andauert und Lyonel durch die Depressionen des kommenden Ersten Weltkrieges hilft. Lyonel begeistert sich für Kubins Roman »Die andere Seite«, in dem er Parallelen zu seiner eigenen Weltwahrnehmung erkennt und dessen phantastische Traumszenarien ihn unmittelbar ansprechen.[44]

Zu Weihnachten fertigt Lyonel für seine Söhne Modelleisenbahnen aus Holz an.

(Heringsdorf) Sonntag Abend ½ 9 (1912) [im August]

My darling girlie, es »gang« alles gut, die Würmer waren sehr brav und lieb, und haben ihre sämtlichen Kinderpflichten erfüllt; mittags gut und viel gegessen, Luxchen lange geschlafen – die beiden »Grossen« waren auf, gingen mit Hulda und Anni in den Wald mit der Hängematte, und nachher, als Luxchen aufgenommen worden war, sind sie wieder in den Wald gegangen. Nicht an die Strandpromenade – sie liessen Kaiser Kaiser sein.[45] Ich habe gearbeitet bis 6 und ging dann etwas an den Strand mit meinem Buch und meinem Block. Ich habe gezeichnet, die schöne Villa – und um ½7 ging ich nochmal auf die Brücke. Es war heute eine unerträgliche Menschenmenge, hergelockt durch die Anwesenheit S. M.'s, natürlich. Über der Villa Staudt flatterte die Kaiserliche Standarte […]

16. Aug. 1912 [Heringsdorf]

… es geht uns beiden ganz gleich, wenn der eine den Mut behält, lässt ihn der andere nicht sinken. So mit unserer Trennung. Du meinst die Ruhe tut Dir not, (ich weiss es auch), und ich fühle mich hier viel freier auch und fähiger zum arbeiten. … Deinen

---

44 »Die andere Seite« ist Kubins einziger Roman. In einer zeichnerischen Schaffenskrise eruptiv geschrieben, erschien er 1909 mit 52 Illustrationen Kubins im Verlag G. Müller (München und Leipzig) und übte mit seiner Traumwelt, seiner visionären Fantastik und seinen Untergangsfantasien auch auf andere Künstler wie Franz Kafka und Gustav Meyrinck eine große Faszination aus.

45 Kaiser Wilhelm II. hielt sich häufig in Heringsdorf und Ahlbeck auf, die deshalb auch als »Kaiserbäder« bekannt waren. In der Villa Staudt traf Seine Majestät (S. M.) sich bekanntlich mit der Besitzerin zum Tee.

liebsten Brief habe ich wiederholt aufmerksam gelesen. Es ist so niederstimmend für mich was Du über Dich sagst und ich fürchte doch, dass Du recht hast, … ich kann Dir nicht so helfen wie Du es brauchtest, denn ich kann gerade nur noch mir selber helfen. […]

(ohne Datum, aus Zehlendorf, 1912)

My darling girlie, Baby hatte 36,9, also ganz normal. Kinder brav und ruhig. Habe gearbeitet bis 9, then had a beautiful play on my dear Harmonica; such strangely beautiful fugues of old Buxtehude, we must play them together. So visionär, so verträumt! And now I go to bed, it will do me good, it is ¼ past 10. Good night, sweetheart, God bless you.[46] …

1913

Am 2. April reist Lyonel nach Weimar und mietet wieder das Atelier in der Kurthstraße 7a. Es gibt bis Juni und im August und September lange Zeiten des Getrenntseins von Julia mit den »Junx« und Lyonel, der sich in der Abgeschiedenheit Weimars künstlerisch entwickeln will. Er nimmt seine Entdeckungsreisen mit dem Fahrrad und zu Fuß wieder auf. Abermals zieht es ihn in die Dörfer der Umgebung wie Gelmeroda, Hopfgarten, Tröbsdorf, Mellingen, Niedergrunstedt und andere. Das erste Gemälde von der Kirche in Gelmeroda entsteht.

Zurück in Berlin passt er die Spielzeug-Eisenbahnzüge aus bemaltem Hartholz, die er für seine Kinder angefertigt hat, den Bedingungen der industriellen Produktion an. Bis 1914 entwickelt er mit viel Elan mehr als 15 verschiedene Lokomotiven- und 35 Waggonmodelle. Julias Vater kümmert sich um die Anmeldung eines Patents dafür.

---

46 *[…] hab dann schön auf meiner lieben Mundharmonika gespielt; so seltsam schöne Fugen des alten Buxtehude, wir müssen sie zusammen spielen. So v i s i o n ä r, so v e r t r ä u m t! Und nun gehe ich zu Bett, es wird mir guttun, es ist ¼ nach 10. Gute Nacht, mein Schatz, Gott segne dich.*

Im Juni tritt Lyonel aus der Berliner Secession aus, die sich gegen die neuen expressionistischen Strömungen sperrt und auch seine Freunde Heckel und Schmidt-Rottluff von Ausstellungen ausschließt. Auf Empfehlung des Freundes Alfred Kubin und auf Einladung des Malers Franz Marc im Namen der Münchner Künstler des »Blauen Reisters« nimmt Lyonel mit fünf Gemälden am »Ersten Deutschen Herbstsalon« der Galerie »Der Sturm« in Berlin teil. Die Ausstellung findet vom 20. September bis zum 1. Dezember auf 1200 m^2 in dafür angemieteten Räumen in der Potsdamer Straße 75 statt. Organisator ist Herwarth Walden, der 1910 die Zeitschrift »Der Sturm« und 1912 die gleichnamige Galerie gegründet hatte und damit ein – manchmal allzu streitbares – Zentrum für die neuen Kunstströmungen des 20. Jahrhunderts schuf. Für den »Ersten Deutschen Herbstsalon«, der erstmals die europäische künstlerische Avantgarde geschlossen vorstellt, hat er in den Künstlern des »Blauen Reiters« Wassily Kandinsky, Franz Marc und August Macke engagierte Mitstreiter.

Lyonel kann erste größere Verkäufe verzeichnen.

Weimar, Donnerstag, d. 3. April 1913

My darling little one! Jetzt dämmert's, 7 hat geschlagen auf der Turmuhr am Rathaus, ich bin schon über 24 Stunden in little Weimar. Gestern wäre ich fast weitergefahren, denn ich fand, auf mein frenetisches Winken vom offenen D-Fenster[47] keinerlei Beachtung … Es goss, und mein endlich erwischter Gepäckträger besorgte mir einen Wagen, in dem ich wohl eine Viertelstunde lang sass und prangte, bis er meine 3 aufgegebenen Habseligkeiten herlotzte. Nun, ich kam endlich los, besorgte mir einen Brenner und eine Casserolle. … Frau Günther[48] kam selbst heraus aus ihrem Zimmer in einem äusserst gebrechlichen Zustande. Ich habe einen Schreck bekommen über das veränderte Aussehen der armen

[47] Der D-Zug (= Durchgangs-Zug) war ein Schnellzug, der nur an größeren Stationen hielt.

[48] Frau Günther war die Vermieterin von Zimmer und Atelier.

Frau. Sie zittert constant mit beiden Händen, und sieht aus! und ist dazu schwerhörig geworden, und das Gehen macht ihr grosse Mühe obendrein. Sie war sehr freundlich und empfing mich sehr herzlich. Mein Zimmer ist sehr angenehm und ich habe reichlich Platz und das Licht könnte nicht besser sein. Ich zog die Vorhänge zurück und öffnete das Fenster und schaute hinaus ins Dunkle. Die Stadt lag im warmen hellen Regennebel, beleuchtet von den Laternen, während die Gärten vorne bis zur Kunstschule ganz tief im Schatten staken, und es war eine Ruhe, eine Stille, wie man's in 20 Kilometer Entfernung um Berlin herum nicht finden könnte – nur surrte hin und wieder mal eine »Elektrische« durch die Belvedère-Allee. Nun, ich war müde ... aber noch aufgeregter und habe lange im Dusel aber nicht im tiefen Schlaf gelegen. Mir kams so vor als hätte ich garnicht richtig geschlafen die Nacht, denn ich marterte mir das Gehirn im Traum mit kubistischen Problemen, immer dieselben, zum verrückt werden. Aber heute früh war ich doch munter, und bin um 7 aufgestanden. Kaffee kochte ich mit Erfolg und habe mich dann ans Auspacken gemacht. Ich bin jetzt in Ordnung mit allen Sachen. Mittag ging ich in's Jungbrunnen, aber Schreck und Graus, die Preise sind ja viel teurer als in einem erstklassigen Berliner Mittagslokal [...]! ich fragte nach Abonnement, das kostet 1.25, bei 10 Billets, und wie der Kellner streng hinzufügte: »aber Sie müssen mindestens 5 Mal die Woche kommen«! Nun, ich sagte ja (in Gottes Namen) und habe mich für die kommenden 10 Tage versorgt. Nachher wollen wir mal sehen ... Nachmittags krabbelte ich los mit'm Regenschirm und einem Block, nach Gelmeroda; ich habe dort 1 ½ Stunden herumgezeichnet, immer an der Kirche, die wundervoll ist – und wie ich endlich mich aufmachte nach dem Heimweg, war ich, statt müde und zerschlagen zu sein, angeregt und elastisch und habe gar ein Lied gesummt! Ich hielt mich gerade und lief in Riesenschritten – so gut hat mir das im Freien sein *(getan)!* Als ich hier ankam fand ich Deine Karte, mein Liebes Du, und war wirklich sehr froh! [...] Die Endwand der Kunstschule haben sie Vanderveld'sch übergipst und infam geschnörkelt![49] Die Wand hat keine Tür mehr, davor liegt eine Madam ohne Hemd, soll wohl die Kunst darstellen, die liegt auf dem Rücken und schläft in Überlebensgrösse[50] … Genug davon, ich habe Hunger und muss essen, sonst fall ich um, ich bin die Luft und die Bewegung draussen nicht mehr gewöhnt. Es wird mir bald so gut gehen wie nur möglich. Morgen wird's schönes Wetter geben, der Wind war Nordöstlich und der Himmel ist klar. Es grünt und spriesst hier, noch mehr als in Zeh[51]. Ach, meine Jungens! Gottlob dass sie ohne Fieber sind! Aber noch ein paar Tage vorsichtig sein! Das bist Du! Grüsse sie lieb von ihrem Papileo! Der spitzt sich nun alleine »Bleis« an. …

Little Weimar, April 7th, 1913 1.45 p. m.

[…] Aber weisst Du was mir am meisten Hoffnung macht? Dass die Eisenbahnzüge scheinbar (Gottbehüte dass ich mir falsche Hoffnungen darüber mache)! ausserordentlich gefallen, mithin etwas Neues darstellen, ich werde neue und alte Typen bauen … ich will sogar einige ur-ur-alte Züge aus den 30er Jahren machen. Die Sachen müssen einschlagen, es steckt sicherlich ein rasendes Geschäft darin! Und dann wollen wir mal sehen! Ich werde sicherlich um 10 Jahre jünger werden, wenn ich Geld wieder verdiene, dazu noch, ohne meine Kunst zu prostituieren. Was sagt Papa dazu? Hat er den Eindruck dass was werden könnte damit? Und etiquettiert sollen die Sachen werden, Züge beim Namen der alten Bahngesellschaft genannt werden, das ist ja ein Hauptschlager dabei. […] Ich sage Dir, es steckt ein Welt-Artikel in dieser Idee, wenn wir Patent kriegen. Ich fange an gut und froh zu arbeiten; was ich mache ist sehr natürlich, nicht mehr nur Problem. Ich will kein Wort darüber verraten, nur dass ich mit jedem Tag jetzt wieder weiter komme und klarer werde, mich selbst finde. […]

---

49 Die Kunstschule befand sich ursprünglich in einem Fachwerkbau, der 1904 nach Plänen von Henry van de Velde ergänzt wurde. Ab 1911 wurde er dann durch einen Neubau van de Veldes mit großen Atelierfenstern ersetzt.

50 Bisher nicht identifiziert.

51 Zehlendorf

Weimar. d. 10.IV, '13 5 ½ Nachm.

... Heute nach Tisch habe ich im Regen die Herderkirche gezeichnet, die enormen Dächer, Schiefer, die im Regen spiegelten und monumental aufbauten, sie wirkten wie eine Lawine die im nächsten Augenblick auf den Beschauer herniederstürzen müssen, ein grandioses Motif und gibt ein Bild, sage ich Dir, Colossal! ...

d. 11.IV, 13, etwas nach ½ 8 Abends [Weimar]

My little Girlie, dass Du den ganzen Tag Kopfweh hattest, Du armes Tierchen! ... Also etwas freieres von Ko (au weh – mein Kakao ist soeben übergekocht und in einer Cascade über den Tischrand auf den Boden geplunscht!) (»Ach, bestes Huldachen, kommen Sie mal schnell her mit 'nem feuchten Lappen, der Herr hat eine Miste angerichtet«!) – also: pf-weh als ich, seit ca. 8 Tagen gibt's nicht, ich war einfach ein kranker alter Klappergreis geworden und jetzt habe ich zwar einige Jahre aufzuholen bis ich wieder ich bin, aber bis Anfang Mai wird's wohl soweit sein! Ich gehe wie schon berichtet, mit aufgepustetem »Brunst«-Kasten wieder, und schlappe nicht beim gehen, sondern es fliegen die Kiesel nur so herum wo ich hintrete. Mein Hütchen ist das einzige noch schlappe an mir, dafür aber allbereits »Städtchenbekannt« und die jungen Mädchen grienen mich alle an, sie können auch an mir lecken wenn sie wollen, aber: der Hut bleibt! Papileo ist eben eine Sorte mit Hängeöhrchen. Verdammt, jetzt regnet's Blaak, die Pracht Lichtquelle ist zur Fontaine, vielmehr Vesuv geworden, gittigittigitt! (und ich hatte mich just über die Helligkeit im Stillen gefreut) (oh Du goldene Abendsonne) – Kakao voll, Tasse, Teller, Tischdecke, Papier, Bücher, alles voll! [...]

Little Wei, noch nicht ganz Mittag d. 12. IV, 13

... Weisst Du, bei Frau Professor ist's ja mit den Gegenständen und Möbeln wie in »Perle«[52], es geht einem alles unter den Hän-

---

52 In Alfred Kubins phantastischem Roman »Die andere Seite« (siehe Anm. 44) wird der Untergang der Traumstadt Perle geschildert. Ungefähr in der Mitte

den entzwei. Schneide ich mir ein Stück Brot mit einem von ihren Küchenmessern, ratsch, ist der Griff plötzlich in 6 Teile geborsten, hängt man seinen Rock übern Stuhl, ist plötzlich der Knauf von der Stuhllehne im Rockaufhängsel, und dergleichen Scherze mehr. …

Little Weimar, April 15th 1913 ½ 8 abends.

… Heute war ein Tag! ohne Unterbrechung schön und sonnig. Ich fuhr auf meinem Rad um 9 los, nach den Dörfern hinter Ober Weimar, auf der Jenaer Chaussee, und schon das Losfahren, sich auf's Rad setzen in der Kurthstrasse und lostreten, war schön. Durch die Belvedère-Allee, über die Ober-Weimarer Brücke und dann – hört für Dich die Welt auf – denn Du warst ja nie weiter gegangen dort. Dort liegen Taubach und Mellingen und dann weiter, Benshausen, Schwabhausen u.s.w. Je weiter ich kam desto schöner waren die Dörfer. Jedes hat eine Kirche, immer alt, immer charaktervoll, ja, und in Schwabhausen war ein Motif! na! die Kirche, gleich von Weitem wenn man ins Dorf, was auf einem Hügel liegt, hereinbiegt, baut sich hinten auf einem extra Berg auf und dominiert das ganze Dorf. Sie wirkt gigantisch – neben ihr ist ein Riese von Baum, viele Jahrhunderte alt, die steht auf der schrägen Fläche und ihre Wurzeln greifen weit aus und hinunter, wie eine Cascade. Ich war ganz begeistert. Nachher, von Nahem besehen, ist's ein winziges Gebäude-lein! aber die alten Dorfbauleute haben gewusst, zu wirken, unfehlbar, und mit den bescheidensten Mitteln. …

Himmelfahrt, d. 1. Mai, 1913 2,50 NM[53] *[Weimar]*

… die Hitze war heute da, aber es rollt ein grosses Gewitter am Nordhimmel hinterm Ettersberg seit ½ 2 vorüber und etwas geregnet hat's hier auch; dort hinten aber muss es ziemlich doll herniederprasseln; jetzt ist die Luft so schön erfrischt! Ja, mein geliebtes Ding, über's Wetter spreche ich mit Dir, das spielt eine wichtige

---

des Buches beginnt in dem mit »Die Hölle« überschriebenen Kapitel der unerklärliche Prozess der »Zerbröckelung« aller Dinge.

53 Gemeint ist »nach Mittag«, analog zum englischen »p.m.«.

Rolle für Dich und uns Alle – ich meine, Du kommst jetzt so bald es geht mit den Buben! … Ich bin, Gottlob, endlich wieder in Balance gekommen und habe seit gestern an wichtigen Bildern gemalt, auch eine gute Composition gemacht, ich kann jetzt ohne Bange sein. Ich weiss, dass der Sommer, just so wie wir ihn erhoffen, sehr lieb und an guten Bildern fruchtbar sein wird. Es wird genug Zeit für Euch dabei abfallen, ich bin nicht mehr Fanatiker in dem Augenblick wo ich wirklich schaffe! … Also doch, das Gewitter schlängelt sich jetzt sachte heran über Weimarlein, das dicke Ende kommt ja immer nach. Die Vögelchen holen sich zu Vieren und Sechsen schnell noch die letzten Futterhappen vom Fensterbrett, als gälte es sich vor'm Weltuntergang noch ein allerletztes Mal zu verproviantieren. Am meisten amüsiert mich der »Baumläufer«, das ist der graue Vogel mit rotem Bauch, langem Schnabel, kurzem Schwanz und langen schwarzem Streif vom Schnabel bis hinter's Auge. Der ist so ulkig! mit einem Schwupp, platscht es von unten gegen den Blechrand am Fensterbrett, und guckt erst ganz geduckt über den Rand, ob einer am Fenster ist, ob die Küste klar! und dann macht er einen Klimmzug und steht mitten mang, und ist sehr, sehr gefrässig und nimmt immer zwei oder drei grosse Krumen, hintereinander im Schnabel gereiht, wieder mit … Wie schön diese Tage der Blüte sind! Abends nach der grossen Hitze, geht man durch Streifen dichten Duftes, Apfelbäume, Pfirsich, Kirsche, der Flieder fängt jetzt an, ja, und sonst süsse Bäume, ich weiss nicht wie alle heissen, und Akazien. … ich habe meine kleine Holzpfeife doch wieder liegen lassen, im Atelier auf dem langen Pariser Tisch, bringe sie mir doch bitte mit! …

Kaiser Kaffee[54]*, Himmelfahrt Weimarlein, d. 1. Mai, '13*

Schon wegen der Sozialdemokratischen Maifeier musste es giessen, aber ausser das! Es ist doch ein hoher Feiertag, auch hier in Wei. Also, es giesst. I took your letter and my thirst out of a

---

[54] Das Kaiser-Café in Weimar war bis zu seiner Zerstörung im Zweiten Weltkrieg weithin berühmt.

walk, your letter to the post and my thirst I was going to take the Kurthstr. 7a, but thank Himmelfahrt, just in front of the Kaiserkaffee it commenced to rain, no, pour, so here I sit and observe, observed of all, for am I not the American? I hear that word whispered 120 times an hour, twice a minute, all around me! »Kellner, noch ein Münchner«. Prosit! And i see the lovely Weimaranerinnen, well, I shall have to devote a letter to the subject, Titel: The Fashion in the Residence (Sachsen-Weimar). Je enger der Rock, desto weniger tut, bei den Meisten, das Sitzen weh, you know Megabol and Pofol[55]. And then, the shoes, the local bootmaker industry flourishing, also for the girls, but they are at least not »Gummizug« anymore. But one in a 1000, that is 33, Weimar having 33000 inhabitants, is really chick, and then you should see the others gloat! You would think it the other way about. And then you can't gracefully take a 98 centimeter Schritt in a 48 centimeter wide skirt, but you may try all you like, if you are a native. Well, goodbye! I shall try to get home between the drops.[56] …

---

55 Megabol ist ein muskelaufbauendes Nahrungsergänzungsmittel; Pofol gehört zu den Narkotika und hat eine kurzzeitig euphorisierende Wirkung.

56 *Ich nahm Deinen Brief und meinen Durst nach einem Spaziergang, deinen Brief trug ich zur Post und meinen Durst wollte ich zur Kurthstr. 7a tragen, aber dank Himmelfahrt, genau vor dem Kaiserkaffee, fing es an zu regnen, nein, zu schütten, und so sitze ich nun hier und beobachte, von allen beobachtet, denn bin ich nicht der Amerikaner? Dieses Wort höre ich 120 Mal pro Stunde flüstern, zweimal pro Minute, überall um mich her. »Kellner, noch ein Münchner« Prosit! Und ich sehe die liebreizenden Weimaranerinnen, nun, diesem Thema werde ich wohl einen eigenen Brief widmen müssen, Titel: die Mode in der Residenz (Sachsen-Weimar). Je enger der Rock, desto weniger tut, bei den Meisten, das Sitzen weh, du kennst ja Megabol und Pofol. Und dann die Schuhe, bei der blühenden Schuhmacherindustrie am Ort, auch für die Mädels, aber die sind wenigstens nicht mehr »Gummizug«. Eine in 1000 jedoch, also 33, nachdem Weimar 33 000 Einwohner hat, ist wirklich chick, und dann solltest Du die anderen aber mal feixen sehen! Man sollte eigentlich denken, es müsste anders herum sein. Und dann ist es ja so, dass man einfach keinen 98-Zentimeter-Schritt in einem 48 Zentimeter breiten Rock machen kann, aber man kann es natürlich versuchen, wenn man von hier kommt. Nun, Lebwohl! Ich werde versuchen, zwischen den Tropfen hindurch nach Hause zu kommen.*

Weimar, d. 4. Mai, 1913 gegen 5 Uhr Nachm.

… gestern war ich in einem Dorfe halb oben auf dem Ettersberg, und nebst malerischen Häusern und steilen Gassen, sah ich gerade zuletzt einen wunderschönen, aber <u>wunderbaren</u> Vogel Pfau! Das Vieh stand oben auf einem Toreingang, mitten drüber, und zeigte sich. Als ich diesen Blitzblauen Hals von dem Tier sah, dies herrliche intensivste grünblau, das es geben kann, empfand ich fast eine Scheu – das war direkt ein mystisches Tier für mich. Ich habe etliche Versuche gemacht, es zu zeichnen. Ich pfiff es schliesslich an, da gab es einen Ton von sich, dass ich vor Schreck fast vom Stengel fiel, wie eine abscheuliche, zerplatzte Trompete des Jüngsten Gerichtes! Dabei dieser tutenförmige blitzblaue hingestreckte Hals mit dem winzigen Köpfchen oben! Dann flog das herrliche Vieh herunter in die dreckige Strasse, einen anderhalbmeterlangen Schweif hinter sich balanzierend – so etwas von perverser Schönheit habe ich nicht gesehen! Ich war in jede Bewegung verliebt … daneben schnatterten und fauchten zwei Gänse, wie böse eklige Bürgerweiber! Und das Tier liess sich nicht bekümmern, schritt hin und her, wendete sich, drehte sich, der Hals war wie eine Fabelschlange, nahm undenkbare Curven und Überschneidungen an, und der Kopf mit den weissen Backen und schwarzer Zeichnung, dazu oben blitzblau, und <u>so</u> klein! Ganz mystisch, ganz mystisch! Ich werde von jetzt an diesen Eindruck nie los. Stelle dir das Tier vor, wie es schliesslich neben einer Hausmauer in einem Winkel, auf ein mossgrün bewachsenes Stück Erde sich stellte – das Grün vom Schweif auf dem Mossfarbenen Grün. Das Blau gegen das Gestein der Mauer! dazu die gelben Beine! Schliesslich kamen ein Bauer und seine Frau und riefen das Tier »Hans«, und schlossen auf das Tor, und dann gings hinein und war weg. …

Weimar, d. 6. Mai, 1913 6 Uhr Abends

Geliebtes Kleines, my Girlie, heute ist ein unglaubliches Wetter dass ich mich immerzu darüber die Haare zerraufen muss, wie so etwas nur möglich! 4 ½ Stunden hat es Vor- und Mittags ununterbrochen stark geschneit, wenn auch der Schnee nicht eine Sekunde liegen blieb – und eisig ist die Luft, wie an einem ekligen Januar Tag. […]

Die Einlage, Cassirer's Rede[57], ist ja recht interessant, und scheint sehr von Consequenz in der Führung der Secessions Angelegenheiten zu zeugen – eigentlich ist sie sogar ein Bekenntnis, dass der Impressionistenrummel endlich auch in Berlin nachlässt. Persönlichkeiten aber, werden in der neuen Richtung ebenso selten sein, wie in der bisherigen. Aber es sieht hoffnungsvoll aus für die nächste Zukunft – bis dahin habe ich auch etwas, hoffentlich, zuwege gebracht und mit der beginnenden Anerkennung würde für mich eine neue Schwungkraft einsetzen – ich bin auch recht der wirklichen Anerkennung bedürftig. … Ich hatte gestern einen lieben Brief von Papa[58], und er sandte mir die Copie von dem Patentgesuch für die Eisenbahn. Die Anwälte haben die Sache, glaube ich, ziemlich umfassend zu schützen gesucht, jedenfalls die Gleitklötze, als einzige eventuell patentfähige Idee. Ach ja, wir wollen sehen, was wird. …

Weimar, d. 15. Mai, 1913

[…] Ich bin körperlich jetzt so frisch wie ich sein kann; das Radeln tut so wohl […] Heute wurde ich, oh Graus und Schreck, auf's Anmeldeamt beordert, und musste meine Consulatsbescheinigung vorlegen. Aber alles gang gut …

Now little Wife! forget all the trouble your old tiresome Papileo makes, with his Superempfindlichkeit. We will cure you up, when you come, and you must be very happy! We will both be as happy as little tin angels![59] …

---

57 Mehrere impressionistische Künstler waren von der Sommerausstellung der Berliner Secession ausgeschlossen worden. Der Streit mit ihnen, in dem sich Paul Cassirer grundsätzlicher äußerte, führte zur Spaltung und zur Gründung der Freien Secession.

58 Lyonel Feininger redet seinen Schwiegervater ebenfalls mit »Papa« an.

59 *Nun, Ehefrauchen! Vergiss all die Mühe, die Dein alter lästiger Papileo mit seiner Superempfindlichkeit macht. Wir werden Dich heilsam aufheitern, wenn du kommst, und dann musst Du sehr glücklich sein! Wir werden beide so glücklich sein wie kleine Zinn-Engelein!*

16. V.13 [Weimar]

… wir müssen uns eben gegenseitig mit solchen Extratouren verschonen, denn es kommt doch unfehlbar immer wieder dabei die Gewissheit heraus, dass wir uns auf Einander, sonst aber auf Niemanden, verlassen können! […] Nun zähle die Tage, wie so oft früher! Du musst Dich an dem Gedanken aufrichten! Wir werden hier sehr glücklich sein. Ich behalte Dich lieb, habe keine Sorge! Rührende Menschen, die wir uns immer gegenseitig um Nachsicht und Geduld anflehen: aber die sind ja so nötig bei dem heutigen wahnwitzigen Leben! Momentan findest Du, finde ich, vielleicht von Anderen augenblickliches Verstehen – aber wie ist das auf die Dauer? Da versagen meistens die Menschen, aber Du, Du versagst mir nicht, und ich – wenn Du es wenigstens glaubst von mir, versage auch nicht für Dich! …

Weimar, Sonntag, d. 18. Mai 1913

… und hast mich wieder ganz, weil ich glücklich bin in der Arbeit. So ganz habe ich jetzt das ganze Herz wieder frei für Dich, weil mein Geist, meine Seele, die nach Leben und Ausdruck ringen, nun Erlösung und Schaffen und Gestalten finden. Mein Bild, an dem ich seit über 2 Wochen arbeite, neben 2 anderen angefangen, vielversprechenden Sachen, wächst zusammen zu einem Ganzen, wird voll von neuen Sachen, die weit über mein blosses Verstehen ragen. Du findest mich jetzt ganz Herz und Begreifen; ach, lass mich nie wieder so verderben wie in diesen letzten Wintermonaten, wenn ich überhaupt je etwas mehr als ein unleidliches unglückseliges Kadaver sein soll. Nur durch die Kunst kann ich wieder Mensch werden, und bin ich jetzt wieder Mensch geworden. Ob ich will oder nicht, ich unterliege ganz diesem Gesetz! Es müsste Dich sehr glücklich machen, dass es so ist! Das Bild, und so viele Andere, die im Werden sind! Das Bild stellt hohe Pariser Häuser, zum Abbruch bestimmt, dar.[60] Nach einer Komposition die schon

---

60 »Hohe Häuser II«, 1913, Öl auf Leinwand, 101 × 81 cm, New York, State University Museum, Moeller 109.

im [Jahre] 1908 in Heringsdorf das erste Mal geschaffen, dann aber verbessert im [Jahr] 1910 wieder gemacht war. Und in letzter Zeit hier, in Gelmeroda, in Vollersroda, Mellingen, Taubach, an vielen Orten, sind mir noch grössere, kühnere Bilder aufgegangen; an die geht's bald 'ran! Dass ich zugleich aufnehmen und schaffen konnte, hatte ich bis jetzt kaum gehofft, aber es ist so und wird immer stärker in mir werden. Dies ist wohl die erste Reifeperiode in meinem Künstlerdasein. Einer solchen Steigerung war ich bis jetzt nur in Zeichnungen fähig. Wenn ich in [den] letzten Tagen draussen arbeitete, geriet ich in förmliche Extase, gegen Schluss eines Nachmittags war ich völlig Instinkt und Fähigkeit geworden, ich habe an einem und demselben Ort gestanden und 3–4 Male dasselbe Motiv immer wieder gezeichnet, bis ichs so gepackt hatte, wie ich's empfand. Das geht weit über Beobachtung oder Feststellung, das ist der magnetische Zusammenschluss, ein Freiwerden von allen Fesseln. […] Im Herbst hoffe ich im Ernst Anfang zu machen, meine Bilder bekannt zu geben, ich muss jetzt ausstellen und werd's verantworten können. …

(Ohne Datum, Poststempel: Weimar, 23.5.13)

… I had a letter from Papa today with the Quittung from the Patentamt that the trains are »angemeldet«, so now I suppose I can begin to send the Muster to the Fabrikanten soon. I shall finish up a few Locos and different cars and send them to Papa, so for a few days must stop painting and sketching.[61] Jetzt wo die Sache einen praktischen Hintergrund hat, macht's mir Spass. …

Weimar, d. 30 V '13 ¼ 4 Nachmittags

… will man jede Sehnsucht, jedes Geheimnis befriedigen oder ergründen, ob in der Liebe, oder, ganz dasselbe in der Kunst, ver-

---

[61] *Hab heute von Papa einen Brief mit der Quittung vom Patentamt bekommen, dass die Züge »angemeldet« sind, also kann ich jetzt wohl bald damit anfangen, die Muster an den Fabrikanten zu schicken. Ich werde ein paar Lokos und verschiedene Wagen fertigstellen und sie an Papa schicken, muss also für einige Tage mit dem Malen und Skizzieren pausieren.*

sperrt man sich die Fähigkeit, darin, in der Liebe, in der Kunst, zu gestalten. Die Erinnerung an die vollkommen glücklichen Stunden, die spätere Erkenntnis beim Anblick eines fast vergessen gewesenen Bildes, ist ein hohes Glück; mit Bewusstsein sind alle Beide nicht gestaltet oder erlebt gewesen; wir können uns nicht von Grund aus verändern, nur die Zeit und unsere »Entwicklung« bringt stetig neue Stellungnahme zum Leben, zur Liebe, zur Kunst. [...] Ich arbeite von früh bis spät an den Modellen. Ich sehe in dem Gedanken der Modellzüge eine unerschöpfliche Quelle von pikantesten, reizendsten Möglichkeiten. Mir ist jetzt bei der Arbeit, als sorgte ich für die Zukunft, in materieller Hinsicht; meine Idee ist aber auch, einen Artikel für den Welthandel zu gestalten. Nicht immer nur eine lokale »gute Idee« für den Weihnachtstisch oder ein, zwei Jahre; sondern, wie etwa »Anker Stein-Bau-Kästen«[62] oder die bereits bestehenden mechanischen Eisenbahnen auf Schienen oder sonstigem System von Wagen, Zutaten, etwas zu begründen was jeden Jungen, und die meisten Erwachsenen, reizt oder erfreut. Ich kann mir vorstellen, dass Erwachsene, die sonst die Eisenbahnen lieben oder, als Kinder liebten, sich Modelle kaufen und aufstellen. [...]

Weimar, d. 31. V.'13

... Von Hermann Struck hatte ich heute ein »vertrauliches« Schreiben bezüglich einer Generalversammlung in Angelegenheit der Secession. Ich habe erwiedert, in freundlichem Ton aber durchaus sichergestellt dass ich lieber noch heut aus dem Verband der Secession austreten würde (zu der ich eigentlich niemals recht gepasst) als dass ich durch Parteistellungnahme meine Arbeitsfreu-

62 Der Anker-Steinbaukasten ist ein früher weltbekannter Klassiker deutschen Kinderspielzeugs, hergestellt im Ankerwerk (Rudolstadt). Die Idee des Baukastens basiert auf dem didaktischen Ansatz der Spielgaben des Pädagogen Friedrich Fröbel und entwickelt diese zum Architektur-Modellspiel. Durch ein System aus aufeinander aufbauenden Ergänzungskästen mit beiliegenden Bauanleitungen gilt der Anker-Baukasten als Prototyp des Systemspielzeugs.

digkeit beeinträchtigte, oder mir mit solchen Sachen Störungen aufbürdete. [...]

Weimar, d. 15. Sept. 1913 Abends ½ 7

... Heute früh kamen 2 Briefe von Dir, von Sonnabend Abend und Sonntag früh. Hast Du Dich gefreut! Nun kommt endlich eine regsamere Zeit nach Aussen hin, ich bin sehr gespannt, was alles kommen wird. Jene Kreise denen der »Sturm« angehört oder dessen Organ die Zeitschrift ist, sind uns bis dato so etwas fremd und vielleicht etwas zu »stürmisch«, und ich kann mich einer gewissen Bangigkeit nicht erwehren, mit was für Werten, eventuell ganz oberflächlichen und Ruhmsüchtige, wir uns abfinden müssen!? Ich weiss nur das Eine ganz gewiss, an meinem Arbeitsleben wird nichts modifiziert. Zum Teil aber, hege ich die Erwartung, dass ich elastischer zum Schaffen kommen werde jetzt wo positiv Leute sich um mich kümmern und an mich vielleicht hohe Erwartungen knüpfen. Am Tage der Vorbesichtigung kaufe doch die in Frage kommenden Blätter (B.Z. am Mittag?, Sturm – und am Montag die »Welt am Montag«, u.s.w.). Am meisten bin ich auf Deine Schilderung der Ausstellung gespannt. Heute schrieb ich, nach Empfang Deiner Briefe, an Walden und habe ohne unnötige Umschweife, auf Grund Deiner Darlegung gerne das Angebot acceptiert, mich gleichzeitig beim Sturm für das Entgegenkommen bedankt. Glaubst Du eigentlich an weitere Verkäufe? ich meine kaum, das verlockendste Bild ist wohl das verkaufte[63] – aber ich glaube, dass die »Teltower Kirche«[64] elementarer ist, und die »Jesuiten«[65] vollkommener, kann mich aber nach so langer Zeit der Bilder nicht genau entsinnen. ...

---

63 Der Berliner Sammler Bernhard Köhler erwarb im »Herbstsalon« von Feininger: »Hohe Häuser I«, 1912, Öl auf Leinwand, 100 × 80 cm, Moeller 106. Das Bild wurde beim Luftangriff auf Berlin 1945 zerstört.

64 »Teltow I«, 1912, Öl auf Leinwand, 80 × 100 cm, Verbleib unbekannt, Moeller 094.

65 »Jesuiten II«, 1913, Öl auf Leinwand, 72,5 × 60 cm, St. Louis Art Museum, Moeller 117.

[…] ich kann mir schon garnicht mehr vorstellen, dass die Jungens jemals in Weimar waren! Und der Sternplatz wird jetzt ganz glatt dampfgewalzt! alle Versteinerungen sind verdatscht, Kies und Sand-Haufen weg, platt und glatt wie ein Billardtisch sieht's aus. Also, wo etwa noch Fussspuren von den Jungens gewesen sein mochten, sind sie jetzt alle ausradiert. Nein, es wird bald Zeit, dass Papileo auch den Heimwärtsflug antritt! God bless you, Girlie! Du hast mir gutgetan, mit Deiner Zuversicht über die Zukunft. Ich glaube auch es wird eine reiche Zeit kommen! …

Weimar, d. 17. Sept. 1913, 3 ½ nachm.

… Weltuntergangsstimmung! Fahles, düsteres Licht auf den blassen Häusern draussen, dunstig, dass man kaum die Kunstschule sieht; am Horizont rötlich-schweflig Auflichtung – über uns, über Weimarlein, eine süsslich widerlich rosagraugrünviolette Wolke bis fast zum Horizont – ringsum dasselbe, als wären wir unter einer Kappe, die so ein wenig gelüftet würde. Donnergeroll auf allen Seiten, angstvolles Vogelgepiepse. Die Tierchen finden kaum bis zu meinem Fenster, zum Körnersuchen. … Ich bin beim Ordnen aller Zeichnungen, Notizen, Entwürfe, die ich hier habe, und sehe, wie noch nie zuvor, klar und übersichtlich, wie langsam und unaufhaltsam meine Arbeit Form und Gestalt bestimmter annimmt; und dankbar erkenne ich, dass in dem Meisten ein kräftiger Kern steckt, trotz aller Unzulänglichkeit der Vollführung. Es ist eine jener ganz seltenen Zeiten, wo der Schaffende einen Augenblick zurückblicken und übersehen darf, mitten im Ringen, auf das bislang Geschaffte. Und dann, wie das Auslöschen eines Lichtes, tappt man im Dunkeln, Ungewissen, aber doch mit nicht versagendem Instinkt, weiter!

Weimarlein, d. 18. Sept. 1913

… Morgen ist ja der »grosse Tag«, wie es scheint? Ich dachte immer: Sonnabend![66] Ob dann überhaupt nachher ein einziger

---

66 Es geht um die Eröffnung des »Ersten Deutschen Herbstsalons«.

Mensch in die Ausstellung geht? Heute habe ich meine Zwiespältigkeit überwunden, die Unruhe der schwindenden Tage hier – und an meinen »Hohen Häusern« gearbeitet (das Geburtstagsbild von Papa) und war froh, dass ich den Anfang machte, denn das Bild wuchs mir unter dem Pinsel. Ich habe bleibendes gelernt, und was an dem Bild vorher tastend und unvollendet war, ist mit einem Male jetzt nach Gesetz gebaut, und die Concentration der Form gleich viel stärker. …

1914

Ab April ist Lyonel wieder in Weimar, wo ihn Julia im Mai ohne die Kinder besucht, um ein paar Tage mit ihm in Zweisamkeit zu verbringen.

Durch das »Attentat von Sarajevo« am 28. Juni, die Ermordung des österreichisch-ungarischen Thronfolgers Franz Ferdinand und seiner Frau Sophie durch serbische Nationalisten, wird am 28. Juli mit der Kriegserklärung Österreich-Ungarns an Serbien der Erste Weltkrieg ausgelöst. Die Familie ist gerade zusammen in Weimar, als sie die »Mobilmachung« Anfang August zur überstürzten Heimreise nach Zehlendorf zwingt.

Lyonel bezieht dort ein neues Atelier in der Potsdamer Straße 29.

Wei. Sonntag d. 19. V.'14 Abends 7

My dearest! wie hat mich Dein liebster Eilbotenbrief (um 3 ¼ Uhr) gefreut und aufgerichtet. In aller Einfalt kann ich Dir's auch einmal gestehen, dass ich Dich schrecklich vermisse, gerade hier, gerade jetzt und wo es mir wieder eigentlich recht gut geht. Auch eben darum. Melancholie des Abschieds von der Jugend, der wirklichen physischen Jugend, mit ihren leichten, schnellen Impulsen – Grauen vor dem beginnenden Altern, Furcht vor der Erschlaffung! Das alles umweht mich. Es wird jedes Mal ein bischen schwerer, sich zurück in die gute elastische Frühlings- und Sommerzeit emporzukriegen. Oder kommt es mir vielleicht so vor, weil ich Dich nicht bei mir habe? Dieses will ich doch glauben! und mir auch die Gründe alle klar machen, warum mich dieses so täuscht, bis ich dahinter komme. Erstens ging ich dieses Mal geradewegs an die Ausbeutung meines Ideenschatzes, anstatt, wie im Vorjahre erst alle Wunder des Neuseins in Weimar hintereinander zu geniessen. In Wirklichkeit war ich auch damals viel elender als jetzt. Und zweitens habe ich mich überstürzt – vor Fülle, innerlich; noch nicht zur Conzentration gezwungen, die jedes Werk erfordert; darum lauter Missglücktes bis heute. Drittens weil ich nicht den festen Grundgedanken haben kann (bis jetzt), dass wir hier viele Wochen lang alle vereint werden. Ich denke an Dich und Deine Einsamkeit – und fühle mich dann selber doppelt einsam. Und viertens (ach, ich könnte ruhig bis »zwanzigstens« zählen!) wars bis jetzt hier Osterferien und erst morgen früh werde ich aus meinen Fenstern auf die wieder belebte Kunstschule hinübersehen; und das Gefühl wird mir dann aufgehen, dass es viele junge hoffnungsfrohe Leute gibt, die alle was wollen! Bis jetzt war das Leben höchst still in Weimar, alle verreist oder herumbummelnd, und immer im Feierstaat, was ich höchst deprimierend finde. […] Es grünt jetzt überall. Der Wald da oben ist voll Veilchen. Ich werde morgen welche holen und Euch schicken. God bless you and the little chappies! Ever your Leo.[67]

d. 7. Mai 1914 [Weimar]

Darling girlie! Nie wollen wir vergessen, dass wir vollkommen glückliche Tage, allein, verlebten. Die »Störung«, das heisst die Unterbrechung meiner grüblerischen Einsamkeit, hat mir neue Schnellkraft gegeben. Ich habe nach der Uhr Deine Heimreise verfolgt. Als ich gegen ½ 12 wieder in unser Zimmer zurückkehrte, fand ich einen Brief an Dich von Hedda vor, den ich öffnete und las (das tue ich sonst niemals, Du weisst!) und ich war eigentlich ganz froh, dass Du ihn nicht mehr erhieltest, denn am Ende hättest

---

67 Gott segne Dich und die kleinen Kerlchen! Immer Dein Leo.

Du Dich über den Inhalt, die Erzählung von Luxens zwei Stichen, beunruhigt. Aber es ist schon darum gut, dass Du den Vormittagszug nahmst: wenn etwas mit dem Kerlchen ist (was ich gar nicht glaube), so kannst Du ihn rechtzeitig behandeln. … Ich habe an meinem blau-gelben Himmel vor- und nach Tisch gearbeitet, sehr intensif. Natürlich wird jetzt das Bild wachsen und werden. Aber ausserdem habe ich vor gleich neues anzufangen. …

W. d. 13. Mai 1914

… Schrecklich verschnupft! Einfach scheusslich! Gestern nach langem Mühen Chinin-Kapseln mir herstellen lassen, so gross ungefähr wie junge Hutschachteln – das einzig angenehme ist, dass ich mich an meinem eigenen Ohrensausen sozusagen berauschen darf. Wetter: auch einfach scheusslich! Stimmung: nicht schlecht, weil ich zwischen Dösen und Arbeiten mich bewegen kann. […]

d. 27. V.'14 6 Uhr

… Du hattest so recht – und hast nicht eher locker gelassen, bis du meine Stumpfheit, für die ich nichts selbst konnte, bei der Lebensweise der letzten Wochen, kuriert hast! Ich bin mit einem Male wieder ich und kein Automat mehr. … Wie ganz mechanisch ich lebte, und wie von allem Impulsverleihenden – vor allem menschlich Erheiterndem, das auf meine Grundstimmung ermunternd wirken könnte, ich abgesondert bin. Die Gabe des Sprechens kann ich garnicht anwenden, kein Mensch kann mir den Blick, das Wort, den warmen Druck der Hand geben, die mich auf viele Stunden wieder zu beflügeln imstande ist, ausser Dir. Ich war lediglich ein Wildfremder, der »Americaner« von Weimar, ohne genug »Americanismus« in mir um das Gefühl des Abgesonderten, viel Beobachteten zu überwinden, sobald ich hinaustrat auf die Strasse. Es entstand in mir ein ganz sonderbarer Zustand des Gehetztseins. Du weisst zur Genüge, wie zeitweilig mein Bewusstsein übermässig gesteigert ist, für solche Eindrücke; und ich bin doch zu sehr nach innen gerichtet, um erfolgreich äusserlich dagegen aufzukommen, oder ich muss eben in Kunsttätigkeit das Gefühl des Freiseins über der Menge haben … Und Musik fehlt mir, mein Gott, die wäre meine Erlösung gewesen. Sonntag hörte ich im Park, zwischen 12 und 1 Uhr die Hofkapelle; sie spielte ganz ungewöhnlich gut – glänzend – und ich habe, unter all den Menschen die auf und ab wandelten, mich abseits stellend kaum des Heulens enthalten können. Es wurde irgend eine mir unbekannte kleine Variation von Mozart gespielt die mich ganz schauerlich ergriff. Der Durst nach Klang ist zu mächtig in mir. So – auf Wiedersehen – ich komme um 11.30! Hoppla! Girlie mine! hol mich doch ab! …

Weimar, d. 8. Juni, 1914

… Unsere am wenigsten glückliche Zeit war die vor 3–4 Jahren, vor Paris, 1911, wo ich ins Unklare geraten war und zunächst mich hilflos gegen Impressionismus wand, und Du nicht mir ins Ungewisse etwa bestätigend folgen konntest. Jetzt, schon seit langer Zeit, aber ganz begründet seit dem vorigen Jahre, sind die Wege klar und Dein Verstehen so sicher und so ganz bei mir! Darum war ich noch nie so glücklich wie jetzt …

Weimar, d. 9. Juni 1914

Girlie mine – Lass' mich's nicht zu laut sagen, aber: Ich male wieder – ein neues Bild, die schrägstehenden Häuser in Nieder Grunstedt[68] – gewaltige Schräg-Construction, die Du in der Kohle kennst und das längst hier auf Leinewand aufgezeichnet gewesen – nur dass ich nicht den grossen Mut hatte damit anzufangen. Aber jetzt bin ich wieder voll und ganz »ich«. Ich habe in diesen Tagen wieder enge Fühlung gewonnen, draussen, mit dem Weltall der grossen Formen, der grossen Rhythmen, die allein mich, wie nur Bach es tut, ganz auszufüllen vermögen. Ich fühle wieder Zwang. Ein glückliches, gutmütiges Malen gibt's nimmer für mich! Am offenen Fenster kommen und gehen meine Tierchen, die Vögel – darunter ein prächtiges Dompfaffenpaar, und sind meine Gesellschaft – Du,

68 »Niedergrunstedt VI«, 1914, Öl auf Leinwand, 80 × 100 cm, von den Nationalsozialisten aus Privatbesitz beschlagnahmt, Verbleib unbekannt, Moeller 122.

mein ständiger Gedanke! Mir ist, als hätte ich in diesen Wochen nicht gelebt – und jetzt endlich wieder einmal eine schwere Schlackenlast abgestreift von der Seele, so dass eine ungeahnte Liebe in mir aufgegangen ist, die die bisherige überragt. Ich fühle so wunderbar in Dir die ähnliche Wandlung, Du bist ganz bei mir, in mir, mit mir. Kann diese Verklärung ständig in mir sein? Ich glaube es nicht; sie bringt einen an die Grenze des Lebens, sie ist zu sehr Erfüllung. Aber ich werde dieses Glück niemals vergessen. […]

Weimar, d. 10. Juni 1914

Little Sweetheart, ich bringe es nicht fertig, Dich ohne Deinen Brief zu lassen. Hier sind meine einzigen Freunde die Vögel. Es ist etwas im Deutschen, wenigstens Norddeutschen Volkscharakter, eine Unlieblichkeit – ich weiss nicht wie ich's bezeichnen soll – aber es besteht in der Hauptsache in einer selbstverständlichen Hinnahme alles Gewöhnlichen (dieser Begriff schliesst aber eine ganz infame Welt von Dingen in sich) und ein breites, grölendes Verhöhnen alles wirklich Schönen, Anmutigen, Exquisiten, Exotischen – das auf die Dauer einen an die Grenzen der Raserei bringt. Ich kriege es nicht fertig, die Menschen zu hassen – sie haben – jeder einzelne, ihre guten, oft prachtvollen Eigenschaften, aber der blöde, sich immer mehr breitmachende Deutsche Dünkel ist mir bei Gott das Verhassteste auf dieser Erdenrinde! Boofketum! Es ist das schlimmste für den Künstler, das es geben kann. Es ist Gift für den Einsamen. Ich bin maslos einsam geworden. Du tust mir gut, ich lese immer wieder Deine letzten Briefe – den von gestern – und diese Stimmung (es ist aber doch tieferliegend) überwinde ich dann und bin imstande weiter zu schaffen. […] Ich bin sehr müde von meinem heutigen Ausflug geworden, aber gut müde. In Hayn rief mir ein uraltes Väterchen zu: ich möge meinen Hut aufsetzen (ich hatte ihn zusammengerollt in der Tasche). Das kennen hier die Bauern nicht, dass man in der Sonne freihäuptig herumgeht. Er kam zu mir heran, im Laufe des Gesprächs, denn er war sehr schwerhörig und hatte ausserdem nur noch 3 Zähne, einen oben, zwei unten, und wollte wissen, wohin ich gehe. Ich sagte ihm, und er hat mir den Weg mit tausend Umständen klar gemacht, gab mir dann bieder die Hand und wünsche mir »eine glückliche Reise«! wenn's nach America gegangen wäre, hätte es nicht anders herauskommen können. Ich wollte ja blos nach Schellroda! bin aber nicht hingelangt. Ich fürchte eigentlich, eine Vorstellung zu zerstören, die mir lieb geworden ist – und werde wohl nie nach Schellroda kommen. Der Barometer steht unter aller Kanone schlecht – ungefähr bei Erdbeben und Windhose, Cyklons und prasselnden jungen Nilpferden. Und der Himmel sieht aus!! Na, mir soll's recht sein, ich hab's gehabt, heute, die Sonne, die Fahrt – ach, es war schön! Die Weite, hinter'm Ettersberg, ich auf einem Hochplateau und all die Kirchtürmer der Dörfer, meilenweit im fernen Dunst. …

Weimar, 11. Juni 1914 Kurthstr. 7a ¾ 4

[…] Und heute früh kam ein Brief, und ich bin feste bei der Arbeit – und draussen endlich kommt der Weltuntergang den ich Euch gestern prophezeite, herangewälzt! Es wird schwefelig rosig braun und der Donner hört ja gar nicht auf. Und bald kommt der KLadatsch herunter auf diese Kleinbürgerwelt. Ich bin erfüllt von souveränen Gedanken – eins weiss ich heute schon der Menschheit schenke ich eine neue Weltperspektive […] Es ist schweflige Nacht, ich muss Licht machen. Wie kann der Künstler hassen? wenn er das Lieben begriffen hat? Er kann ausschalten, ignorieren – aber aktiv hassen? Das »Artistische« unserer Überlieferung will ich ganz ausschalten, es hat keinen Platz sobald die reine Wahrheit allein durchdringt, auf der man baut. Draussen ist es furchtbar, ich zittere, nicht vor Angst. Nächstes Jahr müssen wir nach Italien. Es wird wohl bis dahin gehen. Sparen wir von Herbst an dafür. Hier ist kein Weltgeist, sondern Preussentum und Antikunst; gewaltsam abgetöteter Instinkt, Verherrlichung des rein technischen, materiellen, Wissenschaftlichen. Wenn alle Maschinerie erst durch Elektromotorenergie betrieben wird, wird uns nur das Tierleben noch als anschauliche Bewegungskraft unverbildet bleiben. Mit den Menschen gehts darin schon stark bergab. Ich sah, in einer sonst recht elenden Kintoppvorstellung, neulich Siamnesische Tänzerinnen;

ich musste beinahe weinen, so schön waren diese Menschenkörper, diese stilisierten, wunderbaren Arm- und Handbewegungen. Und »Boofke« lachte breit um mich herum!! [...]

13. VI. '14 [Weimar]

Girlie mine! um 4 komme ich soeben nach Hause [...] und nun muss ich arbeiten oder ich platze! Aber zuerst innigen Dank für Deinen liebsten Brief – der wie ein Feuerbrand in meiner benzinerfüllten geistigen Mitte wirkt! Es kann schon sein, dass meine Bilder mehr Urstoff besitzen als andere. Darauf allein kommt es für mich an; wie die Welt und das endgültige (?) Urteil darüber entscheidet, muss meinem Wollen ewig gleichgültig bleiben. Mit der malenden Welt will ich ja keine nähere Fühlung – ich will mit allen Sehnsuchtsfibern meiner Seele die Welt sehen, erleben. Wo Deutsche hinkommen, in Afrika, Süd-America, vollbringen sie stets mustergültige Anlagen, Deutscher Fleiss – aber sie zerstören zugleich den betreffenden Weltteil, zerstören seine »Seele«, bringen Nüchternheit, Zweckmässigkeit hinein. Ich sah (immer neulich in meinem Kino), in der Normandie Pferdezucht! Ja, es war grossartig und voll wilder Urwüchsigkeit und dabei Kultur. Erhaltung der traditionellen und Urwerte der Natur – unter Anderem sah man, wie die ausgewachsenen Tiere, breitbrüstige, riesenhafte Lastpferde, durch ein Rennen durch die Ortschaft auf Lungenkraft, Atmung, Ausdauer geprüft wurden. Diese enormen Hengste (»Percherons«)[69], wie alte Ritterrosse, sah man mit ihren Riesenleibern, weit seitwärts mit den Vorderbeinen ausgreifend, wie Urwelttiere herangedonnert kommen, so etwas von enormer Kraft in Bewegung übertragen! Und durch die Ortschaft unter der Bevölkerung! Keine Absperrung, keine Schutzleute, keine Vorschriften aus bureaukratischem Geist, sondern es gab eben das, und es war ein Teil des ganzen Lebens in jenem Ort. Die edlen alten Türme und Gebäude mit

---

69 Percherons sind schwere Zug- und Arbeitspferde. Das Zentrum der Percheron-Zucht befindet sich im Département Orne in der Normandie.

ihren Spitzdächern à la poivrière,[70] noch aus 1400 unzerstört. Die vollkommene Harmonie der Natur, Architektur und Menschheit anderswo als in Deutschland! Schönheit lebt überall, unbewusst oft, aber immer darf sie sein und ist ein Bedürfnis – nur in Deutschland ist sie verkannt; wo sie entstehen soll, wird sie in Nüchternheit, mit Polizei-Maassregeln … oder in unleidlicher Protzigkeit erzeugt. Es war nicht immer so in diesem unglücklichen Land, aber es ist heute so. Was nützt die ganze Werkbundausstellung?[71] Produkt von Fleiss, Kapital, und Zeichentisch. Der Urgeist fehlt, und wird noch lange fehlen. Momentan, wenn ich schier nicht weiss was anfangen vor Sehnsucht, gehe ich ins Kino. […]

Sonntag, d. 14. Juni '14 [Weimar]

Sweetheart Girlie, so ziemlich von früh bis ¼ 8 habe ich an dem Bilde gearbeitet – mit unendlicher Hingabe, und erlebt, wie es immer trockener, im elender wurde, rein garnichts – da sieht man, wie wenig das »kluge« Gehirn vermag in der Kunst. Aber ich hätte nicht den Mut, Dir jetzt darüber zu schreiben, wenn [ich] nicht, vor einer Stunde, in einer Art Raserei, Verzweiflung, ja Hass gegen das Werk geriet – und es einfach zusammengehauen habe, und jetzt sitzt's! Es wird, oder ist schon geworden! Es geht nicht anders zu machen, ohne blutige Opfer! Ich habe im allgemeinen einen Widerwillen gegen das Drauflosmalen! Es scheint aber manchmal anders nicht zu gehen. In den letzten Briefen habe ich viel geschwatzt, und einen reichlich grossen Mund gehabt; wenn ich nicht ganz am Rande, vor Überspannung gewesen wäre, hätte ich mich niemals so geäussert! Es ist die Nachtseite des Künstlerdaseins, und wohl immer ein Zeichen von letzter Ohnmacht. Entweder man schafft oder man »Redet sich«! Ich habe eine Weile mich geredet. …

---

70 Vielleicht mit »Pfefferstreuer« zu übersetzen – an den Ecken der Obergeschosse von Gebäuden angesetzte runde Türmchen mit kegelförmigen Dächern.

71 Der 1907 in München gegründete Deutsche Werkbund hatte das Ziel einer »Veredelung der gewerblichen Arbeit im Zusammenwirken von Kunst, Industrie und Handwerk«. Die Werkbund-Ausstellung in Köln 1914 war der Höhepunkt der ersten Entwicklungsphase des Vereins.

20. VI. 14 [Weimar]

Sweetheart, Geliebte, Herz mein! Warum kann ich Dir nicht alle Tage Rosen senden? nur Rosen und gar keine Worte, keine, keine! Heute keine; ich bin zu erfüllt von Dir … Ich bin Dein, im Leben kann man's nicht mehr sein. Habe nochmals mein Bild neu, auf neuer Leinewand, wieder aufgezeichnet und angefangen, hart, letztgültig in der Form, die Farbe wird mirakelhaft wirken, weil jeder Atom rein und überlegt sitzt, Farbe neben Farbe … ich gehe jetzt spazieren, vor Freude dass ich lebe und atme. …

22 VI 14 [Weimar]

… Bald schwebst Du wieder mit dem Butzelchen im Raume, bist nirgends, wirst getragen durch die Nacht; tauchst erst wieder daheim in little Zeh[72] auf, und dann dauert's nicht mehr lange, dann sind wir zusammen! Die Tage werden schnell vergehen. Mir ist so klar geworden, wie garnichts ich zu leisten vermag, wenn mir das Herz wie Blei im Leibe steht! Es geht alles vom Menschen aus. […] Meine Nächte sind nicht ganz schlecht jetzt – aber früh um 5 bin ich, trotz Dunkel machens, immer wach. Die alte Dame Günther hat auch die unruhige Gewohnheit, um diese Zeit aufzustehen, und in der Küche, auf dem Corridor, überall hin und her zu trappeln; Schlüssel drehen, Sachen von einer Stelle zur anderen, dann wieder zurück zu schleppen – die reine Manie und dabei gehen die Pantoffeln immer »Schmatt! Bum! Schmatt! Bum!« Nach einer halben Stunde geht sie wieder schlafen! Aber mit mir ist's dann vorbei. Oh, Sweetheart, nun reist glücklich und sicher durch die Nacht … God bless you and our boy. Nun jetzt: Bald zusammen!

Wei 26 VI 14 ¾ 9 Ab.

… Also einen Brief aus Zehlendorf hatte ich heute! Und so frisch und elastisch im Ton, wie seit langem nicht! Was sind wir doch für Menschen! Wenn man bedenkt, was Umgebung für uns bedeutet! Und dabei, eigentlich ist Zehlendorf auch nicht unser

---

72 Im kleinen Zeh[lendorf].

Element! Aber unser Heim ist ein selbstgeschaffenes Milieu und es sind unsere Menschen darin! Ich komme soeben aus Gelmeroda zurück, mit dem Weg auf der Chaussee ist's eigentlich für alle Zeiten vorbei – denn die Autos machen das Atmen unmöglich; wenn ich noch vor 8 Jahren zurückblicke, wie still und friedlich die Strasse war. Und man kann noch so begeisterter Anhänger eines Autos sein, aber der Autolosen Zeit weint man auch eine Träne nach! Ich bin immer noch einsam, bis, vielleicht, sagen wir, Dienstag – dann kann ich wohl ganz aufgeben, den Kopf hängen zu lassen. … Ich lese, wenn ich Zeit habe (Mittags bei Tisch, and Abends ¼ Stunde im Bett) Balzac – und er ist mein Trost (Und zweimal in der Woche Kintopp). Was Du schreibst über Laurence hat mich so gerührt – überhaupt! Wie oft hatte ich in letzter Zeit das brennende Verlangen nach ihnen; irgend ein kleiner Strassenjunge kann mich schon rühren, wenn ich dabei an meine eigenen Kerlchens denke! … Ich bin umringt von 68 zum Teil fertig bemalten Modellen für die Eisenbahn! Ein entsetzlicher Betrieb – aber hübsch sind sie doch. Die Jungens hätten ihren Spass daran! Now God bless you, sweetheart mine! Ich habe Dich in Gedanken schon immer am Arm … Du musst überall bei mir sein und mit mir gehen. Love to you all! Always your Leo.

1915

Bevor Schmidt-Rottluff zum Kriegsdienst einberufen und an die Ostfront geschickt wird, porträtiert er seinen Freund »Leo«.[73] Lyonel nimmt noch einmal Auftragsarbeiten als Karikaturist und Zeichner an. Nachdem er bereits 1914 noch eine Zeichnung für den »Ulk« geliefert hat, trägt er nun propagandistische Karikaturen zu

---

73 Karl Schmidt-Rottluff: »Bildnis Feininger«, 1915, Öl auf Leinwand, 92 × 77 cm, Nürnberg, Germanisches Nationalmuseum.

»Wieland – Zeitschrift für Kunst und Dichtung« bei, deren Erlös allerdings dem Roten Kreuz zugeführt wird.[74]

Lyonel lernt in Berlin den amerikanischen Maler Marsden Hartley kennen, mit dem er viele Jahre später, 1944, eine Ausstellung im Museum of Modern Art in New York haben wird.

Er arbeitet zurückgezogen in Zehlendorf. Ende Juli verreist Julia mit Andreas für eine Woche. Lyonel bleibt mit den beiden jüngeren Söhnen in Zehlendorf.

Sonntag Abend d. 1. August 1915

[…] Wir werden zum Bahnhof hingehen und sehen, was das grosse Haupttier heute gequarrt hat. Armes Deutschland! Siegt sich seinem Untergang entgegen! […]

Montag ¾ 7 Uhr Abends d. 2. Aug. 15

[…] Ich machte mich heute von 11–1 frei für Laurence und führte ihn spazieren – vielmehr, er führte mich. Wie zuende ich just heute war, mit aller Energie und Spannkraft, ist nicht zu sagen. Denken war unmöglich, Sehen schmerzlich, Gehen eine Last! Dazu eine drückende Gluthitze, 28 Grad Lufttemperatur im Schatten. Und doch, nach 2 Stunden hatte ich die Sprache wieder gefunden, und konnte einigermassen auf Laurence's Geplauder eingehen. Wir sprachen nur von Käfern, Wanzen, Raupen, Puppen, Botanik. Was alles in dem gescheidten Köpfchen schon steckt von Wissen über Dinge der Natur draussen! Gestern hielt er bei Hedda ein Kolleg ab über Schmetterlinge […]

Mittwoch Abend, d. 4. Aug. 1915 [Zehlendorf]

[…] Little one, so lange ich unglücklich schaffe sperre ich Dich wohl aus – wenn ich's wirklich tat? – aber wenn des Schaffen glücklich ist, will der Maler es aller Welt mitteilen und mitfühlen lassen! Ich schrieb schon gestern genug darüber um nicht heute nochmals

74 »Lyonel Feininger. Lustige Blätter aus einer Privatsammlung«. Hrsg. von Ulrich Luckhardt. Wuppertal, Hamburg, Quedlinburg, 2000, S. 8.

dasselbe zu wiederholen, aber Hartnäckigkeit ist allein imstande zu siegen, und dazu gehört die materielle, äussere Möglichkeit viele Stunden am Tage unirritiert hintereinander arbeiten zu können. Seit Monaten habe ich mich täglich erschöpft ehe ich etwas erreichen konnte. Jetzt bin ich imstande erfolgreich durchzuhalten. Ich niste mich in unserm feudalen Wohnzimmer ein, und Du wirst nur hoffentlich durch mein Glück das Unbequeme nicht als zu lästig empfinden. Du scheinst Dich sogar darob zu freuen. [...]

d. 6. August 1915 ¼ 1 Mitt. [Zehlendorf]

[...] Laurence irrt immer vor meiner Tür herum, will immer zusehen wie ich male. [...] Er hat die Absicht bekundet auch Maler zu werden und viel schönere Bilder als ich zu malen, was ich nur gutheissen kann. »Eckige Bilder« sind unbeliebt, sind »Quatsch«, sind »Amerikanisch« erklärten mir gestern beide gestrenge Herrn Söhne. Wie er sich ausdrückte habe ich leider nicht behalten, aber es war zum Schütten wie Lux sagte: »Erst eine Ecke, dann ein Kasten, dann ein Zick-Zack dann noch sowas gerades dann noch eine Zacke! Nee! Papileo, das ist doch nur Quatsch.« Dann: »das ist ja wohl Amerikanisch!« [...]

1916

Zusammen mit Conrad Felixmüller stellt Lyonel im Juni in der Galerie »Der Sturm« aus.

Julia fährt mit den Söhnen Andreas und Laurence im Juli »nach Spießberg in die Berge«. Der jüngste, T. Lux, bleibt bei Lyonel. Bei den Feiningers gibt es die zur Kriegszeit üblichen »Einquartierungen« von Soldaten als Untermietern.

Zu Handelsembargo und Seeblockade durch England kommt eine durch den verregneten Herbst verursachte Kartoffelfäule. Der Winter ist von einer Hungersnot geprägt und bleibt als »Kohlrübenwinter« in Erinnerung.

Mittwoch, d. 12. Juli '16 [Zehlendorf]

... Heute war ein guter Arbeitstag, nachdem ich mich den Vormittag herumgedruckst hatte. Meine Abgespanntheit ist eben so vollkommen, dass nur unwahrscheinliche Mengen von Schlaf mich zu einer wirklich fortgesetzten Leistung an Arbeit befähigt. Aber ich habe von 12 Uhr an etwas wie Glück verspürt, wurde getragen von heiteren und guten Gedanken, und hab ein grosses, mein bisher grösstes Bild, sehr sorgfältig mit Kohle aufgezeichnet.[75] Es ist nach einer recht lustigen Zeichnung (als Bild aber von Anfang an gedacht und componiert) die ich in den Märztagen meiner Reconvaleszenz machte, während Du mir aus Jean Paul, und zwar »Siebenkäs«[76] vorlasest – und da nur die liebevollsten Gedanken und Erinnerungen an dieser Komposition haften, war es mir möglich, mit Hingabe und froher Hoffnung auf Gelingen zu schaffen. Eigentlich den ganzen Tag lebe ich in der Stimmung von damals. Was hast Du mir doch Gutes getan! Und morgen fange ich leuchtend mit Farbe, Stück für Stück an, das Bild zu malen und möglichst rein herauszuarbeiten ... Mir hat neulich in der »Sturm« Ausstellung am meisten gut getan der Rousseau (immer neben dem einzigen Chagall) und mich bestärkt in meiner Meinung, dass die andern alle mehr oder weniger Programm- oder Konzert-Maler sind, gegen diese Zwei. Und mir bedeutet der Inhalt so unendlich mehr, als der Glanz ... Mir ist auch die Lösung eingefallen, für die Befangenheit, die wir bei Walden empfinden: nämlich das Gefühl des Programmatischen dort. Immerhin es gibt dort viel Anregendes und viel zu lernen für mich. Lux war heute vollkommen munter, sogar übermütig lieb, und fühlt sich durch Anni sehr beglückt. Sie liest ihm [...] vor. Der Flügel wurde gestimmt, klingt jetzt wieder schön. ... Gott oh Gott, wie seht man sich auf's Land zusammen oder wieder mal an die See! Aber zu-

---

75 »Straßenkehrer«, 1916, Öl auf Leinwand, 120 × 150 cm

76 Jean Pauls »Blumen-, Frucht- und Dornenstücke oder Ehestand, Tod und Hochzeit des Armenadvokaten F. St. Siebenkäs im Reichsmarktflecken Kuhschnappel« erschien 1796/97. Der »Siebenkäs« gilt als der erste Eheroman der deutschen Literatur.

sammen sein, und befreit für kurze Zeit, von den ewigen Alltagssorgen, ums Essen, um die Karten Wirtschaft und um den ewigquälenden Kriegsgedanken! Nun aber »Gute Nacht« und »Guten Morgen!«

d. 14. Juli, 1916, Quatorze juillet [Zehlendorf]

[...] Ich habe einen sehr guten glücklichen Arbeitstag von gut 8 Stunden hinter mir. Mir tut das grosse Format und das gute Licht, der grosse Raum enorm gut. Und dazu kommt auch, dass ich zum ersten Male eigentlich die richtige Sorte Leinwand habe; diese ganz leichte, weitgewebte Kreide Leinewand die eine feine prickelnde Fläche hat und sich für Prima Malerei wunderbar eignet. Es sitzt jede Farbe sofort schön drauf. Ich komme beim Prima Arbeiten nicht ins Grübeln, sondern schaffe frisch und es ist mir wunderbar unterhaltend. Anders hielte ich's nicht aus, es könnte mich Verzweiflung überkommen, wenn ich die Enttäuschung erlebt hätte, nicht gut arbeiten zu können. Ich denk soviel, immerzu, mit unendlicher Liebe an Euch, und vermale diese Liebe in das Bild hinein. [...]

Sonnabend d. 22. Juli 1916 [Zehlendorf]

[...] Was dann so lieb war, war unsere Unterhaltung über Dich. Wie Hedda Dich liebt, und wie sie Deinen jetzigen gedrückten Zustand, und auch das äussere Beengtsein sich zu Herzen. nimmt, wissen wir wohl beide kaum. Mir wurde ganz weh; denn was ist doch, durch das Gebundensein an mich, aus meiner Prinzessin geworden! Denn das gehörte zu Dir, dass Du nichts an Schönheit und Luxus entbehrtest. Du warst für Alle, nicht nur für mich, die Prinzessin. ... Du wirst mir nie einen Vorwurf machen, dafür ist Dein Herz ganz und gar mein; bin ich denn überhaupt je fähig gewesen, für Andere etwas zu tun? Hier folgen nur Gedankenstriche, ich bin von dem Gestern gesprochenen ganz vollgefüllt; ... und dass ich nie etwas aus unserem Leben zusammen vergessen habe, oder eine einzige Erinnerung aus unserer schönsten Zeit habe verblassen lassen, You know! ...

Freitag, d. 25. Juli 1916 [Zehlendorf]

Sweetheart mine, heute erhielt Anni die Nachricht, dass ihr Bruder, von dem sie seit Anfang Juli keine Nachricht mehr hatten, gefallen sei. Das arme Kind hat den Schlag sehr, sehr schwer hingenommen und ich habe sie auf zwei Tage nach Hause zu ihrer Mutter gehen lassen. Mit Luxchen ging ich vormittags spazieren, als ich ihm sagte, ich würde ich ihm ausgehen, sagte er erfreut: »und das wird Dir gut tun, Papileo, da kommst Du hinaus«! An der Katholischen Kirche wollte er wissen, wie's drinnen aussähe, ob man da rein könne – Ja, wenn die Kirche auf sei, sagte ich »und wenn keine Kathols drinnen sind, nicht wahr«! Ergänzte mein Peterchen. […]

Zehlendorf, d. 28. VII.'16

[…] Gestern kam Anni nicht, ich hatte dafür eine Karte heute früh, dass sie heute käme. Nun, zu gönnen ist's ihnen von Herzen, dass sie sich gegenseitig auströsten bei ihr zu Hause. In wie vielen Hunderttausend Familien spielen sich ähnliche Tragödien ab, es sind überall Leidende, fühlende Menschen, die vom Kriege so grausam erfasst werden. …

d. 31. Juli, 1916 [Zehlendorf]

… Ich lebe seit Tagen in einem unerhörten Arbeitsglück; was ich naiv fühlte, und nicht zu verwirklichen vermochte, vor 8 Jahren, das ist heute wieder in mir und ich vermag es zu verwirklichen! Aus der schweren Zeit der letzten 3–4 Arbeitsjahre bin ich endlich herausgekommen, hindurch, durch den Berg von Formproblemen und Konstruktionsformeln, sie beherrschen nicht mehr mich, sondern ich sie! um mit ihnen zu beginnen was ich nur will, um zu meinen Bildern zu gelangen. Zur Farbe bin ich gekommen und zur Form, und über alles dies zu <u>meiner</u> Welt der Bilder. […] Die Betrachtung kommt mir in den Sinn: Kinder »malen« unbekümmert – bis sie anfangen etwas zu lernen (wie Andreas) – junge Leute, unsere heutigen, malen eigentlich nicht unbekümmert, sondern verdammt nach gewissen Vorbildern, mit leichtem Einsatz von technischen Kräften – und wahrhaft unbekümmert sind erst wieder die wenigen reifgewordenen, die Alles kennen, alles verdaut haben, und sich zur Philosophie und Anschauung durchgerungen haben. Der unbekümmertsten einer war Rousseau. So malen, wie's in einem aussieht; Intensität ist immer, bei Allem, die erste Vorbedingung, alles übrige mag sein, wie's will, es wird doch bestehen, wenn's intensiv ist. Ich fühle, arbeite und spreche in diesem Augenblick als ein Erlöster. Ich glaube nunmehr unerschütterlich an mich, mein Lebensziel, an meine hinreichende Befähigung zum Ausdruck unter allen Umständen zu gelangen. Du wirst's sehen – mein Leben wird von nun an harmonisch und nicht mehr vergrübelt, verquält sich abspielen. Es wird für uns beide, für uns alle, eine glücklichere Zeit anbrechen, eine Zeit der Mitteilsamkeit und des menschlichen Miterlebens im Alltag und im Besonderen. …

1917

Mit dem Kriegseintritt Amerikas Anfang April 1917 wird der Amerikaner Lyonel Feininger zum »feindlichen Ausländer«. Er kann der Internierung entgehen, darf aber die Stadt nicht verlassen und muss sich zuerst täglich, dann wöchentlich bei der Polizei melden. Seit 1916 ist zudem die Lebensmittelbeschaffung schwierig geworden, Qualität und Quantität nehmen immer mehr ab. Bernhard Lilienfeld, den Lyonel und Julia »Papa« nennen, unterstützt die Familie in diesen schwierigen Zeiten. Lyonel erlebt diese Zeit tief deprimiert und zieht sich mehr und mehr in sein Atelier zurück. Anfang Juli kann sich die Familie mit einer Sondergenehmigung für Ausländer nach Braunlage im Harz zurückziehen, wo sie in der Pension Spieß wohnt.

Am 4. August kehrt Lyonel nach Zehlendorf zurück und bereitet seine erste Einzelausstellung in Herwarth Waldens Galerie »Der Sturm« vor, die am 2. September eröffnet wird. Aus Scheu vor der Öffentlichkeit bleibt Lyonel dieser Veranstaltung, wie auch bei späteren Ausstellungen, fern und lässt sich von anderen darüber berichten.

Laurence und Lux sind mit ihm in Zehlendorf, während Julia und Andreas noch bis Mitte September in Braunlage bleiben.

Die Ausstellung bedeutet für Feininger einen Durchbruch in der öffentlichen Anerkennung als Maler.

Zehlendorf-Mitte, Königstrasse 32
d. 8. Aug. 1917

[…] Es ist wie du sagst – so entsetzlich viel Drum und Dran im Leben, dass es fast ausgeschlossen ist … in die Seele der Natur einzudringen. Das hat mich ja fast rasend gemacht, und doch, ich heisse »Matz« wenn ich's nicht schon zum Teil erreichte … ich brauche Draussensein, Draussenarbeiten, ich brauche zeitliches Einsamsein, oder vielmehr Alleinsein, und bin dann hinterher ein ganz anderer Mensch. Die 3 Jahre Krieg und Zurückgezogenheit vom »Draussen« haben mich ganz schrecklich heruntergebracht, bis an den Rand. Aber ich habe jetzt erlebt, wie Federball-leicht ich wieder emporkomme, wenn sich die Gelegenheit bietet zum Arbeiten. Einfach mich zu »erholen«, körperlich und nicht diese Gelegenheit zum Weiterbilden wahrzunehmen, kriege ich nicht fertig. […]

Zehlendorf-Mitte, Königstrasse 32
d. 14. August 1917

[…] Ich habe heute schon gut gearbeitet. Das gelbe Gelmeroda Bild, mit dem blauen, spitzen Turm, und dem violetten Baum rechts. Heute um 10 vorgeholt, und jetzt ½7 ist's schon ein recht gutes Bild und fast fertig. Jedenfalls habe ich bei allen bisherigen Bildern die ich nochmals vorgenommen, die ursprüngliche Absicht zur Vollendung gebracht. Ich habe nicht daraus ganz neue Bilder zu machen versucht, denn sie konnten nur so, wie sie jetzt geworden, aus ihrer festliegenden älteren Komposition werden. Aber sie kommen in Betracht, als Werke aus 1913–14. Seither habe ich doch einen weiten Weg zurückgelegt. Die alten Bilder nochmal zu bearbeiten ist für mich der beste Maasstab und eigentlich recht lehrreich, denn es ist mir dabei klar gemacht worden, wie viel weniger »pathetisch« ich jetzt bin. Die Bildelemente sind viel direkter jetzt und aus der reinen Farbe entstanden, während ich früher die Form auf ziemlich historischer Anschauung aufbaute. Naturalistisch, d. h. schärfer und eigener wahrgenommen ist jetzt erst meine Anschauung. Und viel abstrakter und erfundener zugleich, abgesehen von der Vertiefung, von der psychischen Notwendigkeit meiner Malerei. Ich schaffte noch vor drei Jahren »malerisch«. Dies habe ich jetzt überwunden. Da Du meine Arbeiten kennst, weisst Du wie ich dieses meine. Das Bild ist nach wie vor gemalt gedacht, aber ich bin heute unvergleichlich viel unmittelbarer, freier von allem Beiwerk, sogenanntem »malerischem«. Viel Dimension haben ja die früheren Sachen nicht; ich habe nur die Oberfläche geformt [...].

Zehlendorf-Mitte d. 15. Aug. 1917

[...] Du darfst aber nicht den Mut sinken lassen, über das, was Du unsern Sozialen Niedergang nennst. Es sind Gründe dafür vorhanden, genau das Gegenteil zu erwarten, so wie Du nur darunter soziale Stellung meinst. Es hat an meiner bisherigen Zurückhaltung gelegen, dass äussere Merkmale des Erfolges ausblieben, aber in bald 10 jähriger Arbeit habe ich eine felsenfeste Grundlage geschaffen. Sollte die September-Ausstellung auch kein pekuniärer Erfolg bedeuten, was auch bei den furchtbaren Zeiten nicht zu erwarten ist, so ist doch mit einem Schlage unsere gesellschaftliche Stellung eine ganz andere; denn zum ersten Male wird man kennenlernen, wer wir sind. Die Ausstellung selbst wird, glaube ich ungewöhnlich reichhaltig sein; und dann kommt hinzu, die publizistische Öffentlichkeit der »Sturm Nummer«[77] die sicher gerade an Stellen, wo moderne Kunst verstanden wird, viel Aufmerksamkeit erregen wird. Käme dann noch hinzu, dass ich einige Verkäufe erzielte, so wäre der Anfang für unser Verhältnis zu Papa recht günstig. Ich habe in den letzten Jahren nicht viel darüber gesprochen – aber der Wille, aus unserm bedrückten Verhältnis, unter dem wir

[77] Anlässlich der Feininger-Ausstellung in der Sturm-Galerie erschien in der Zeitschrift »Der Sturm« ein mit fünf Zeichnungen illustriertes Gespräch Adolf Knoblauchs mit dem Künstler (Jg. VIII, 1917, H. 6, S. 82–87).

beide seelisch leiden, rücksichtslos uns zu befreien, sobald mir genügend Mittel zu Gebote stehen, ist hart und fest. Dieser Wille ist wirklich kein sanfter, zarter; sondern tief und entschlossen, genau so wie der Wille, der in meiner Arbeit steckt. Die grosse tiefe Dankbarkeit, die ich einerseits gegen Papa empfinde, für Alles, was er mir ermöglicht hat, hat ein sehr bitteres Gegenstück, sobald ich an Deine Leiden denke. Ich habe […] mich stets zusammengefasst und alles ohne Protest hingenommen, weil der Dank mich lähmte. Aber ich sehe mit klarem Geiste in die Zukunft; ich verstehe zu gut, dass es nicht so weiter gehen kann, dass Du diesen ewigen Reibereien nicht mehr gewachsen bist, und dass Du schon viel zu sehr darunter gelitten hast. Die Preis-Aufstellung von Heidkamp kam heute, sie ist lächerlich billig. Papa war nur der Ansicht, dass ich gute Rahmen wählen sollte, was er zum hundertsten Male in bekannter Weise begründete: »der Rahmen ist beim Bilde das Ausschlaggebende«. Es ist wirklich ein grosser Zug von ihm; überhaupt kaum je ein Künstler [hat] so selbstverständliche, bereitwillige Hilfe in Allem erhalten, und dabei niemals eine Einmischung in seine Kunst erfahren, wie ich. […] Ich weiss, ich lasse Dich viel zu viel allein, äusserlich in jeder Weise, aber in mir, so tief, dass ich, bei meiner verschwiegenen Natur, es niemals zum wörtlichen Ausdruck bringen könnte, ist die ständige Gewissheit, dass ich ohne Dich nicht zu leben imstande wäre. Ich dank' Dir einfach alles, was aus mir Klotz und Komplex von Leidenschaften und Drang, wurde, dass ich in 10–11 Jahren den Weg hinauf einer ganzen Generation zurücklegen konnte. Denn ich war, von früh an, überwuchert und betäubt und verwahrlost; ein selten unentwickeltes Menschenkind. Ich kann genau verfolgen, den Weg, den ich machte. In den letzten 2 Jahren, inmitten allen Kriegsgreuls hat endlich das Wesen Grund gefasst und die Tiefe und den Halt gefunden. Das Gift meiner Kindheitsverhältnisse, meine Lebensumstände im elterlichen Haus (trotz Musik)! hat immer noch in meinem Geiste gesteckt. […] Es galt, selbst für meinen Vater, der Satz: für sich selber sorgen lernen – einen erspriesslichen Beruf erfassen und darin Tüchtiges leisten, d.h. verdienen. Denn der Massstab für die

Leistung galt ihnen, was sie in Geld und »allgemeiner« Anerkennung einbringen konnte. Mein Vater, der selbst – in diesem Sinne wenigstens, kein erfolgreicher Mann war, mag es gerade so gut mit mir gemeint haben! Ich bin sicher, dass er sein wirklich wertvolles, eigentliches Werk, nicht als solches ansieht. Dies, trotz seiner hohen ethischen Anschauung! Darin versagt seine Philisophie – oder vielmehr, er ist Philosoph im Ertragen dieses, für ihn gänzlichen Misserfolges, im »praktischen Leben«! Ich war nie praktisch, aber egoistisch veranlagt, auf den Grund der Dinge gerne hinstrebend. Eine Blüte hat meine Kunst nicht, dafür wurde ich zu alt. Im Leben selbst habe ich auch keine »Blüte« gehabt. Es reifte, spät eine bittere Frucht. Ich kaufte sie durch Arbeit und Willensaufwand – geschenkt kam sie nicht! Will ich von einer Blüte sprechen, so bist Du diese Blüte in meinem Leben. Mein Anfang stammt aus unserer ersten Zeit; aus dem ersten Tage. [...] Ein verfluchtes Arbeitsvieh bin ich, und Deine Seele und Dein Herz hast Du mir gegeben, sonst wäre ich weiter nur Arbeitsvieh geblieben, und heute noch Mitarbeiter an verschiedenen Witzblättern, ohne jemals den Weg daraus hinaus zu finden. Ich bin nicht so, wie andere Menschen, ich bin ein gezeichnetes Wesen und stumm in der Äusserung gerade der schönsten Gefühle. Das macht Dein Dasein bei mir so quälend schwer. Du erkennst das Höhere des Geistigen in mir und vertraust darum, bei allem Grauen, in mich. Und das muss Dir zum »Glücke« genügen! Du armes Kind! Aber ein Herz habe ich doch. – Meine Kunst! Sie wurde aufgepfropft auf eine vorhergehende, bereits zu ziemlicher Entwicklung gediehenen, gewerblich-artistischen Tätigkeit. Meine Malerei wuchs nicht in mir frei und hatte die Wurzeln nicht in einem jungen Leben, in einer unberührten Anschauung der Jugend – sondern hatte zu kämpfen gegen allerlei bereits Verbildetes, Routiniertes, gegen Vorurteil. Darum ist etwas Qualvolles in meinem ganzen Bestreben, die Kunst frisst alles in mir auf. [...] Ich glaube, trotzdem, dass für mich, in glücklicheren Zeiten, vor Allem: Umgebungen, noch eine Befreiung aus der Qual heraus, aufgehen kann. Sind erst wieder unsere Lebensumstände freundlichere, kann wohl auch ein Teil unserer Last von uns fallen und wir doch noch glücklich werden, wie andere Menschenkinder. Nicht nur im »Geistigen«, im »Abstrakten«. Aber ich fasse das Leben als stetes Sehnen nach dem ewig Unerfüllbaren auf. Dass ich dabei so grosser voller Freude fähig bin! Und Zuversicht … ich arbeite von 8 früh bis 9 Abends durch, und müsste noch schriftliches machen, bei Licht. Im September will ich schon wieder Mensch sein. Sollte es möglich sein, sollte ich genügend verkaufen, dann käme ich gewiss auf 8 Tage zu Euch […]

Zehlendorf-Mitte, Donnerst. Abend 16 Aug.

… Heute kam erst Abends ein Brief (der vom 14. Morgens und Abends) und ich war schon völlig beruhigt bei dem Glauben, Du hättest meine Ermahnung, nicht immer alle Abende bis spät auf der ungemütlichen Diele zu sitzen und zu schreiben beherzigt! […] Ach Little one! – Schon damals, 1905, als Du nach Weimar gingst hast Du gleich damit angefangen, mich zu verwöhnen. Es geschah das in meinem bisherigen Leben Unerhörte, dass ein Mensch (Du) … und das war so märchenhaft schön, mir gleich ankündigte, bei der ersten Zeile, er wolle jeden Tag einen Brief an mich schreiben! Und es ist wirklich niemals anders denkbar geworden, in all den Jahren, wo wir getrennt waren. […] Ich kenne das, dass man vor Melancholie heulen könnte. Da muss man schreiben. …

Zeh. d. 17. Aug. 1917 Abends 8.05

… Heute war ein so guter, arbeitsreicher Tag. Es geht wie Zauberei mit dem Malen. Kaum nehme ich ein Bild vor, in wenigen Stunden ist schon alles gelungen. […]

Zeh. Sonntag Vorm. 11 ¼ 19. Aug. 1917

[…] Ich kann Dir kaum ausdrücken, in welchem gesegneten Ausgleich aller Kräfte ich mich befinde – und dahinter, wie ein aufgestautes Meer, das Bewusstsein enormer Kraft für Kommendes. Für dieses Gefühl der Kraft danke ich ohne Zögern Gott. Du wirst mich nicht gleich für pietistisch darum halten. Besser so, als es mir selber, zur eigenen Verblendung, anzurechnen als Verdienst.

Aus der Gefahr der Jugend: aus Ehrgeiz zu schaffen, bin ich heraus. Meine Bilder, gleichviel was sie darstellen, werden nie das Schmerzliche verlieren; eine gewisse Härte ist ihnen eigen. Und oft denke ich, eine gewisse Beschränktheit. Mit andern kann ich mich nicht messen; es ist genau so wie im Leben. Dass ich Mängel stets bei den eigenen Werken vermute, lässt mich hoffen, dass ich sie doch noch überwinden lernen werde. Ich sehe es doch, an älteren Bildern, in deren Fehler ich heute nicht mehr verfalle; in 1914 noch, war ich sehr weit zurück, und was hatte ich doch für einen Sprung vorwärts damals gemacht. Heute zählen solche Bilder fast nur als Entwickelungs-Beispiele. Stellen wir uns vor, ich hätte, wie üblich, schon damals angefangen, überall meine Bilder hinzuschicken! [...]

Montag, d. 20. Aug. Abends (1917) [Zehlendorf]

[...] Nachmittags brachte ich 5 Bilder zum »Sturm« und bin daher im Rücken und Bäuchel müde; es wird morgen wieder gut sein. ... Ich bin dabei, die Zeichnungen zu montieren, einige 60 Stück sinds und dies macht Arbeit, die zwar nicht anstrengend ist, aber Zeit raubend. [...]

Zeh. Abends ¾ 8, d. 23. Aug. 1917

[...] Der Tag war schwer, aber ich habe gerade deshalb zuletzt mir sagen können, besonders gut. Ich war so deprimiert heute Vormittag, und voller trauriger und zweifelsüchtiger Gedanken. Es geht mir ja immer so, wenn ich bei Waldens gewesen bin; ich sehe zu viele hervorragend schöne und kräftige Kunstwerke und bin wie erschlagen. Mir fehlt, und wird immer fehlen, jede Berührung mit der Kunst der Andern, und im Augenblick fühle ich, wie viel mir fehlt, wie ganz abseits der grossen und lebenden Kunst und ihrer Mittel ich stehe. Aber ich finde mich dann wieder und beisse mich durch. [...]

Ich sprach über verschiedene Punkte mit Walden wegen der Ausstellung, aber gehe morgen um 3 hin, um richtig das Letzte und das Manuskript für den »Sturm« zu beraten. Auch soll ein Bild photographiert werden, als Karte erscheinen. Welches, steht noch nicht fest. Walden sagte, er wolle eine Zeichnung käuflich erwerben, damit ich unter seiner Sammlung der Graphik vertreten sei. […]

Was Du heute schreibst – genau so habe ich gedacht. Ich sage mich tatsächlich von allen meinen Bildern los. Ich gebe sie preis und mir ist, als würde ich nicht mehr an sie, als uns gehörig, je wieder denken können. Es war ja die höchste Zeit, sie aus dem Atelier rauszubekommen (sie haben mir unsagbare Schmerzen gemacht – an kaum eines kann ich mit etwas wie Freude denken. Bis zum letzten Augenblick peinigen sie mich, ich suche immer, ob ich sie doch so aus der Hand lassen darf, bis ich einfach nicht mehr kann! Und Du begreifst, wie sie mich an dem Schaffen von neuen Bildern hemmen und mich aufreiben. … Ja, heute kam Dein Brief genau zur rechten Stunde, um mich aufzuheitern. Da ich in die Stadt, mit 4 Bildern wieder fuhr, habe ich ihn auf der Bahn gelesen. Und als ich nach Hause d. h. ins Atelier kam, war alle Beklemmung von mir gewichen. […]

Zeh. Abends ½ 9, im Atelier, d. 25. VIII. '17

[…] Dein Brief heute, der lange, und so voller Sonne und Leben; ich bekam ihn, wie ich von Walden um ¼ 5 zurückkam. Ich war mit 4 Bildern wieder hingefahren, eine ganz gehörige Last, denn davon hatten 3 Rahmen, schwere vom Tischler! Aber kein Mal von jetzt an, werde ich wieder so schwer zu tragen haben; das war der letzte schwere Schub! […]

Sonntag Abend, d. 26. Aug. 1917 [Zehlendorf]

[…] Heute erhielt ich die Einladung vom »Sturm« zur Eröffnung der eigenen Ausstellung. Sie sieht sehr nobel aus, auf Bütten, ich gehe ja nicht etwa hin. […] Meine »Brücke III«[78], die ganz strenge Komposition, hatte ich heute vor: In zwei Stunden war das Bild so viel stärker und reicher geworden, dass ich es jetzt befriedigt beiseite anlehnte – es ist fertig und wird morgen fortgeschafft.

78 »Brücke III«, 1917, Öl auf Leinwand, 80,5 × 100 cm, Köln, Museum Ludwig, Moeller 184.

Auch »Leviathan«[79] ist gut, der Dampfer mit dem blauen Mann rechts. Ich habe jetzt noch ein wichtiges Bild auf die Staffelei gestellt, »Nieder-Grunstedt IV«[80] und will das günstige Licht noch dafür heute ausnutzen … Es sind fast 40 Centner Kohlen von Thiele angekommen und stehen schon im Keller! Ist das nicht eine Befreiung von drückender Sorge für die Winter-Heizerei? Holz kann ich auch kriegen, jetzt sofort. Bleiben dann noch die Presskohlen, die sind ja schlimmsten Falles so auf Karten zu haben. Ich bin froh, sage ich Dir! Noch heute früh dachte ich darüber nach, wie's werden sollte, ohne das Atelier zum Arbeiten, gerade im kommenden Winter, wo es mit allem recht losgehen sollte! Freu Dich mit mir! Mit 40 Zentnern kommen wir gut aus … Jetzt ist meine Zeit zum in's Bett gehen. Ich bin müde, wie immer, Abends. Lese »Siebenkäs«, ehe ich einschlafe, und denke dran, wie Du mir jedes Wort davon vorgelesen hast. …

Dienstag Abend, d. 28. Aug. 1917 [Zehlendorf]

[…] Nur noch 4 Tage, um an 4 Bildern zu arbeiten und ca. 16 Bilder hinzubringen! Wie werde ich das machen! Das wird mein Geheimnis sein, aber gehen wird's ja! […] Ich sage jeden Abend, (so fertig bin ich dann und zusammengeklappt) dass ich wochenlang kein Bild mehr malen will. Kann sein, dass ich's zwei Tage aushalte! […]

ohne Datum (wahrscheinlich 31. Aug. 1917) [Zehlendorf]

[…] Es war sehr nett bei Waldens wieder. […] Einen besonderen Eindruck habe ich davon gehabt, dass Walden am Flügel 2 eigene Kompositionen vortrug. Ich kann unmöglich jetzt näheres darüber sagen. Alles: Dynamik, und Appell an die nervöse Sinnlichkeit, mit unsagbarer Wucht und Leidenschaft vorgetragen. Disso-

---

79 »Leviathan (Dampfer Odin I)«, 1917, Öl auf Leinwand, 81 × 100 cm, Lugano, Privatbesitz, Moeller 186.

80 »Niedergrunstedt IV« entstand bereits 1914 (Moeller 132). Hier handelt es sich wahrscheinlich um das 1918 vollendete Gemälde »Niedergrunstedt VII«, das vom Künstler um 1950 vernichtet wurde (Moeller 204).

nanzen von denen man sich höchstens bei einem im Gang befindlichen Sägewerk eine Vorstellung macht. Und Fratzen! Eine Agonie! Ich hatte das Gefühl Walden könnte plötzlich vom Schlagf[l]uss dabei ereilt werden. Aber doch etwas Ganzes. Reinster Expressionismus der Töne, vollkommen im Orientalischen Klang und Rhythmus. Schwert-Tanz – dass ich die rasierscharfen Klingen empfand, eine Tigerartige Extase und grausame Lust, ganz tierisch hinreissend. … Morgen früh schon muss ich zu Walden, Bilder einrahmen. Alles schon da. Der Mann von Heidkamp kommt auch hin zu helfen. 3 Mal muss ich morgen die Fahrt machen, jedesmal mit Bilderladung … Blümmner[81] sagte mir gestern Abend, die Bilder, die ich bis jetzt dort ausstellte, hätten starkes Aufsehen erregt. – – Nun, ich schaue mir meine jetzt fast ganz ausgeleerten Wände im Atelier an, und bin bei dem Gedanken, die Bilder los zu sein, ordentlich erleichtert. Ich konnte nicht richtig weiter arbeiten, bei so vielen fertigen Stücken die mich immer noch beschäftigten und mir keinen freien Kopf liessen für neue Arbeiten. Ich stelle mir vor wie sie jetzt mal für mich »arbeiten« sollen, sie kommen in der Welt herum, unter Menschen, und tragen den Namen und den Ruf weiter. […]

Zeh. d. 1. Sept (½ 2 Nachts) 1917

[…] Ich sehe, Du lebst ganz jetzt in dem Gedanken an die Ausstellung, die unsere »Welt-Wende«[82] sein wird. Sie lässt sich verheissungsvoll an. Walden hat das Bild »Marine«[83] gekauft, heute Abend beim Hängen. Der Zettel (»verkauft«) steht schon drunter. […]

Zeh. d. 11. Sept. 17, abends

… Luxi und Laurence waren selig in der Ausstellung. Luxi stand vor einer Zeichnung, der mit dem Fuhrwerk und dem Mann auf dem Pferd, und sagte: »Ob Papileo mir das Bild für 45 Pfennig ablässt?

---

81 An anderer Stelle im Brief korrekt »Blümner« geschrieben.

82 Am 8.4.1916 hatte Karl Kraus in der Zeitschrift »Die Fackel« einen Artikel unter dem Titel »Weltwende« veröffentlicht.

83 »Marine«, 1914, Öl auf Leinwand, 80 × 100 cm, im Zweiten Weltkrieg zerstört, Moeller 131.

Dann hängt man ein Schild mit ›verkauft‹ darunter und das ist doch gut«. Das Kerlchen! 45 Pfg. hatte er gerade, Ergebnis seiner eigenen letzten »Ausstellung«! Er lief ganz aufgeregt von einer Zeichnung zur anderen, um zu sehen, obs nicht ein noch schöneres »Bild« gab, aber immer wieder kam er zum Fuhrwerk zurück: »Ja, die muss es sein!« …[84]

1918

Vom 15. Juni an bis mindestens Ende August hält sich die Familie erneut in Braunlage auf, wo jedoch wochenlang schlechtes Wetter herrscht und die ganze Familie, einschließlich des Personals, von einer Grippewelle erfasst wird.[85] Im Harz beginnt Lyonel mit Begeisterung Holzschnitte zu fertigen, von denen allein in diesem Jahr über hundert entstehen. Außerdem schnitzt er Kinderspielzeug.

Im September kehrt die Familie nach Berlin zurück. In diesem Jahr gibt es keine längeren Trennungen der Eheleute und es liegen keine Briefe von Lyonel an Julia vor.

Im Oktober hat Lyonel eine weitere Einzelausstellung in der »Galerie Neue Kunst – Hans Goltz« in München.

Ein Befehl zum erneuten Einsatz der Flotte im längst aussichtslosen Krieg führt am 3. November zum Kieler Matrosenaufstand, der im ganzen Land die Novemberrevolution auslöst. Am 9. November wird der Kaiser abgesetzt, Friedrich Ebert zum Reichskanzler ernannt und Philipp Scheidemann ruft die Republik aus. Am gleichen Tag ruft Karl Liebknecht vom Balkon des Berliner Schlosses die »freie sozialistische Republik Deutschland« aus. Am 11. November wird das Waffenstillstandsabkommen zwischen dem Deutschen Reich und den Staaten der Entente unterzeichnet.

---

84 Lyonel Feininger berichtet diese Episode aus zweiter Hand, da er selbst nicht mit den Kindern in der Ausstellung war.

85 »Ob nun der spanischen kann ich just nicht sagen«, schreibt Feininger in einem Brief vom 3.8.18 an seinen Freund Schmidt-Rottluff; zitiert nach Björn Egging (Hg.): »Feininger im Harz«. Bielefeld: Kerber, 2009.

Mit dem Krieg haben sich Lyonels Hoffnungen auf die serielle Spielzeugproduktion trotz Patentanmeldung und bereits gedruckter Etiketten und Verpackungen zerschlagen.

Lyonel wird Mitglied der von César Klein und Max Pechstein initiierten, am 3. Dezember gegründeten »Novembergruppe«, deren Name zwar an die Novemberrevolution erinnert, die aber keine politischen Ziele verfolgt, sondern sich als Ausstellungsgemeinschaft moderner Künstler unterschiedlicher Richtungen etabliert.

1919

Das Land ist in Aufruhr. Es finden Streiks in Berlin und Erfurt statt, die, vor allem in Berlin, blutig niedergeschlagen werden. Karl Liebknecht und Rosa Luxemburg werden in Berlin ermordet, womit Liebknechts Modell einer Räte-Republik gescheitert ist. Da Berlin von den Unruhen erschüttert wird, findet die Wahl zur Nationalversammlung am 19. Januar in Weimar statt statt – erstmals dürfen auch Frauen wählen und sich wählen lassen. Vom 6. Februar 1919 bis zum 21. Mai 1920 tagt anschließend die Weimarer Nationalversammlung als das verfassunggebende Parlament der Weimarer Republik.

Am 22. März wird Lyonel in die künstlerische Arbeitsgemeinschaft des »Arbeitsrates für Kunst« in Berlin gewählt. Nach dem Vorbild der Arbeiter- und Soldatenräte 1918 gegründet, setzte sich diese Vereinigung von Architekten, Malern, Bildhauern und Kunstschriftstellern dafür ein, die neusten Entwicklungen in der Architektur und Kunst breiten Bevölkerungskreisen zugänglich zu machen: »Kunst und Volk müssen eine Einheit bilden. Die Kunst soll nicht mehr Genuß weniger, sondern Glück und Leben der Masse sein.« Ihr Manifest »Ja – Stimmen des Arbeitsrates für Kunst in Berlin« erscheint mit einem Holzschnitt von Feininger auf dem Titelblatt.

Alois Schardt, Assistent des Direktors Ludwig Justi an der Nationalgalerie Berlin, besucht Lyonel im Atelier, der bei dem fast zwei Jahrzehnte Jüngeren ein verwandtes Kunstverständnis feststellt. Daraus erwächst eine lebenslange Freundschaft.

Im April gründet der Architekt Walter Gropius das Staatliche Bauhaus Weimar, in dem die ehemalige Großherzoglich-Sächsische Kunstakademie und die Kunstgewerbeschule zusammengeschlossen werden. Künstlerische und handwerkliche Ausbildung sollen hier Hand in Hand gehen, der Name an die mittelalterlichen Bauhütten erinnern. Statt Professoren und Studenten gibt es Meister – für das Künstlerische zuständige »Formmeister« und für das Handwerkliche verantwortliche »Werkmeister« –, Gesellen und Lehrlinge. Einige Lehrkräfte müssen zunächst von den Vorgängerschulen übernommen werden.

Die Gründung und die erste Entwicklungsphase des Bauhauses sind stark expressionistisch geprägt. Als ersten Meister beruft Gropius, der Lyonel vom »Arbeitsrat für Kunst« her kennt, diesen zum 1. Mai ans Bauhaus. Johannes Itten kommt kurz nach ihm als Meister und übernimmt zahlreiche Aufgaben. Ittens bedeutendste Leistung ist dabei der Aufbau des Vorkurses, der für zahlreiche Kunstschulen Vorbildcharakter bekommt. Lyonel trifft am 19. Mai in Weimar ein. Er wohnt zunächst im Hotel »Elephant« und geht auf Wohnungssuche für die Familie, die bald nachkommen soll.

Lyonel gewinnt weiter an Anerkennung. Unter anderem hat er im Juni eine Einzelausstellung im Museum Folkwang in Hagen, von Juli bis August im »Graphischen Kabinett I. B. Neumann« in Berlin.

Am 28. Juni unterzeichnet Deutschland den Versailler Friedensvertrag unter Protest, da dem Land große Reparationslasten auferlegt werden. Das von dem amerikanischen Präsidenten Woodrow Wilson 1918 vorgeschlagene 14-Punkte-Programm, in dem das »Selbstbestimmungsrecht der Völker« betont wurde, und das einen Frieden »ohne Sieger und Besiegte« vorsah, findet keine Berücksichtigung.

Im Juli arbeitet Lyonel an dem Holzschnitt »Kathedrale«, der dann für das Titelblatt eines Neudrucks des von Gropius verfassten Bauhaus-Manifests vom April verwendet wird.

Im August verabschiedet sich die Nationalversammlung aus Weimar. Ludwig Justi eröffnet die Neue Abteilung der Nationalgalerie im Berliner Kronprinzenpalais unter anderem mit Werken Feiningers. So ist Lyonel gleich von Beginn in diesem fortan führenden Museum der zeitgenössischen Kunst vertreten. Im September zeigt die Kunsthandlung Emil Richter in Dresden eine Feininger-Ausstellung und im Dezember findet in den Räumen der Kestner-Gesellschaft in Hannover eine Schau mit Werken von Feininger und Klee statt.

Mitte August zieht Lyonel mit Julia und den drei Söhnen in Weimar in die Gutenbergstraße 16. Es gibt regelmäßige Besuche, meist mit den Kindern, bei Julias Vater in Berlin.

Im Oktober kommt der Bildhauer Gerhard Marcks als Formmeister für die keramische Werkstatt nach Weimar. Obwohl diese Werkstatt dann außerhalb Weimars, in den Dornburger Schlössern eingerichtet wird, entwickelt sich eine dauerhafte freundschaftliche Beziehung zwischen Feininger und Marcks. Am 30. November wird Julia als Hospitantin bei Lyonel Feininger bestätigt. Damit erhält sie, ohne zunächst Studentin zu sein, die Möglichkeit, in Lyonels Atelier zu arbeiten.

Die Musikpädagogin Gertrud Grunow unterrichtet am Bauhaus als Honorarkraft Harmonielehre und rhythmische Gymnastik. Sie ist von dem Einfluss harmonischer Bewegungen auf die Psyche überzeugt und erteilt Meistern und Gesellen auch Einzelunterricht.

Weimar, Elefant[86]*, 19. Mai 1919*

Mein geliebtes Girlilein! Ach, womit soll ich anfangen? Wie ist's nur möglich, so viel in 12 kurzen Stunden zu erleben, wie ich heute? so dass ich den Begriff von Wochen schon in mir fühle. Aber, weisst Du das Allerherrlichste das ist das neue <u>Atelier</u>! Also – ein Raum, im obersten Geschoss, ungefähr 9 x 9 ca hoch, gerades

---

86 Bereits 1696 wurde am Markt in Weimar das Wirtshaus Elephant eröffnet, das schon in der Goethe-Zeit Berühmtheit genoss und noch heute als Hotel existiert.

Fenster und dann, im obersten Drittel, schräges Fenster – mit einem eigentlichen Riesen-Gross-Segel eines Raaschiffes[87] an Vorhangstoff, verstellbar nach jeder Richtung – central geheizt, natürlich – und dann die Aussicht! Bis zum Ettersberg, über die Gärten, Dächer, über die Stadt hinweg – nicht zu beschreiben! Und das wäre erst das Atelier! Dazu kommt noch ein Raum, 3–4 mal so gross wie mein Zehlendorfer Loch – und das wäre an sich schon ein herrliches grosses Atelier – das ist dann so mein »Nebenraum«! Ich sage Dir, girlie, hier werde ich arbeiten können – und den Raum werde ich schon ausfüllen mit meinen Werken, dass es nicht nachher heisst: »ja, ich weiss nicht, wem das Atelier gehört hat vorher«, sondern: »Hier malte Feininger«! … Ja, das Atelier erfüllt mich ganz und gar, ich bin so unsagbar glücklich! Der gute Gropius! er hats mir gleich gegeben. Überhaupt, war er überall mit mir in der Schule und ich habe auch den Kupferdruck-Raum gesehen! Oh herrlich! Weisst Du, wir werden hier wie im Maler-Himmel sein! Im Sekretariat waren wir, bei Herrn Kämmerer, da kam erst Engelmann, und nachher trafen wir den Direktor Köhler – … Verschiedene Schüler – und innen in der Schule haben uns gesehen und wissen nun auch wohl Bescheid. Na, sie müssen sich mit der Zeit, an Papileo gewöhnen. Ich sage Dir, da scheint alles ganz und gar den Dornröschenschlaf in der Kunst zu tun. Dabei fängt schon der Reaktion Gegenstoss an, einzusetzen! Politisch, im Landtag, per Broschüre gegen die »Bolschewisten in der Kunst« usw.![88] Gropius ist geladen. […] Ach, wenn Du erst das Atelier siehst! Wie wirst Du für mich froh sein. Es ist geradezu fürstlich. God bless you, little one …

Weimar, d. 20. Mai, 1919

[…] Es ist hier nichts zu haben, es sind Dutzende, wenn nicht Hunderte von Leuten, die auf Wohnung lauern, seit Monaten. Ich

---

87 Rahschiffe sind mit mindestens zwei voll getakelten Masten ausgestattet.

88 Vgl. Hanns Kahle, »Etwas über Expressionismus, Bolschewismus und Geisteskrankheit«, in: Weimarische Zeitung Deutschland, 20.5.1919.

werde heute noch mir ein Haus an der Belvedere Allée ansehen, ausserdem nannte mir der Wirt eine Wohnung in der Wilhelms-Allée 2, die ich mir ansehen will heute. Aber die Sache ist so, dass ich froh wäre, mit Dir darüber beraten zu können. Du müsstest doch jetzt hier sein, ehe die +++ – Nationalversammlung wieder zurückkehrt. Diese Gesellschaft hat überhaupt alles in Weimar von Grund aus verdorben. (Eier haben sie zu Hunderttausenden aufgekauft und nach Berlin geschickt, so dass jetzt kein Bauer unter 1,20 bis 1,40 das Stück verkauft. Und so, mit Fleisch und allem. Mir hat der Ober vom Elefanten heut sein Leid geklagt.) … Das Leben scheint mir fürs Erste entsetzlich teuer, jedenfalls wenn man nicht selber Haushalt führt. Ich bin ganz ausser mir, über meine Ausgaben für das bisschen Fressen. Elefant ist momentan leer, aber wenn erst die +++ National Vers. wieder einzieht, wird alles im Nu überschwemmt. Es wäre gut wenn Du herkämst. Erlaubnis[89] kann ich Dir sofort, auf Deinen telegraphischen Bescheid verschaffen. Neulich im Café lernte ich die ganze Corona von Schriftstellern, Direktoren etc. kennen. Ich bin vorläufig das Wundertier von Weimar. … Verdammtes verhetztes Leben! Wenn wir erst endlich beisammen und in Ordnung wären. Innigste Grüsse my darling. Dein Brief ist mein ganzes Glück. Sei nur recht heiter und lass den Mut nicht sinken!

d. 21. Mai, 6 Uhr
Weimar, Kunstschule

Sweetheart, ich war wieder auf der Suche – ohne Erfolg. Die Wohnungen sind alle beschlagnahmt, die bis jetzt leer standen … aber eine andere Adresse in Ober-Weimar werde ich morgen aufsuchen. Hier ist grosse Kabale! Es scheint ja geradezu grotesk, was die Alten und Kunstvereinler anstellen, beim Landtag und sonstwo, um Gropius zu Fall zu bringen. Und nun heissts: ich sei plötzlich

---

89 Wegen der Tagung der Nationalversammlung wurden alle Quartiere in Weimar und Umgebung benötigt. Der Zugang für andere Personen war deshalb nur mit besonderer Genehmigung gestattet.

das rote Tuch – weil es jetzt ruchbar geworden ist, dass ich »Kubist« bin. … Bitte suche im Photographenbuch die Besprechungen alle zusammen und schicke sie sofort. Gropius will sie zur Aufklärung der Weimaraner veröffentlichen lassen. […] Ich habe 5 Bilder gespannt und morgen gehts mit malen los! Liebes, liebes Girlilein, Oh wie gut wärs, Dich hier neben mir zu haben! Auch würdest Du sicherlich mit den Leuten gut reden können, ich bin garzu ahnungslos! Ich will mich aber befleissigen, einen gewissen Verkehr mit ihnen aufrecht zu erhalten, denn sie sind fürs erste alle recht freundlich und haben alles mögliche Gute über mich gelesen und gehört und können sicher vieles dadurch beitragen zur Vermittlung. Ist das schön in meinem Atelier! unsagbar! Draussen singt süss eine Amsel, die Sonne scheint schräg herein, der Ettersberg steht hinter glänzenden Schieferdächern, und übern Weg stehen ein paar herrliche grosse Bäume … Ach, ich könnte schon ganz froh sein und es wird auch werden, dass die Menschen mich kennen lernen und nicht denken, ich sei ein Umstürzler und Jugendverderber. Was ich bis jetzt von Schülern gesehen habe sieht sehr selbstbewusst aus. Sie haben fast alle Jahre im Felde gestanden. Es ist ein ganz neuer Menschenschlag jetzt. Ich glaube, sie wollen gerne etwas Neues in der Kunst und sind nicht so ängstlich und harmlos, wie die alten Professoren hier sichs einbilden. Im November spätestens muss ich eine grosse Ausstellung hier haben, nur das Allerreifste darf ich zeigen. —– Ist heute ein herrlicher Tag! Ostwind, und hellster Sonnenschein. Gestern war den ganzen Tag scheusslich und regnerisch. Citronen gibts und viel Gemüse, und es gibt tadelloses Brod hier, und ganz unbeschreiblich herrlichen Kuchen, aber für schweres Geld … Ich war heute beim Schneider, Anzüge einstweilen 600 bis 800 Mk. … Falls Du kannst, komme jetzt bald, ehe nachher alle Hotels voll sind – aber bringe mindestens 1000 Mk mit! Mein Gehalt habe ich noch nicht abgehoben, ich lasse es noch liegen. God bless you darling! Grüss die Jungs und sie können beruhigt werden – es gibt hier auch Markengeschäfte! …

Weimar, Kunstschule, den 23. Mai, 1919 gegen 6 Uhr

Mein geliebtes Girlie! Heute früh bekam ich von Dir 2 Briefe und von Luxepeter einen; das liebe Kerlchen hat mir damit eine grosse Freude gemacht! Bald kriegt er von mir auch einen Brief! – – Es gibt so vieles am Tage zu erledigen. Erstens viele Besprechungen mit Gropius, Antrittsbesuche [...]. Dann: Prüfung neuer Arbeiten von Schülern die sich für Weimar gemeldet haben. ... Seit heute früh prangt meine Karte auf meiner Ateliertür. Heute früh, als ich kam, standen 10–12 Mann davor und glotzten. Kuriose Zustände scheinen hier zu herrschen – die Schule ist stopfvoll von Studierenden, furchtbar viele Mädels darunter! Im allgemeinen scheint jeder das zu tun, was ihm gefällt, aber unter allem ist offenbar eine starke Strömung nach Individualismus. Die Kabale spitzt sich scharf zu gegen Gropius und natürlich gegen mich. Die Regierung ist ganz in Harnisch gebracht, und es scheint, als wollten sie die Sache knebeln, indem sie das Budget verweigern! Nun, ganz so weit ists noch nicht – aber heute Abend ist eine grosse Agitationsversammlung in der »Kunstkammer«[90], und es ist ein Kampf aufs Messer angesagt. Das sind nun unsere »Vaterlandsretter«, die »Alldeutschen«[91]. Und die ganze, doch rein künstlerische Frage, wird ins Partei-Politische gezerrt. Der Direktor des Erfurter Museums[92] soll die Absicht haben, eine Brandrede dagegen, und zum Ruhme des »Sturm«-Expressionismus loszulassen. Natürlich ist er auf meiner und Gropius' Seite, ... schon die Namensänderung auf »Staatliches Bauhaus« hat enorme Erbitterung hervorgerufen. Und die Gewerkschaften fürchten schon die neue Konkurrenz auf dem Gebiete des Handwerklichen und sind geschlossen gegen Gropius. ... Gestern, im Kaiserkaffee sassen am Nebentische 3 junge Kunstbeflissene, und unterhielten sich über Malerei. Es kamen ganz famose Ansichten zum Ausdruck! Sie sprachen über die verschiedensten Ausstellun-

---

90 Gemeint ist eine Weimarer Künstlervereinigung.

91 Der Alldeutsche Verband bestand von 1891 bis 1939 und propagierte unter anderem die Wiederherstellung des Kaiserreichs.

92 Bis 1919 war Edwin Redslob Direktor des Erfurter Museums.

gen der letzten Zeit, und darüber dass das wie weniger wichtig sei als dahinter steckender Geist, die Vertiefung! Dann wurde Kandinsky gewürdigt – und dann: »Und dieser Feininger, der jetzt hierher kommen soll«?! Sie kannten scheinbar nichts von mir, aber hatten doch allerhand Gutes gehört – schliesslich sagte einer: es könne sich nicht um eigentlichen Unterricht handeln, sondern F. sei als geistiger Führer, geistiger Berater, berufen. Gropius war ihnen auch noch ein Rätsel, sie meinten schliesslich, er sei so eine Art »Universal-Talent«, vielleicht im Organisatorischen sehr stark. Ja – das sind hier unsere Jüngsten! Das sind keine Babys mehr und schlucken nichts mehr herunter, ohne alles vorher unbarmherzig zu prüfen! Vor Allem gilt ihnen die neue Anschauung als Ausdruck ihrer Zeit, ihrer Jugendsehnsucht. Um 3 gestern ging ich zu Engelmann, der oben auf dem Silberblick ein fabelhaftes Haus hat, wundervoll eingerichtet! […] Wir erhielten einen Napfkuchen bestellt im Kaiserkaffee per Telephon und zogen dann mit Klemm und dessen Frau los, über die Höhen und Felder nach Vollersroda und Buchfahrt! Ein unbeschreiblich himmlischer Tag! Und der ferne Dunst auf den Höhen! ach Gott, ich war rein rapplig! Und wir gelangten an ein Pavillon mit entzückender Aussicht auf das Tal über Buchfahrt und liessen uns zum echten Bohnenkaffee, je einem Butterbrod und zwei pflaumenweichen Eiern, und hinterher Käs und Bier nieder! Gegen 6 Uhr brachen wir dann auf und gingen zurück über Vollersroda nach Belvedere und assen dort zu Abend, mit Aussicht auf den Froschteich! Himmlisch! ach, wie habe ich an Dich Girlilein gedacht! … Heute Nachmittag habe ich angefangen etwas zu malen. Mir fehlen Möbel, ich hoffe, bald einen Tisch zu bekommen, einstweilen hause ich wie ein Wüstenbewohner mitten in der unübersehbaren Wüste Sahara, auf einem Inselchen – dargestellt von meiner Staffelei, zwei Kistlein, einem gebrechlichen Stuhle und einem soliden Aschenbecher! …

Montag früh, Atelier, d. 26. Mai, 1919 [Weimar]

Mein Girlie! Ich schreibe Dir jetzt in aller Eile, wegen der Zeichnungen, die zu schicken ich Dich bat. Ich komme soeben von Direktor Köhler, im Städtischen Museum, und wir haben darüber gesprochen, dass zu dem Fest, das hier in der Schule gegeben wird, Anfang Juni, unbedingt eine vorläufige, Graphische Ausstellung von meinen Sachen, für die beängstigte Schülerschaft gemacht werden muss. Also schicke vor allem gute Sachen, nimm sie aus dem Rahmen heraus – Aquarelle und Feder- und Kohle Zeichnungen! … Über die Holzschnitte hatte ich Dir schon geschrieben, die sollen natürlich auch mit – auch Radierungen, wenn Du welche findest, denn ich habe nur ein paar Platten hier, die ich drucken kann. Es ist zu drollig! Ich gelte hier als Art Werwolf, der sich auf die Jugend stürzen wird – und auch die Schüler selbst sind zum Teil ganz ängstlich! Oh, wenn sie mich aber erst, den sanften Papileo, kennen! … Die Stimmung soll jetzt durchaus nicht bös sein, nur etwas besorgt vor mir, in der »Künstler—Kammer«. Es wurde am Freitag Abend ein grosses Gefecht über nicht nur Gropius (den Einige schon »Grobian« nennen)! sondern auch meine Person. Aber der gute Engelmann hat so trefflich gesprochen, und Köhler und Redslob, dass jetzt keine böse Stimmung herrschen soll, sondern maasslose Neugierde, etwas zu sehen. – – Gropius verreist auf 2 Tage nach Hannover, darum fällt, Gottseidank, die anberaumte »Meisterratssitzung« heute aus. […]

Freitag früh, d. 30. Mai, 1919 [Weimar]

Mein geliebtes Girlie! Gestern bekam ich's nicht fertig, zu schreiben; vielleicht weil ich nichts Bestimmtes in der Wohnungsfrage erfahren habe, und Dich nicht deprimieren wollte, weil ich selbst nicht klar sah. … Wie verlautet, soll die +++-National-Versammlung garnicht erst wieder hierher! Das wäre ein Segen für Alle, und im Nu würden sich die Verhältnisse ändern. Auch die Dörfer ringsum, die von Militärs vollgestopft sind, die alles beschlagnahmen und selber auffressen, können dann endlich weg. Also warte ruhig ab, bis ich telegraphiere, heute oder morgen. … Gestern war Tee bei Klemm's. Es waren 15 oder mehr Menschen da, alles Weimarer Geistigkeit. Reitz, der mir sehr gut gefällt … Dirigent an der Oper, und seine junge Frau, sehr sympathisch. Und verschiedene

Schauspielerinnen und Sängerinnen, Schriftsteller, etc, etc. Und dann: Unser Herr Director mit Gattin.[93] – – – Weisst Du, darüber möchte ich jetzt nicht schreiben – aber ich denke mir vielerlei bei dem Thema Gropius. Wir stehen hier zwei vollkommen freien, aufrichtigen Naturen von ungewöhnlicher Grosszügigkeit gegenüber, die Hemmungen nicht anerkennen, und die hierzulande eine solche Seltenheit sind, dass sie notwendig störend und ungewohnt wirken. Ich kann nur sagen, dass sie mich bis heute vollkommen respektiert haben und mir das Recht völlig eigener Entschliessung von vornherein einräumen. Anders könnte ich, glaube ich, nicht mit ihnen auskommen; Du weisst, dass auch ich ein Fanatiker bin! Gropius sieht das Handwerk – ich den Geist – in der Kunst. Aber von mir wird er nie verlangen, dass ich meine Kunst verändere und ich will ihm in jeder mir nur möglichen Weise beistehen, weil er ein treuer, aufrichtiger Mensch und ein grosser Idealist, ohne Selbstsucht, ist. Mag er nun schöpferisch sein oder nicht, eine Persönlichkeit ist er, wie kaum ein zweiter hier – und »sie« ist auch – Klasse für sich! Beide sind sie ganz reizend für mich. […]

Weimar, Staatliches Bauhaus, d. 7. Juni, 1919

… Von Dir habe ich seit ein paar Tagen nichts gehört, und fürchte, Du bist nicht sehr glücklich, so wie Du »nicht sehr glücklich sein kannst«! Und das ist von Grund auf! Aber, lass die schöne, hoffnungsfrohe Spannung, die zwischen uns bis jetzt die Oberhand hatte, nicht lange sinken! Du weisst, was bald sein wird und wie wir es ein Jahrzehnt ersehnt haben (wenn nicht gar länger)! Das Fest neulich zu Ehren Gropiam (!) verlief sehr gemütlich und heiter. Es gab einen ausserordentlich lustig dekorierten Saal, im dezentesten, wirklich geschmackvollen Kubisten-Stil, mit kräftigen, spärlich angebrachten expressionistischen Füllmotiven; und die Lampen, an den Wänden, und vor allem, die grosse Krone in der Saalmitte, waren mit kubisch zerlegten, aus Draht construierten,

---

93 Gropius war seit 1910 mit Alma Mahler liiert und seit 1915 mit ihr verheiratet, 1920 wurde die Ehe geschieden.

mit Papier überklebten Verkleidungen sehr gut verwendet. Eine kleine Bühne, am Ende des Saales, (ähnlich meinem mit grauen Kulissen rechts und links ausgestatteten Alkoven), mit zwei blassblau überzogenen Lampen, die von der Mitte herunterhingen, gab einen farbig zarten und reizvollen Kontrast zum Gelb und Schwarz des grossen Saales. Die jungen Leute waren alle mehr oder weniger kostümiert – es gab einen fantastischen Festordner oder Zeremonienmeister – und so harmlos und nett und zutraulich; der Eindruck war wirklich sehr freundlich! …

Sonnabend, d. 14. Juni, 1919 [Weimar]

… Es ist Weststurm, mit grauem Himmel und schweren, dahinjagenden Wolken. Heute früh hats tüchtig geregnet und der Wochen Markt war ganz versoffen und sah trostlos aus. In einer halben Stunde kommt ein junger Mann zu mir, der mein Schüler werden will, derselbe, von dem ich gestern schrieb. Der sah mich an als sollte jegliches Heil von mir kommen. Ach, was vermag der beste Lehrer in der Kunst anders zu geben, als die Richtung, Befestigung und Ausbau einer im Schüler vorhandenen Begabung – zu selten kann man von »Gnade« sprechen – alles Weitere ist das Ringen von Jahren, Jahrzehnten, soll wirklich ein neuer Künstler entstehen, nicht ein Kunstfertiger. Das liebste wäre mir, einen spröden Schüler zu haben, der in sich die Kraft hat, eigen zu sein. Gehorchen lernt er weniger mir als der Notwendigkeit, wenn er was taugt; zahme Nachtreter will ich nicht formen! …

Weimar, d. 20. Juni 1919

… Wir leben hier in Weimar in einem schweren beklemmenden Zustand der entsetzensvollen Erwartung und es ist uns allen unmöglich, diesem Druck zu entrinnen. Es sind so viele bange Fragen, die auftauchen; sogar die Zukunft unserer Kunstschule scheint in Frage gestellt zu werden. Nicht als hätte ich etwas unmittelbares darüber bis jetzt gehört – aber die Folgen der Friedensbedingungen sind – ob sie angenommen werden oder abgelehnt – gleich unübersehbar. Dann sind unweigerlich Unruhen zu erwarten. Die Kommunisten wollen Weimar isolieren. Jena ist bereits vom Verkehr mit uns abgeschnitten seit Tagen. Und Erfurt ist ein Herd des drohenden Putschismus.[94] Wie lange noch die Eisenbahn frei sein wird, ist ungewiss. Vielleicht dauert die Sache nicht lange, wird nicht gefährlich – aber wir wollen uns lieber auf schlimme Wochen gefasst machen. Hier ist die massgebende Ansicht, dass der Vertrag nicht unterschrieben wird. Was dann? Persönlich glaube ich kaum ein Zehntel von dem, was sie von den Alliierten erwarten, ich glaube vielmehr an Gefahren, durch Deutsche Uneinigkeit, Deutsche Kopflosigkeit, Deutschen Brüderhass.

Weimar, Staatliches Bauhaus, d. 22. Juni, 1919

… Gestern kam ich nicht mehr zum Schreiben, nachdem ich an Andreas und Luxepeter geschrieben hatte, denn um 4 Uhr war Meisterratssitzung anberaumt und in Wahrheit fing diese um 3 an und dauerte bis abends ¾ 10 – zuletzt allerdings bestand sie aus Gropius und Feininger beim Fläschchen Rotwein im »Edi« – denn es handelte sich um die Besichtigung der jährlichen Schülerausstellung und um die Verteilung (vorläufig um die Zuerkennung, nach den ausgestellten Arbeiten) der etatmässigen Stipendien, Belobigungen, u.s.w. Ich sah zum ersten Mal Arbeiten der Schüler beisammen. Zuerst hatte ich die grösste Mühe mich auf sie einzustellen. Manches verblüffte mich geradezu und machte mich ganz beschämt für meine eigene Unzulänglichkeit – ich bin doch im Laufe der Zeit und der Arbeitsquälerei ein ganz abseitiges Tier geworden – und wiederum war ein Wust talentloser, aber fleissiger Studien – vielleicht stellen diese noch an Arbeit die höhere Leistung dar? Aber nach und nach klärte sich etwas das Gesamtbild. Gropius hatte mir schon vorher privatim erklärt, er beabsichtige sehr scharf gegen gewisse Elemente vorzugehen – kompromisslos – und er tat's. Zu guterletzt muss ich sagen, dass er vollkommen recht hatte. Sein Urteil ist sehr bestimmt,

---

94 In Erfurt hatte sich im Frühjahr 1919 ein bewaffnetes »Freiwilligenkorps Thüringen« gegründet.

und er rennt Dinge nieder, an denen unsereins vielleicht zu Unrecht etwas von früher her hängt. Das scheint hart, ist aber belebend und macht klares Gericht. Es sind für meinen Begriff, einige recht bedeutende Begabungen in der Schule, selbst an dem Maass sogenannter gereifter Kunst gemessen. Am schlimmsten erging es der Thedy-Klasse; die ganz ausnahmslos trockene brave Akademie darstellte. Nie und nimmer kann ein Schüler aus solcher Klasse sich mehr befreien oder er müsste von Thedy selber an die Luft gesetzt werden – ein Schritt, zu dem sich dieser gutherzige weiche Philister niemals entschliessen könnte. … Er war ganz ausser sich über die Abstimmung, ganz ratlos. Es war zuletzt pathetisch, wie er aufstand bei der Sitzung und es für »ungerecht« erklärte, diesen oder jenen glatt zu übergehen. »Gute« Werke der Schüler anderer Klassen erklärte er kopfschüttelnd für »scheusslich« – das verstünde er nicht – u.s.w. … Mich kostete es einen Kampf, ihm auch meine Stimme zu versagen – aber dafür bin gerade ich da, um gegen die Kunststerilität anzukämpfen. Gott gebe nur, dass es mir nicht einmal ähnlich wie Thedy'n ergehen möchte. … Gestern Nachmittag, mitten in der Sitzung, kam Dein so mutiger, so lieber Brief, my girlie! Wie tust Du mir gut, der Alb weicht von mir, endlich, wenn Du es fertig bringst, Dich auf Deinen Geist und unsere Ideale zu besinnen, und ein wenig das Elend zu überwinden das Dich umklammert und das doch nicht so gross ist, wie in zehntausenden von Familien heute. Aber Elend ist ja stets etwas ganz persönlich relatives. Und ich las Deinen Brief so zwischendurch, und wie ich die Stelle sah, wo steht: Nationalgalerie hat »Vollersroda III«[95] erworben für die Galerie der Lebenden, da platzte ich heraus mit dieser Nachricht und sie schlug ein wie eine Bombe … fast schämte ich mich. Ich sehe darin keinen »Ruhm«, günstigenfalls einen Glücksfall. Eine Abschlagszahlung auf die Zukunft, die nur ich verbürgen

[95] »Kirche von Vollersroda III«, 1916, Öl auf Leinwand, 80 × 100 cm, Berlin, Privatbesitz, Moeller 174. Das Gemälde wurde 1927 von der Nationalgalerie im Tausch an den Künstler zurückgegeben. Alois Schardt erwarb es für das Moritzburg-Museum in Halle, wo es 1937 beschlagnahmt wurde.

kann, und kann ich's? – – Es bleibt mir mein Wille, meine Arbeit, das Ringen um Verwirklichung – auf Talent kann ich weniger als jeder andere Anspruch erheben, weniger als 9/10 der Schüler hier. Wie bin ich mir dessen bewusst! Es ist auf Leben und Tod, mein weiterer Weg. Weisst Du, wenn ich male, muss ich mit ganz anderen Energien arbeiten, als der Begabte. Mir fehlt jedes »malerische« als solches. Es kann nur das Ganze gelten, das Bild als Teil des Ganzen. Es steht so ein Biest von Bild auf der Staffelei – das habe ich unerbittlich vorgehabt und erst dann wirds – während es vorher trügerisch und bestechend war und von infamer Flauheit – ganz »entzückende Sachen« waren darin. Ha! da stürz ich mich mit der Kraft eines Panthers darüber her und erzwinge das Gesetz und richte unbarmherzig, und dann kann's werden. Selten wohnen Unfähigkeit und Wille so nebeneinander im selben Menschen. Und ich bin fast allein mein eigenes Mass für die Dinge – ich wandele über Abgründen. …

ohne Datum (Poststempel: 24.6.19) [Weimar]

… Bin mitten im Einrahmen und Einordnen der Graphik-Ausstellung – macht viel Arbeit, ist aber sonst amüsant, nur: wie sehnte ich Deinen Beistand und Rat dabei! […]

Staatliches Bauhaus, 8 Uhr früh,
d. 27. Juni, 1919

… Seit zwei Tagen habe ich keine Zeile an Dich vor lauter Arbeit und, im kritischen Augenblicke Gestörtsein, schreiben können! – Nun hängt aber die graphische Ausstellung, seit gestern Nachmittag, und ist wirklich ganz präsentabel geworden. 3 Tage, von früh 8, bis spät um 9, habe ich gestanden und Stiche und Photographien nach berühmten Meistern aus den grossen Rahmen, die sonst die Korridore des Bauhauses zieren, herausgelöst. Bögen Papier als Hintergrund zurechtgeschnitten und zusammen geklebt und in die Rahmen gefügt, und darauf ein paar Hundert Notizen, Zeichnungen, Aquarelle und kleine Holzschnitte geordnet und befestigt; und zum Schluss dann, ohne jede helfende Hand, die Sachen wieder in die Rahmen getan und zugenagelt. Das Sichten und Sortieren meiner Notizen allein war, wie Du Dir vorstellen kannst, eine sehr große Arbeit. Unter mehreren Tausend Skizzen just die guten herauszusuchen, und unter diesen dann, Rahmen für Rahmen, die richtige Auswahl und Zusammenstellung zu finden! Ich habe nämlich ca. 10 grosse Rahmen, darunter ein paar von über 125 ctm. Breite, chronologisch mit Naturzeichnungen geordnet – ich habe es jetzt schon gesehen, wie gut dieser Gedanke war, für die Schüler. Beginnend mit Quiberville und Paris, 1906 – dann 07 – 08 – 09, Paris und Heringsdorf, und dann Heringsdorf, Benz, Neppermin – all die farbigen und stark dekorativ bewegten Arbeiten aus der Zeit 09 – dann 1911, die verfeinerten Sachen, Übergänge zum Kubismus – 1912 schon bewusster und weniger impressionistisch – '13 –'14 Weimar, schon ganz straff und kubisch – und schliesslich zwei Rahmen Braunlage 1917. Daraus ersehen die Studierenden schon, was nötig war um den Weg zu gehen – und wie man auch ohne Klassenzeichnen studieren kann. Gropius, dieser liebe Mensch – ich erkläre Dir hiermit, dass ich diesen Menschen innig liebe und verehre! – war so begeistert davon, dass er mir ganz impulsiv die Hand drückte. – Gehängt habe ich die ganze Schau in einem grossen Oberlichtsaal, hier auf meiner Etage, fast nebenan, mit Hilfe von 3 Studierenden, zwei davon sind schon bei mir als Schüler für den Herbst angemeldet. Diese Hilfsbereitschaft – zum Schluss habe ich noch ca. 20 gute Photos nach Gemälden gerahmt, je 4–5 in einem Rahmen; also ist eine sehr gute und lehrreiche Sache daraus geworden, wie sie besser kaum gemacht werden könnte. Holzschnitte nehmen für sich die eine Endwand ein, wirken am kräftigsten. Und nun Dein armer, lieber Brief, der mir soeben gebracht wurde! Ach Du armes Tierchen, mit den greulichen Zahnschmerzen! Du, mit Deinen schönen lieben Zähnen, dass Du das jetzt so arg durch zu machen hast! Gott, ist das ein Jammer! Was macht man blos mit Dir? Was schustert der Mensch, der Dr. Neumann an Dir herum? Gesunde Zähne anbohren, dann Nerv töten, weil's weh tut, und dann geht wieder etwas ganz neues los! – – [...] Momentan ist auch Platz in Weimar, »Elefant« ist fast leer, die +++-Nat.Vers.[96] ist doch nach allen Richtungen auseinandergedampft – Scheidemann musste geradezu fliehen, weil ihn Soldaten holen wollten und ihn »aufhängen« wegen der Friedensunterzeichnung – er entkam per Auto nach Ossmanstedt.[97] … Hier auf dem Bauhaus geht es seit einigen Tagen toll her – alles ist in heller oder düsterer Empörung, die Preisverteilung! Es gibt viele empörte Abmeldungen, und eine ganz dunkle Kamarilla, die petitionieren will an den Minister, dass Gropius kurzerhand seines Direktoramtes enthoben werde! Gestern Abend war nun grosse Aussprache zwischen Gropius und den Aufsässigen – Er ist in einer Versammlung erschienen und hat jedem und jeder der etwas auf dem Herzen hatte, Rede gestanden. Dadurch ist manches gebessert, gefördert worden. Die Leutchen sind im Kleinen, wie Deutschland im Grossen – gleich aus dem Häuschen, ausser sich vor Empörung, unsicher über das, was gesagt, oder gemeint worden ist, oder einfach kopflos, und geneigt, jeder Schauergeschichte Glauben zu schenken. Was Gropius am meisten, und nicht ganz mit Unrecht, von den Schülern verübelt wird, ist, dass er gesagt hat, er trete jederzeit für die »extremste Kunst« ein, die ein Zeichen der Zeit sei. Wie kann man aber von einer Schule von 150 jungen Leuten verlangen, dass sie »extreme Kunst« betreiben sollen! Das heisst einfach, sie wirklich über jede Entwicklung hinweg – die doch Jahrzehnte dauert – gleich in die Nachahmung irgend eines Vorbildes zu zwingen. Das sage ich heute Gropius. Ja, diese Tage sind voller Erlebnisse, innerer und äusserer Weltgeschichte. …

Sonnabend, d. 28. Juni 1919 [Weimar]

… Heute wird der Friedensvertrag unterschrieben. Wenn es auch keine »menschliche« Gerechtigkeit gibt – eine logische gibt's

96 Gemeint ist »Nationalversammlung«.

97 Nachdem seine auf Woodrow Wilsons Programm beruhenden Gegenvorschläge zum Versailler Vertrag von der Entente abgelehnt worden waren, trat Philipp Scheidemann am 20. Juni 1919 als Reichskanzler zurück.

doch; aber ich fürchte, auch diese weist nur auf künftige Kriege und Unglück unter der Menschheit, ohne Ende. […]

Sonntag nach Tisch, im Atelier, d. 29. Juni 1919 [Weimar]

My darling girlie! […] Gestern mit L. v. Hoffman[98], war's komisch. Klemm und Engelmann und Kapellmeister Reitz klopften an, und stellten mir einen »Herrn von Hoffmann« vor, und erzählten, sie kämen soeben aus meiner Schau und hätten sich so gefreut über die Sachen. … Ich kam, weiss Gott, garnicht auf die Idee, dass das »Ludwig« von Hoffman sein konnte, sondern hielt ihn für einen Bildersammler, oder Kunstfreund und Privatmann. Sie wollten nun partout hinein ins Atelier und etwas sehen – ich lehnte zuerst ab – dann fiel mir ein, ich könnte ja »Leviathan«[99] und »Kanalisationsloch«[100], die soeben aus Berlin angelangt waren und an der Wand standen zeigen. Das tat ich dann, und die Unterhaltung drehte sich hauptsächlich um die Formprobleme des Kubismus. »Herr v. H.« stellte einige ganz gescheidte Fragen, die ich frischweg und in guter Laune beantwortete, und überhaupt war ich vorneweg mit meiner Schnauze. Nachher gingen sie fort, nur Reitz blieb. Plötzlich fragte ich ihn, wer der Herr eigentlich gewesen sei – und erhielt die erstaunte Frage als Antwort – Aber Ludwig von Hoffman – wussten Sie das nicht? Na, da rutschte ich lachend vom Stuhle … nun ich war in göttlicher Unbefangenheit und das hat mich hinterher doppelt gefreut. Überhaupt erlerne ich das Umgehen mit Menschen, nach Jahrelanger Menschenscheu. Gestern besuchte ich einen Meisterschüler und habe mir ½ Stunde lang Sachen zeigen lassen und mit dem Menschen gerdet, wie ein guter Onkel. […] Ich fühle mich wohl imstande, den Idealweg, wie ich ihn mir vorstelle, zu betreten, und im freien Verkehr mit den Schülern und durch Gedankenaustausch und Fühlungnahme ihnen zu nutzen und sie auf

---

98 Gemeint ist der Maler Ludwig von Hofmann.

99 Siehe Anm. 79.

100 »Kanalisationsloch II«, 1913, Öl auf Leinwand, 100 × 80 cm, Verbleib unbekannt, Moeller 113.

den richtigen Weg vorwärts zu bringen. Das wird auch später meine Haupttätigkeit sein. Ich fühle mich stark und reich und sicher genug, um jedem etwas zu geben und keinem etwas aufzuzwängen, was nicht von Natur aus auf ihn passt. Das Vertrauen, das sie mir entgegenbringen, ist etwas Heiliges. Es ist hier manch »fertiggelernter« »Künstler«, der nicht in 20 Jahren weiterkäme, sondern einfach von der Schwelle zur Befreiung, zur wahren Kunstübung hilflos stehen bleibt; erstaunliche junge Leute. Andere wieder, die in seelischer Verzweiflung stecken, weil sie etwas ahnen und weder aus noch ein wissen – und weil bis jetzt keiner da war, der ihnen von Grund auf helfen könnte. Ein paar Mätzchen bringt ihnen, aus dritter Hand, der gute Klemm bei – diese Ansätze kleben dann oben auf ihren Werken, wie vollkommen äussere Zutaten. Gestern um 5 hielt Gropius einen wichtigen Vortrag. Es waren von Städten wie Leipzig, Erfurt, Jena u.s.w. Vertreter des Kunstgewerbes und der Innungen erschienen und viele namhafte Kunstschriftsteller, Schulleiter und Werkführer, und nach dem Vortrag wurde debattiert.[101] …

Weimar, d. 30. Juni 1919 9 Uhr früh

… So lange warst Du ohne meine Briefe! das habe ich Unglücklicher gewusst und darunter diese Tage gelitten – aber es war eine ganz vertrakte Woche. … Die Sitzungen, die verschiedensten Exratouren, wegen der vielen Unstimmigkeiten zwischen Alt und Jung unter den Richtungen, sowohl bei den »Meistern« wie bei »Gesellen, »Jungmeistern« und tout le tremblement[102], die haben mir Tage und Tage zerfressen und zerfranzt – Du glaubst vielleicht kaum, wie man, z. B. in München, mit Neid und Sehnsucht nach dem »freien« Weimar herüberschaut. … es könnte, kann eine herrliche Tat hier werden, das neue »Bauhaus«. Aus Holland sogar kommt jetzt an mich eine neue, sehr interessante Kunstzeitschrift;

---

101 Die zahlreichen inneren und äußeren Auseinandersetzungen, in die das Bauhaus seit seiner Gründung verstrickt war, sind bis heute nicht im Einzelnen erforscht und belegt.

102 Gemeint ist *alles, was dazugehört.*

wir werden bald wirklich Europäisch werden, hier in Weimar. Und von Europa aus ist der weite Weg zur Welt offen. …

Bauhaus, Kathedrale, Weimar, abends ½ 6 (30. Juni)

Ich wollte Dir nun erzählen, dass ich den vielleicht kräftigst empfundenen Holzschnitt, bisher, aufgezeichnet habe, und dass ich gleich daran gehen werde, ihn auszuschneiden. Über meinem Riesenfenster orgelt ein Aeroplan, soeben aus Berlin angelangt, und schreibt weite Kreise zur Landung – der Motor wird abgestellt, das orgeln hört auf, es senkt sich das Ungetüm mit dem erst dann hörbaren schrillen Pfeifen, so etwas erlebe ich jeden Tag hier, es ist ganz prachtvoll! Überhaupt ich erlebe, ich lebe; ich bin jeden Augenblick am Tage wacher, gieriger Mensch ach, wie bin ich am gesundwerden hier, ich sehe den Weg wieder, es ist wundervoll, noch einmal so erlebend lebend zu sein – nach den 5 Jahren des dumpfen tötlichen Grübelns und der Flucht nach innen. Nie, früher war ich ganz so neu, wie jetzt! Und es steckt die Gewalt in mir, Taten zu vollbringen, wie ich will, wenn ich mich so lebend fühle! Kein Ehrgeiz, wie schwach ist dieser Ersatz für wirkliches Müssen aus innerem Drange, aus Überfülle und Notwendigkeit! …

Dienstag Abend, d. 1. Juli, 1919 [Weimar]

Mein geliebtes Girlie! Ich bin in Sorge um Euch; dieser abscheuliche Verkehrsstreik in Berlin – Euer Abgeschnittensein von Allem, die drohende Lebensmittelknappheit – und die abendlichen Plünderungen in den Vororten![103] Diesmal steckt etwas ganz schlimmes dahinter, glaube ich – diese verdammten Rindviecher von Menschen. Wärt Ihr erst friedlich hier – irgendwo wird sich schon eine Bleibe für Euch finden lassen. Ich gehe morgen, und veranlasse, dass Ihr die Einreiseerlaubnis, die für Weimar unbedingt unerlässlich ist, sofort erhaltet, für alle Fälle. […] Ich glaube, es waren die Engländer, die sagten: »They have acted like brutes, they re-

---

[103] Der Eisenbahnerstreik im Direktionsbezirk Berlin legte vom 24.6. bis zum 3.7.1919 auch den überregionalen Verkehr lahm.

main brutes«![104] So sehen die Ausländer die heutigen Deutschen an, und kann man behaupten, sie hätten nicht Grund? Es ist einfach und bleibt, ein unmündiges Volk und wird nie anders werden. …

Bauhaus-Kathedrale, d. 3. Juli, 1919 [Weimar]

[…] warte bis ich dir das Atelier zeigen kann! Mein Stolz, meine Liebe, dieser Raum. Mein Holzschnitt ist abscheulich schlecht geworden! Siehst Du, wenn man vorzeitig Hurrah schreit. Ich werde keine Ruhe haben, bis ich ihn nicht nochmal gut geschnitten habe. Morgen schreibe ich mehr, ich bin erst jetzt mit meinen Gedanken etwas in Fluss gekommen – war seit gestern etwas übermüde und die Enttäuschung nach dem 4-tägigen Arbeiten am missratenen Holzstock hatte mich etwas betäubt. […]

Sonnabend, d. 5. Juli, 1919 [Weimar]

[…] Gestern Abend bei Reitz'ens war's herrlich! Es wurde zuerst firm und feste gut gegessen, und dann Tee mit süssem Gebäck herumserviert – aber die Hauptsache: Bachs Doppelkonzert[105] von Reitz und Engelmann gespielt, wobei alles taktfest und rhythmisch klappte – wenn auch E. ein wenig rauh zupackte – Reitz dafür ein wenig zart. Aber die beiden Geigen waren um so reicher an Färbung, und wie kreuzen sich doch in diesem herrlichen Werke die Stimmen! Gott, ein kontrapunktisches Wunder! Und so ein gastfreundlicher ruhig-bescheidener Ton im Hause! nichts von Virtuosentum oder Fachsimpelei – ich muss da an Dr. Cramer denken – was würde da wohl, bei solchem Anlasse, an Weisheit und Salongezwitscher verzapft werden? … Bald wirst Du selber hier sein und in unser Leben eingeweiht werden! […]

Weimar, d. 8. Juli (Dienstag) 1919

[…] Heute um 4 wieder Meisterratssitzung, das ist ja immer etwas, was mich nachdenklich stimmt. Es bringt so manches junge

---

104 Sie haben sich wie Bestien verhalten, sie bleiben Bestien.

105 Johann Sebastian Bach, »Konzert für zwei Violinen und Orchester d-moll«, BWV 1043.

Menschenkind, über dessen Schicksal beraten wird, lebendig vor Augen, wie manche Hoffnung geht da, bei ablehnendem Ratsbeschluss, zugrunde. Ich kann es nicht richtig finden, jetzt schon die Studierenden zur entscheidenden Verantwortung oder Rechenschaft über das in letzter Zeit geleistete zu ziehen. Und es ist illogisch – und das sagte ich heute im Plenum – nach Klassenarbeiten, die wohl schwach sind, für alles Übrige und gerade für das vorher garnicht geförderte Schöpferische, verantwortlich zu machen und einem Schüler, einer Schülerin, bedeuten, er oder sie solle aus dem Bauhaus fortbleiben! Gerade »gute« Klassenarbeiten im Schulsinne, sind da, für mein Urteil, nicht das massgebende Ausserdem! Zeit und wieder Zeit gehört zur Kunstentwicklung bei jedem. Es gelingt mir regelmässig einen, zwei zu retten; die erhalten dann »Gnadenfrist«. Ich lerne so sehr für andere fühlen, für junge Menschen, die 5 furchtbare Jahre hinter sich haben. Wie viele, fast die Meisten, sind draussen im Felde gewesen, und erst vor wenigen Monaten entlassen – und sollen nun schon entscheidende Leistungen aufweisen! Und Gropius lässt mit sich, letzten Endes, reden. Es ist so eine Sache – der durchaus begabteste hier, ist einer, der einfach gedankenlos und spielerisch schafft, diesem Einen geschieht nichts, obwohl er vielleicht in mancher Hinsicht richtigen Schaden stiftet. Aber andere, deren Gaben nicht auf der fröhlichen Oberfläche liegen, die sich quälen müssen gegen den üblen naturalistischen Unterricht, die veraltete Anschauung des bisherigen Systems: ja, die sollen keine chance haben? Ich bin ganz auf der Seite solcher Menschen, die sich quälen und etwas wollen. Gropius auch – aber »es dauert ihm zulange, es dauert ihm zu lange«! Ich war doch gerade auch so einer, vielleicht schlimmer; was wäre aus mir, ohne Zeit, ohne Quälerei und Kampf geworden? Ein Genie bin ich wirklich nicht, gerade das Malen war vielleicht das Allerschwerste und ich musste erst mit 45 Jahren reif werden. …

Mittwoch, d. 9. Juli, 1919 [Weimar]

Also, mein geliebtes Girlie, wir haben das Häuschen! […] Dass wir dieses Haus bekommen, ist mir wie ein Traum […]. Das ist ein Haus in einer Strasse die schön und an der Stelle besonders schön ist. Wir haben »Elektrisch« und »Gas« im Hause, die Küche ist herrlich im Souterrain, ganz und gar mit Porzellan ausgekachelte Wände, trocken, gross, hell, mit allen Wirtschafts- und Kellerräumen nebenan. Oben – grosse ganz prachtvolle Diele, famose Treppe, grosse Zimmer! Wir werden tüchtig gute Bilder hinhängen, auch ist Platz für ganz grosses an der Wand. Und oben und unten je eine Verandah, in geschützter Lage mit Aussicht auf den Garten. Und keiner der Nachbarn kann uns in die Fenster gucken. Viele grosse Bäume in Garten (zwei Gärten) Obstbäume mit viel Obst. Der zweite Garten liegt versteckt, so dass die Jungens dort unbehelligt und unbehelligend spielen können. [...]

1920–1925

»Die Kabale spitzt sich zu …«

1920

Im Januar 1920 hat die Mark gegenüber dem US-Dollar nur noch ein Zehntel ihres Wechselkurses vom August 1914. Am 17. März scheitert der am 13. März begonnene Kapp-Putsch gegen die Weimarer Republik, nicht zuletzt wegen eines landesweiten Generalstreiks, der noch bis zum 23. März das öffentliche Leben lahmlegt. Als sich am 15. März im Weimarer Volkshaus Arbeiter versammeln, werden sie von der am Putsch beteiligten Reichswehr beschossen. Es gibt zahlreiche Verletzte und neun Tote. An der Beisetzung der März-Gefallenen am 18. März nehmen auch Bauhäusler teil.

Julia Feininger ist vom 30. März 1920 an (rückwirkend ab 1. Oktober 1919) als Vollstudentin am Staatlichen Bauhaus in der Klasse ihres Mannes eingeschrieben. Da ihr Vater erkrankt, ist Julia immer wieder für längere Zeit bei ihm in Berlin. In den Nachwehen des Krieges fehlt es noch immer an genügend Lebensmitteln und anderem.

Am 1. Mai schließen sich die Thüringer Kleinstaaten zum neuen Land Thüringen zusammen und Weimar wird die Landeshauptstadt.

Am 9. Juli hält Gropius vor dem Thüringischen Landtag eine Rede, um politische Angriffe zurückzuweisen und ein höheres Budget für das Bauhaus zu fordern. Ab 20. September sind das Bauhaus und die wiedergegründete Kunstschule Weimar formell getrennt. Georg Muche wird als Bauhausmeister berufen. Feiningers Freund Paul Klee nimmt am 1. Dezember seine Tätigkeit am Bauhaus für die bildnerische Formlehre auf.

Von Mitte Juli bis Ende August zeigt der neue Direktor des Weimarer Museums, Wilhelm Köhler, eine Ausstellung von Werken Feiningers. Im Dezember entsteht eine Mappe mit zwölf Holzschnitten Feiningers, die Anfang des neuen Jahres als erste Bauhaus-Veröffentlichung herausgebracht wird.

Weimar, Montag d. 18. Mai 1920

Mein geliebtes Girlie! Heute vor einem Jahr kam ich hier an. Ich bin im Atelier bei der Arbeit, die Arbeit geht gut von der Hand.

[…] all' diese Nächte schlafe ich sehr wenig und sehr schlecht, vor Aufregung vielleicht, weil ich so in der Arbeit stecke. Und vor Hunger! denn das muss ich doch gestehen, so wie wenn Du da bist werden wir nicht ernährt. Die Jungens tun mir ordentlich weh, an meinem eigenen, nagenden Appetit gemessen. Es ist so schlimm jetzt wie damals in '16–'17, dabei tun die Mädchen was sie können, so fehlt uns schon das Brot in böser Weise und Fett. …

Atelier ½ 6, Donnerstag d. 9. Sept. 1920 [Weimar]

[…] Vom »Bauhaus« ist nur zu sagen, dass der Etat endlich auch in allerletzter Instanz angenommen wurde, ausser Pensionsberechtigung … Marcks vertrat mich gestern am Abendbrottisch bei den Jungens. Ich war doch zum Essen bei Gropi gebeten. Marcks, armer Teufel, ist ganz allein zu Hause und wirtschaftet, schlecht und recht elend! frisst ungekochten Hering und selbstgesammelte Gurken aus'm Garten – da freute es mich, ihn bei den Jungens zu haben wo es allerhand Nettes gab.

Sonnabend vorm. d. 11. Sept. 1920 [Weimar]

[…] Wie schön ist's geworden! Sonne und Wärme sind wieder eingezogen. Auch meine Bilder aus dem Museum – sodass ich nicht weiss, wohin mit der Pracht. Nun, wir richten zu Hause eine Galerie ein, wenn Du da bist. Dein Brief hat mich sehr interessiert, Marées und Böcklin. Oh ja, was ist der grosse Name, wenn nach einer Generation schon das Werk sich als falsch aufgebaut erweist. Der Ruhm blättert traurig herunter, nicht das Werk war mit ihm verwachsen! Wissen um ein Ding, ebenso wie Empfinden not tut. Bach wusste, Dürer wusste und Grünewald! Aber wie unendlich gross ist die Schaar derer, die nicht wissen, und drum absterben, trotz des Fühlens und Kämpfens? Auch ich will tun, was ich weiss; wissen, was ich fühle! Nur sind wir zu »gute Menschen«, das »Herz« täuscht uns und wir gehen unter im Gefühl. (Auch ich, Girlie, da hilft kein Gott). Nun bleibt glücklich die übrigen paar Tage dort! Mir war noch nie so ängstlich zu Mute, wie diesmal. Also möchte noch alles gut gehen und Papa sich bald ganz wohl fühlen. God bless you, girlie mine …

1921

Zum 1. Januar beginnt Oskar Schlemmer seine Tätigkeit als Bauhaus-Meister, Feininger übernimmt im April die Druckwerkstatt als Formmeister. Gropius entwirft ein Denkmal für die Märzgefallenen, das am 1. Mai eingeweiht wird. Im Sommer kommt Lothar Schreyer ans Bauhaus, um eine Bühnenwerkstatt einzurichten.

Der befreundete Komponist Hans Brönner schenkt Feininger zum 50. Geburtstag im Juli eine Orgelkomposition und inspiriert ihn so wohl zu eigenen Fugen-Kompositionen. Lyonel widmet sich fortan verstärkt der Musik und komponiert seine erste Fuge für Klavier. Bis 1928 entstehen zwölf weitere Fugen.

Mit dem Detroit Institute of Arts unter William R. Valentiner erwirbt das erste amerikanische Museum ein Gemälde Feiningers.[106]

Lyonel reist von Mitte August bis Ende September nach Lüneburg, Lübeck, Heiligenhafen, Fehmarn, Ribnitz und Ahrenshoop.

Ab Oktober entsteht in der Druckwerkstatt des Bauhauses die erste Mappe der »Bauhaus-Drucke. Neue europäische Graphik« mit je zwei Grafiken (insgesamt vierzehn) der bisher berufenen »Meister des Staatlichen Bauhauses in Weimar«. Feininger hat die Gesamtleitung des bis 1924 laufenden Projekts, gestaltet alle Schriftblätter und für die erste Mappe auch den Einbanddeckel. Während die zweite Mappe wegen ausbleibender Lieferungen der französischen Künstler nicht zu Ende geführt werden kann, erscheint Ende des Jahres auch die dritte mit Grafiken deutscher Künstler, unter anderem mit Nachlassdrucken der im Krieg gefallenen Franz Marc und August Macke.

Im Oktober weist die Mark noch ein Hundertstel ihres Wertes vom August 1914 auf.

106 »Raddampfer II«, 1913/14, Öl auf Leinwand, 80,5 x 100,5 cm, Detroit Institute of Arts, Moeller 127.

[Ohne Datum, eventuell 13.10.1921, Weimar]

[…] Gestern Nachmittag war »Sonnabend«, und er [Andreas] ging aus mit seinem Gewehr, und kam bald zurück mit einer jungen Krähe, die er mir treuherzig übergab. Es ging nicht anders: er hat sie gereinigt und gerupft und sie mir in der Pfanne eigenpfötig gebraten, und zu zweit verzehrten wir dieses Leckerbissen, das wirklich tadellos schmeckte. Aber grösser war das Brätlein nicht denn ein Spatz. Ich stecke in vielerlei Arbeiten drin. Die Musik – die Mappe[107], die Malerei und sonst was, haben mich alle in ihren Klauen. Ich mache heute die Schrift für das Innere der Mappe. Morgen, Montag, werde ich sogar die Komponiererei aufgeben müssen, um Allem gerecht zu werden. Ein Stück bin ich wieder weiter gekommen. […]

Montag, d. 14.XI.'21 [Weimar]

Mein geliebtes Girlie! […] Ich habe ganz schrecklich viel zu tun – lauter Sachen für die Mappen – Schrift bis dorthinaus, so dass ich ein paar Tage lang an nichts anderes denken darf. Aber ich hab's angefangen und muss es durchsetzen, denn die Mappe der Bauhausmeister liegt in meinen Händen ganz und ist schliesslich auch eine Schöpfung zu Ehren unserer Sache. […] Gestern kam v. Doesburg nachmittags, und wir haben lange miteinander geredet. […] Von Freund Itten wurde auch erzählt. Es scheint, dass dieser Theosoph etwas wenig theosophisch handelt; und mich und meine Werke soll er maasslos heruntergemacht haben; wofür ich nur dankbar sein kann. Aber immerhin: es geschah öffentlich! Er soll aber erst mir einmal kommen. – – …

W. d. 15. Nov. 1921 [Weimar]

Oh, my little Girlie! Also sehen meine Briefe so gesetzt aus! Ja, ja, aber warum sollen meine Briefe anders aussehen, nachdem ich jahrelang daran gearbeitet habe, zur Klarheit und Ruhe zu gelan-

---

107 Die erste Mappe der Bauhaus-Drucke »Neue europäische Graphik« mit 14 Grafiken der »Meister des Staatlichen Bauhauses in Weimar«.

gen? Genau so, wie bei den Bildern! Ach, es war in gewisser Weise früher viel schöner, man liess seinem Ungestüm freien Lauf, und auch die Briefe kriegten was ab – genau wie die Bilder, die man malte. Die Farbe wurde zerwühlt und es geschahen auf der Malfläche wahre Schlachten von Temperamentsäusserungen, wie irgend eine Schrift voller Tollheiten sahen sie aus! G'ng, g'ng, g'ng! (Hier versuche ich brieflich zu glucksen). Aber Du weisst ja wie ich bin. Lass die Briefe brav und regelmässig aussehen!

Und die Fugen, die mit dem Lineal ausgeschrieben sind, sind darum doch nicht kühl. Hans war übrigens heute vormittag bei mir im Atelier und war ganz geknickt, denn die beiden Herrn Organisten von der Stadtkirche haben in hässlicher Weise es zu hintertreiben gewusst, dass Hans nicht auf der Orgel spielen darf. So etwas von kleinlichem Neid und Sorge um die eigene Person, und hämischem Gönnertum! »ja, da könnte Jeder, der ein bischen Talent hat, kommen« – sagte der Eine zu Hans! und lauter solche Lieblichkeiten. »Wollen Sie Konzerte geben«? »Üben wollen Sie? Ja wenn Sie fertig Orgel spielen können, gehen Sie doch in die Musikschule« – u. s. w. Kontrapunkt müsse er lernen etc.! — – Wer Hans ist, wissen sie ganz genau – aber das ist's eben, er ist ein Umstürzler, ein Aussenseiter, er könnte gefährlich werden. … Dein Brief war mit Wasserflecken bedeckt – d. h. der Umschlag – als hättest Du ihn im Schneegestöber zum Kasten gebracht! Schneit's bei Euch denn? hier ist's herrlichste, sonnigste Frostwetter, warm Mittags, mit strahlendem Himmel, und fast ganz windstill. […]

Ich war heute früh um ¼ 9 im Atelier und habe sehr stramm durchgearbeitet, aber die Schrift macht sehr grosse Arbeit, und hält weit mehr auf, als etwa die grosse Holzschnittplatte tat, für den Mappendeckel. Übrigens ist der Druck wirklich ganz besonders wirkungsvoll geworden. Alle sind sehr froh damit. Während ich im Atelier arbeitete, spielte Hans die Orgelpunktstelle aus meiner Fuge, auf dem Harmonium und sie wirkt wirklich orgelmässig und gross, und auch bin ich endlich, nach langem Suchen, weiter gekommen und die Fuge kommt wieder in Fluss. Hans findet sie gut. … Für die Brille und die anderen Besorgungen, danke ich Dir vielmals. Was Du aber über den Warenmangel schreibst, ist wirklich katastrophal! So hat man sich das noch nicht richtig vorgestellt – und dieser Zustand wird noch schlimmer werden und Folgen haben, die nicht zu übersehen sind. […]

Donnerstag, ½1 d. 17. Nov. 1921 [Weimar]

… Still und friedlich ist's um mich herum – … Arbeit am langen Tisch im Wohn-Musikzimmer! Und schon ist der stille Zauber gebrochen, durch die ersten »Adlerrufe« der Heimkehrenden aus der Schule! […] Hans kam, und dann kam Laurence – und Hans spielt mit ihm 2 Konzerte (Brandenburgische) von Bach 4-händig. Das Tempo war langsam, natürlich, und es haperte hie und da, aber Hans war so geduldig und so den Zwischenfällen gewachsen, wusste so gut zu lenken und durch ein rechtes Wort die irrenden Fingerchen seines Begleiters und Pedaliers zur Ordnung zu weisen, dass es doch zu einem richtigen schönen Erleben wurde. Luxchen sass neben mir am Tische und las den dicken Eulenspiegel[108] und war so drollig und lachte so sehr in sich hinein über die Possen und Streiche – es war wirklich ein köstlicher Nachmittag. Andreas war auf dem Gute Littmanns's[109], wo wir ihn gut aufgehoben wussten. […] Ach Du Girlie eine! – Wo ist das Leben schöner als gerade hier, unter unsern Jungens und den Werken?

[…] Gropi habe ich seit vielen Tagen nicht gesehen. Hoffentlich ist er mir nicht böse, dass ich die Stempel-Konkurrenz ablehnte, mitzumachen.[110] Aber ich bin nicht ein Erfinder von Symbolen und ausserdem will ich etwas wenigstens nicht gemacht haben. Bald

108 Gemeint ist ein Band mit Geschichten über Till Eulenspiegel.

109 Andreas, der sich sehr für Tiere interessierte (auch um sie auszustopfen) war mit seinem Freund Littmann auf dessen elterliches Gut in Neumark gefahren, um dort unter Aufsicht des Vaters und anderer Jäger Schnepfen und Hasen zu jagen.

110 Von 1922 an wurden für gut befundene Bauhaus-Produktionen mit einem Stempel versehen. Bereits 1919 war in einem Wettbewerb am Bauhaus nach einem geeigneten Signet für Plakate, Briefpost und Ähnliches gesucht worden. Den offiziellen Stempel entwarf im Zuge eines von Gropius erneut angeregten Wettbewerbs 1921 schließlich Oskar Schlemmer.

denn Julia ist in diesen Tagen dabei, den jüngsten Sohn Lux, der ihnen Sorgen macht, von der Schule zu nehmen.

Im Mai zeigt der »Kunstsalon Ludwig Schames« in Frankfurt am Main Werke von Feininger und dem Bildhauer Alexander Archipenko. Im Juni werden Werke von Archipenko, Adolf Strübe und Feininger in der Kunsthalle Mannheim ausgestellt.

Wassily Kandinsky kommt zum 1. Juli ans Bauhaus und übernimmt als Formmeister die Werkstatt für Wandmalerei. Die Druckwerkstatt wird zur Produktivwerkstatt umgeformt und führt von außen kommende Aufträge aus.

Lux verbringt den Sommer bei Erich und Siddi Heckel in deren Ferienhaus in Osterholz an der Flensburger Förde.

Im September fahren Julia und Lyonel mit einigen Bauhausmeistern nach Timmendorf an die Ostsee. Ise Frank, die schon »Frau Gropius« genannt wird, obwohl die Heirat erst 1923 erfolgt, hat dort von ihrer Tante eine Villa in der Strandallee 52 im Ortsteil Timmendorfer Strand geerbt. Die Bauhausmeister sind Gäste von Walter Gropius und Ise. Julia reist bereits Ende August zurück.

Am 25. und 26. September findet in Weimar der Internationale Kongress der Konstruktivisten und Dadaisten statt.

Andreas, der sich mit den preußischen Erziehungsmethoden an der Schule schwergetan hat und mit 16 die Schule ohne Abitur abbricht, beginnt seine Ausbildung am Bauhaus. Nach dem Vorkurs spezialisiert er sich in der Tischlerei.

In der zweiten Oktoberhälfte werden im Deutschen Pavillon der XIII. Biennale in Venedig zwei Gemälde von Feininger gezeigt.

Irgendwann im Laufe des Jahres wird Julia von Otto Dix in einem Aquarell porträtiert.[113]

---

113 Otto Dix, Porträt Julia Feininger, 1922, Aquarell, 49,5 x 36,2 cm, New York, Moeller Fine Art. Im Werkverzeichnis von Suse Pfäffle ist nur ein ähnliches weibliches Porträt mit anderem Profil, aber derselben Matrosenbluse und demselben Haarnetz unter dem Titel »Fabrikmädchen« zu finden (Pfäffle A 1922/67). Das Ziegelmauerwerk hinter Julias Porträt scheint auch in diese Richtung zu deuten. Über das Zustandekommen des Porträts ist nichts bekannt.

Im Oktober 1922 sinkt der Wert der Mark gegenüber dem US-Dollar auf nur mehr ein Tausendstel.

Freitag, d. 10.II.22 [Weimar]

Sweetheart mine! Endlich – nach 8 Tagen heute früh zum ersten Mal wieder ein Brief von Dir, den vom 3. Februar! [...] Nun magst du es wissen, was ich, ohne Dich an meiner Seite zum Trost, gelitten habe. Mein lieber Vater ist am 1. Feb. gestorben. [...] Nun ist der Begriff »America« für mich ohne Leben geworden! – Wie ich meiner Mutter den Todesfall mitteilen soll, weiss ich nicht, und ich trage Scheu davor, von ihr etwas dazu zu hören. [...]

11. Feb. 22 [Weimar]

Ach, Du little one, selber so unglücklich und doch solche Trösterin! [...] Hier hat überhaupt nichts gestreikt.[114] Aber Koks sind beschlagnahmt, weil keine Zufuhr stattfand während des Streiks, und wir wären bald ohne Gas und Licht ohne diese Massnahme. Aber jetzt ist alles wieder in gewohntem Lauf und die Sonne scheint so schön, trotz aller Kälte. Dass meine Briefe Dir wie nicht von mir vorkamen, lag daran, dass ich das, was mich am tiefsten ergriff, verschweigen wollte, um Dir keinen Kummer zu machen. Denn Du hättest doch nicht helfen können und der Gedanke wäre Dir zu schmerzlich gewesen. Aber jetzt kann man sich wieder schreiben und das ist schon viel. Ich habe ein unglaubliches Schlafbedürfnis und merke daran, wie sehr die Tage mich angegriffen haben. [...]

Für's Erste habe ich jetzt eine Weile Ruhe, ich muss wieder eine Zeitlang im Stillen wachsen, über die Kerbe hinaus, die ich mir selber einschnitt. Ich studiere richtig jetzt die 3stimmige Fuge im Musikalischen Opfer[115] – sie ist unsagbar schön und einfach. Der Flügel ist auch wunderbar jetzt.

---

114 Die Reichsgewerkschaft Deutscher Eisenbahn-Beamter und -Anwärter rief am 1. Februar 1922 zum Streik auf, wovon unter anderem die Briefzustellung betroffen war.

115 Johann Sebastian Bachs »Musikalisches Opfer« (BWV 1079), eine Sammlung kontrapunktischer Sätze nach einem von Friedrich dem Großen vorgegebenen

Sonnabend, d. 2.IX.22 [Timmendorf]

[…] Gestern Abend feierten wir Manon's Abreise – heute Abend soll Gropi's Abschied gefeiert werden! Aber es war so lustig gestern, im grossen Saale, mit Kaminfeuer! Zuerst sassen wir geraume Zeit im Halbdunkel, nur von den aufzüngelnden Flammen beleuchtet und gewärmt; aber dann wurde der Ruf nach »Amüsemang« laut und Gropi berief seine Mannen beiderlei Geschlechte, um ein Charadenspiel zu veranstalten. Wir zogen uns ins angrenzende Zimmer zurück, wo Gropi haust. Der Raum ist so eine Art »Herrenboudoir«, ein wahres Eldorado für improvisiertes Sichverkleiden. Dann einigte man sich rasch auf ein Charadenstichwort (»America«) die in 3 Akten und einer Schlussapotheose dargestellt wurde. Erste Sylbe: »A«! als Ausruf der Bewunderung; hier war Frau Kandinsky aufgeputzt als Fabelwesen, und wir Herren, als Stutzer riefen himmelnd: »A«! Zweites Bild: »Meer«. Inchen steckte sich in ein rot-weiss-gestreiftes Herrenbadekostüm mitsamt ihren Kleidern, Kandinsky war photographierender Strandwandler, Gropi angelte mit einer Reisschiene und einer Schnürsenkel, ich skizzierte durch den Zeiss, Mariemanon und Frau Kandinsky ruderten mit zwei Spazierstöcken im grossen Schaukelstuhl auf dem Teppich und Inchen sprang plattlings herunter von einem andern Stuhle und machte Schwimmübungen! Sehr komisch! Als drittes Bild stand auf einem kleinen Tisch eine photographische Kamera – wir kamen herein in den Saal. Jeder kam auf die Kamera zu und sagte: »das schöne Ica«! »das ist ein feines Ica!« etc. Und als Schlussbild yours auf einem Stuhle stehend, mit einer Engländermütze auf dem Kopf, protzig Dollars austeilend. – Wir haben noch 3–4 zum Teil sehr originelle Charaden gemacht und kamen so in Stimmung, dass jeder schliesslich aus eigenem Einfall Sachen machte, die die Beschauer zum wälzen brachten. … Nun ist Gropis letzter Nachmittag, und da sicher etwas gemeinsames gemacht werden wird, hab ich mich nicht nach Tische, wie ich zuerst wollte, schlafen gelegt, sondern schnell geschrieben […]

Thema, wird mit einem dreistimmigen Ricercar, einer Vorform der Fuge eröffnet.

Montag abends nach 6, d. 4. Sept. 22 [Timmendorf]

[…] Und nun kommt etwas komisches: Die Rosskämme sind unerhört gross und schön – den ganzen Strand an der ganzen Bucht ist ein weissleuchtendes Feld von Schaumbrechern. Und am Dampfersteg steigen sie meterhoch mit den Rücken über die niedrige Beton-Brücke. Trotzdem wagten viele Menschen sich hinüber zur Aussenbrücke, und da es unwahrscheinlich schön aussah, durchs Glas, gingen wir alle, auch Frau Gropius, die so mutig dabei ist wie irgend einer zur Brücke. Schon vor der Terrasse standen in dichten Haufen die Unentschlossenen, die Angst vor'm Nasswerden hatten. Einzelne Wagemutige machten die Trajekt durch die Spritzer, tanzend, springend, hopsend, Arme schwenkend, der reine Flohzirkus. Zur Seite stehend ein Photograph mit dem Kurbelkasten und macht Filmaufnahmen, zuerst vom Wasser mit der Brücke und den Sturzseen – und dann kommt er mit seinem Gehilfen und dem Apparat in langen Sätzen hinter uns her auf der Betonbrücke, ruft hinaus: »Filmaufnahme«, kurbelt die Passanten unter Halloh und Gehopse und dann drei kühne Schwimmerinnen, die in die meterhohen Wellen hinabspringen. Da denkt Papileo, (der sich zur Feier des Tages seinen Strohhut aufgesetzt hat, und sonst mit Mantel und Feldstecher bewappnet): »halt, da musst Du auch mit drauf«! Vorne an der äussersten Spitze, wo die Flaggenstange steht, ist's ja ganz menschenleer – – da ist ein weiter, freier Raum vor'm Orkan, springe quer hinüber zur Flaggenstange und sehe wie dieser Satanskerl den Kurbelkasten herumdreht und <u>mich solo</u>, vor aller Welt, zu kurbeln anfängt! »Na, man zu«, ich lasse den Wind ein paar Sekunden mir um die Ohren und die grauen Beinkleider um die unteren Extremitäten pfeiffen und lache aus vollem Halse und dann, von einer göttlichen Eingebung befallen, lass ich die Hand vom Rande meines Strohdeckels, und hü! fliegt der hinein in die Zuschauermenge! Ich mit einem Riesensatze hinterher, dem Flüchtling nach – Jawohl! »Du wolltest gekurbelt werden – nu wirste gekurbelt«! und es blieb nur übrig, nach diesem Schlusseffekt dass der Operateur hinausruft »Der Film wird morgen Nachmittag im Strandkasino abgekurbelt«! Na siehste, da haste Dein Fett! – Wir verkrümelten uns dann. Kandinsky ging vor, und als er unten auf dem Betonsteg war, kam hinter ihm eine Riesen Gischt-Welle, anderthalb mannshoch über dem Fussboden, und mein guter Kollege, anstatt einen Moment stille zu stehen, bis die Sache vorbei war, raste die ganze Brücke hinunter im gleichen Tempo mit der Welle, und: »Pudelnass« ist nur ein blasser Ausdruck dafür, was wurde. Ich blieb hilflos vor Lachen stehen, und sah nur immer zu, wie er die ganze Brause mit mathematischer Genauigkeit, die ganze Zeit, abkriegte. Wir haben ihm Gesicht und Hände mit Taschentüchern abgewischt, der übrige »Korb« war nicht mehr abzuwischen – der gehörte in die Wringpresse. […] Nachher an den Strand, mir die Sturmschäden anzusehen …

Mont. d. 11. Sept. 1922 [Timmendorf]

… durch Frau Gropius[116] hörten wir heute, dass Gropi ganz entsetzt über Berlin geschrieben hat. Eine Nacht im Hotel, 500,– Mk, und Preise überall derart fantastisch gestiegen, dass es nicht zu beschreiben wäre – und ein Hass der Menschen und ein Übervorteilen die schrecklich sei. Der Winter wird uns allen bös zu schaffen machen. Ein Anzug, den Gropi sich erfragte bei einem kleinen Schneider, sollte 28 000,– Mk kosten! und er hat keinen, ebenso gehts Kandinsky – da mache ich mir doch grosse Sorgen, weil alles jetzt so schrecklich sich gestaltet mit der Lebenshaltung. […]

13.9.22 [Timmendorf]

[…] Was sagte ich Dir, damals, als ich Kandinsky zum ersten Male sah? er habe den mongolischen Typus. Ja – er hat erzählt, im 17ten Jahrhundert hat ein Kandinsky eine Mongolische Prinzessin geheiratet! Und noch heute ist dieser Einschlag zu erkennen, und auch wohl nicht ohne Bedeutung für den ganzen losgelösten, ätherisch gerichteten Schönheitssinn Kandinskys. Das Blumenhafte, labile, die zauberhafte Romantik der Formen und Farben, entgegen allem Mechanischen … Seit drei Abenden sehen wir uns Kupfer-

---

116 Gropius heiratete die Journalistin Ise Frank erst 1923.

stiche von Dürer und seine Holzschnitte (Apokalypse)[117] an. Ich habe kaum etwas von diesem Werke gekannt. Das war ein herrlicher Mensch und Künstler und Einer, dem es ungeheuer schwer wurde und der entsprechend titanisch sich plagen musste. Daher auch die Gegensätze in seinem Werke, aber stets die Intensität der Durchführung auch dort, wo er fast ganz schlecht ist. Aber dieser Geist durchdrang auch das Misslungene und gab allem seinen Stempel. [...]

Dienst., d. 3. Okt. 1922 [Weimar]

... Gottlob, Du bist frohgestimmt, und es ging mit der Reise gut und Opa ist frisch. Da bin auch ich so vergnügt wie nur möglich – trotzdem ich Sitzung auf Sitzung habe und nicht viel zum Schaffen kommen konnte – heute überhaupt noch nicht. Das Wiedersehen mit Klee, Kandinsky und last not least dem guten, treuen Marcks war ganz herrlich. Kandinskys hatte doch solche Sorge um mich, bei meiner Abreise aus Timmendorf, dass mein Geld nicht reichen würde und wollten mir 500,– Mk aufdrängen! Und 2 Tage später reisten sie selber und kamen in Berlin an mit nur noch 400,– und die Droschke, Gaul zweiter Güte, nach dem Reichskanzler Platz hat ihnen über 600,– Mk gekostet und sie mussten die Restsumme für dieses Haferungetüm borgen!... Die Jungx sind sehr lieb, Laurence gibt sich redliche Mühe – der Hirsebrei wird, nachdem ich ihn heute früh zum 3ten Male zum energischen Kochen gebracht habe, wohl endlich gar werden. Wenn irgend etwas, so ist Laurences Kochkunst durch Vorsicht gekennzeichnet, er hat vorm Anbrennen eben Angst und wasserscheu ist er auch, so dass der Brei (der gute Brei) nicht genug Feuchtigkeit besass, um in der Kochkiste[118] anderes zu tun als zu Stein zu verdorren. ... Hans und Marcks wa-

---

117 Die Apokalypse des Johannes mit 15 Holzschnitten Albrecht Dürers wurde 1498 veröffentlicht.

118 Eine Kochkiste ist ein wärmedämmend, z. B. mit Heu ausgekleidetes Behältnis, in das einzelne Töpfe mit erhitzten Speisen eingestellt werden können, damit diese dann ohne weitere Energiezufuhr über einen Zeitraum von Stunden fertig garen.

ren gerade hier, sind nun zusammen fortgegangen. (Heute um 3 ist Sitzung).[119] Ich habe Marcks bewogen, seine Holzstöcke hierher in die Druckerei zu geben und nun sollen diese prachtvollen Sachen gedruckt […] werden. Marcks muss doch heraus mit den Arbeiten, und sie müssen bekannt werden. … Viel Kleiber-Besuch und Gezwitscher im Atelier, sehr lustige Brüder. …

Donnerstag, d. 5. Oct. 1922 [Weimar]

Wenn meine Nachrichtenquelle sehr spärlich fliesst, ist es, weil ich mitten in der Arbeit stecke und dabei von früh bis spät unterbrochen werde durch wichtige Dinge die das B.-H.[120] angehen – heute und morgen sind wieder 2 Sitzungen[121] anberaumt, dazu muss ich in der Druckerei auch eine Beratung gleich abhalten – und ich bin ausserdem doch ein sehr guter Hausvater und trage einige Lasten dort, damit alles zum Klappen kommt. Laurence ist <u>sehr</u> willig und macht nach bestem Gewissen was er zu tun hat, aber ein älterer Kopf gehört doch dazu, alles zu übersehen, und Du weisst ich mag dann lieber selber den Besen in die Hand nehmen, als dirigieren. Wir machen eine grosse, schwere Konzession im Bauhaus, indem wir an die geplante Ausstellung jetzt schon gehen, und im Innersten[122] widerstrebt es uns allen, derartige »Kunstpolitik« zu treiben. Ich mag nicht darüber jetzt schreiben – heute Abend ist

119 In der Sitzung der Form- und Werkmeister des Bauhauses am 3.10.1922 wurden die Vorbereitungen für die Bauhaus-Ausstellung 1923 besprochen – vgl. Volker Wahl (Hg.): »Die Meisterratsprotokolle des Staatlichen Bauhauses Weimar 1919 bis 1925«, Weimar 2001, S. 239–241.

120 In vielen Briefen kürzt Lyonel Feininger das Bauhaus »B.-H.« oder »B. H.« ab.

121 In der Sitzung des Meisterrats am 5.10.1922 standen Vorwürfe mehrerer Werkmeister, besonders Carl Schlemmers und Joseph Zachmanns zur Debatte, Gropius unterhalte intime Beziehungen zu weiblichen Mitgliedern des Bauhauses und setze staatlich bezahlte Mitarbeiter in seinem privaten Architekturbüro ein. Da ein Fehlverhalten nicht bewiesen werden konnte, wurde die Vertrauensfrage gestellt und Gropius mit großer Mehrheit das Vertrauen ausgesprochen – vgl. Wahl 2001, wie Anm. 119, S. 241–246.

122 Um den Angriffen auf das Bauhaus durch die Politik ebenso wie durch ansässige Künstler und Handwerker zu begegnen, sollte eine Ausstellung konkrete Arbeitsergebnisse vorstellen.

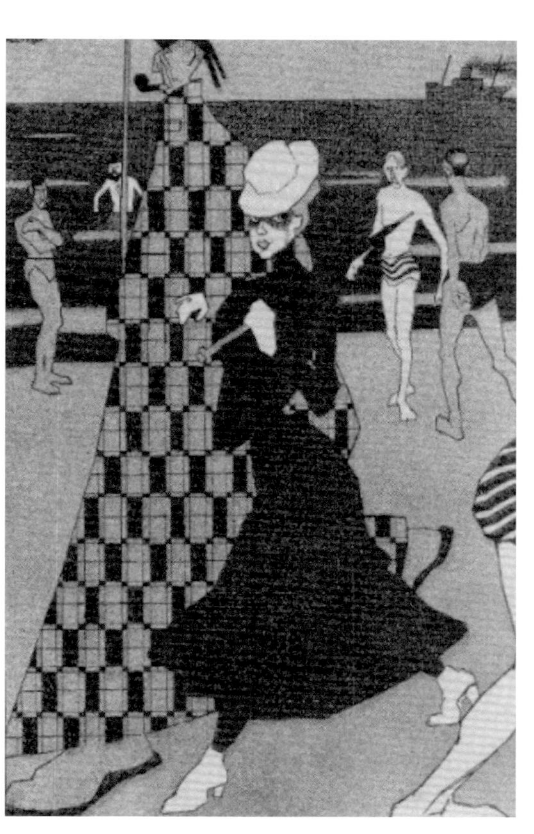

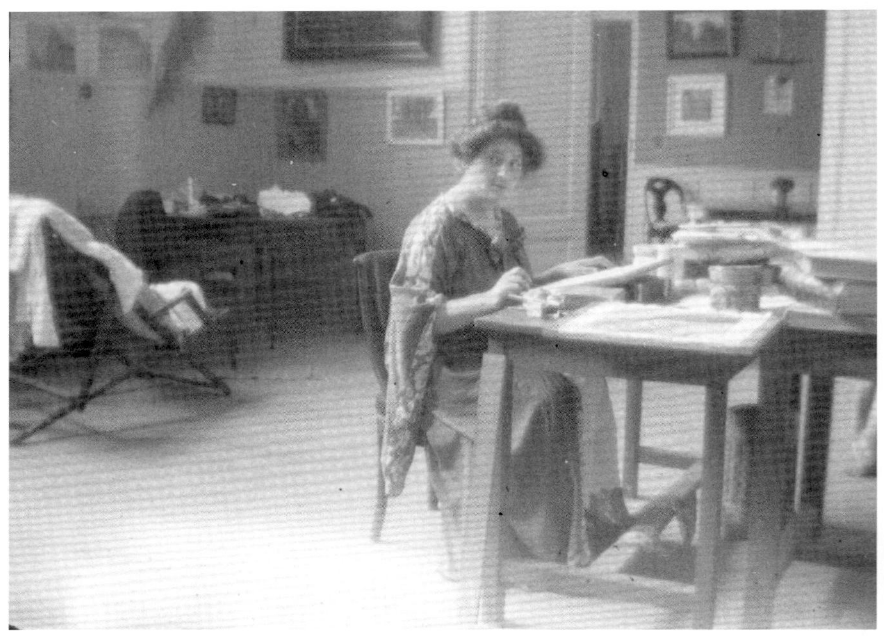

Oben: Julia am Zeichentisch in Paris, 1906.

Rechts oben: Julia mit Andreas in Paris, 1907. Neben dem Harmonium im Hintergrund hängen Bögen mit »The-Kin-der-Kids«-Zeichnungen aus dem Jahr 1906 an der Wand.

Rechts unten: Julia mit den Söhnen Andreas und Laurence, 1909.

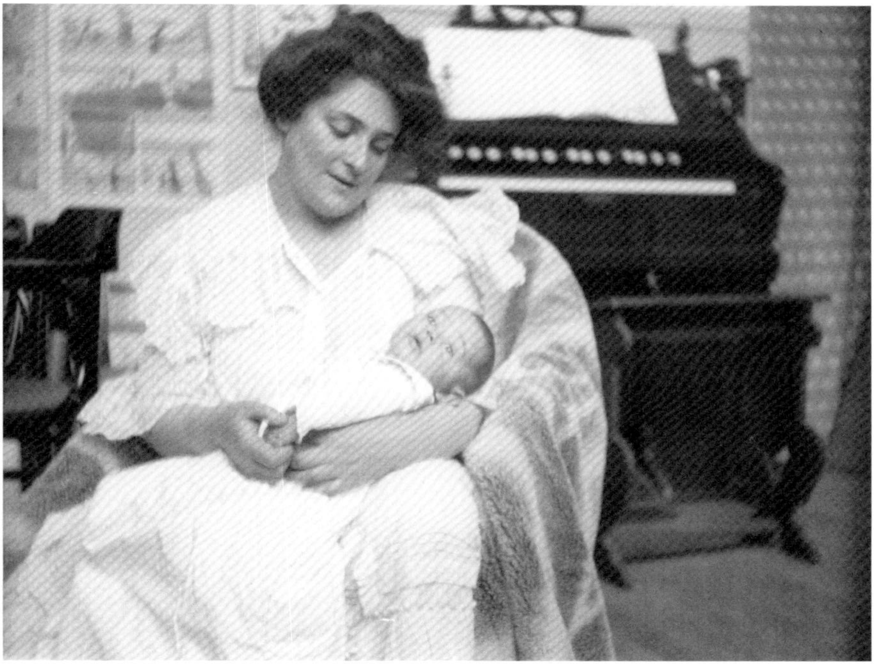

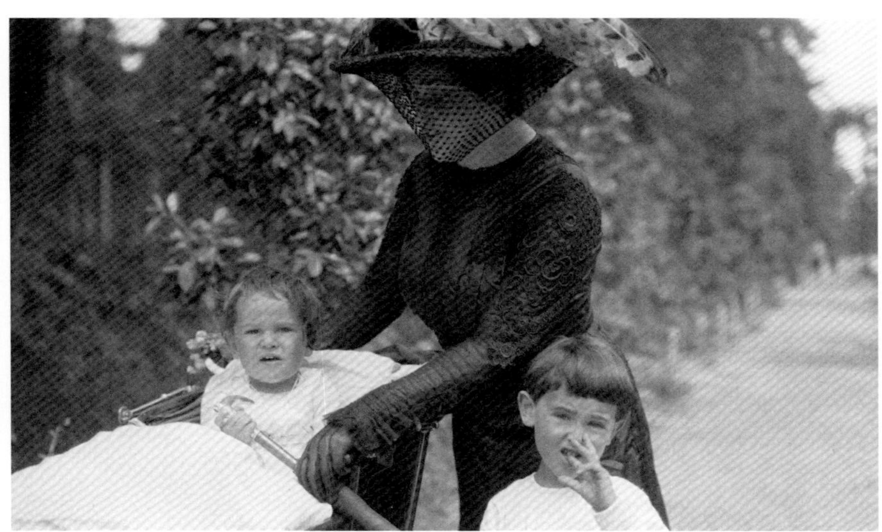

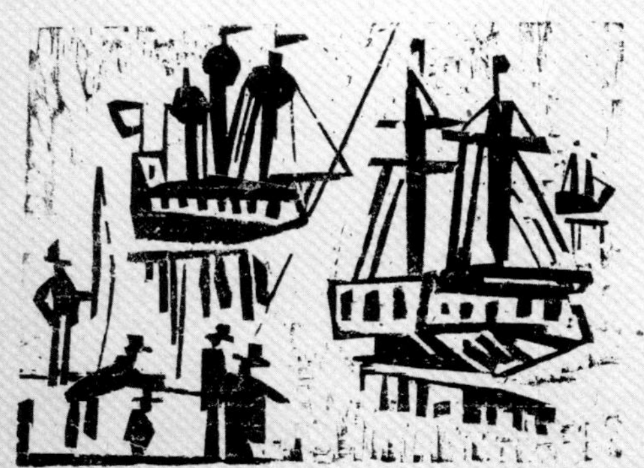

Montag d. 7. Juli, 1919
Weimar, Staatl. Bauhaus

Mein lieber, guter Papa!

Es wird dies das erste mal seit langer Zeit sein, dass ich an Deinem Geburtstage nicht zu Dir kommen kann und mündlich meine Glückwünsche aussprechen! Ich werde morgen viel an Dich denken und im Geiste bei Euch Lieben Allen sein; aber, es wird im Grunde ein einsamer Tag für mich werden! Möchtest Du nur recht fühlen, wie vollkommen ich Dein Sohn bin! Doch das weisst Du! Wirklich, heute ist mir das Herz für viel Worte zu voll; und ich denke auch an meinen "anderen" Vater in New York, der auch in einigen Wochen seinen 75. Geburtstag begehen wird — wenn er überhaupt noch am Leben ist.

Vollbring den morgigen Tag recht in der Hoffnung, dass Du, und Alle, endlich besseren Jahren entgegengehen. Und ich habe die ganz feste Hoffnung, dass wir hier in Weimar, Alle zusammen, richtig stillen, glücklichen Tagen entgegensehen können! Von dem Frieden der hier ist, in dieser lieben kleinen alten Garten-Stadt, hat man in Berlin nicht viel Ahnung.

Ich grüsse Dich innigst!
und bin Dein Dichliebender
Sohn
Leo.

Brief Lyonels an Bernhard Lilienfeld, Julias Vater, den er »Papa« nennt, vom 7. Juli 1919.

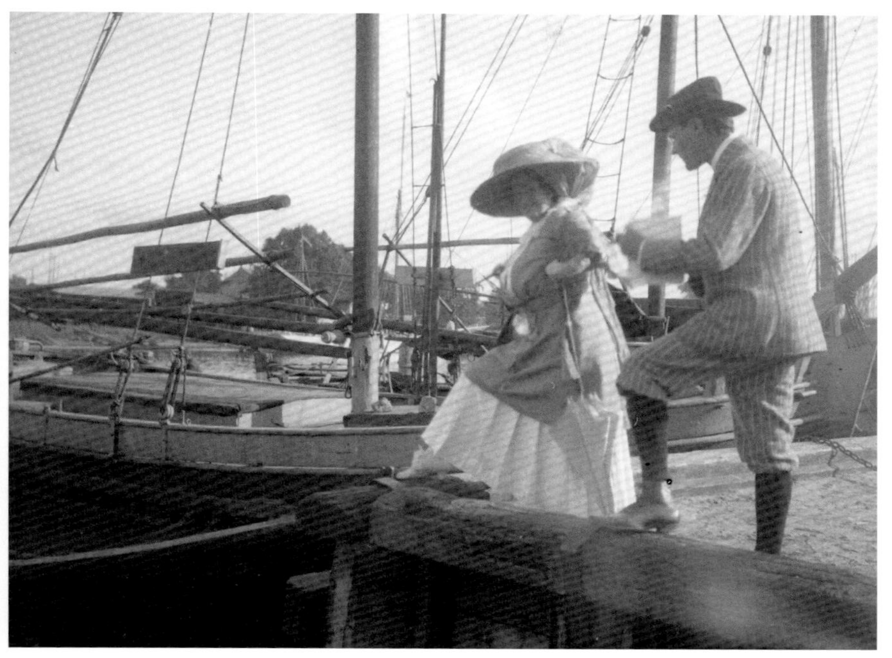

Julia und Lyonel beim Zeichnen in Heringsdorf oder Swinemünde 1910.
Die Aufnahme machte der befreundete Künstler Francis Christophe.

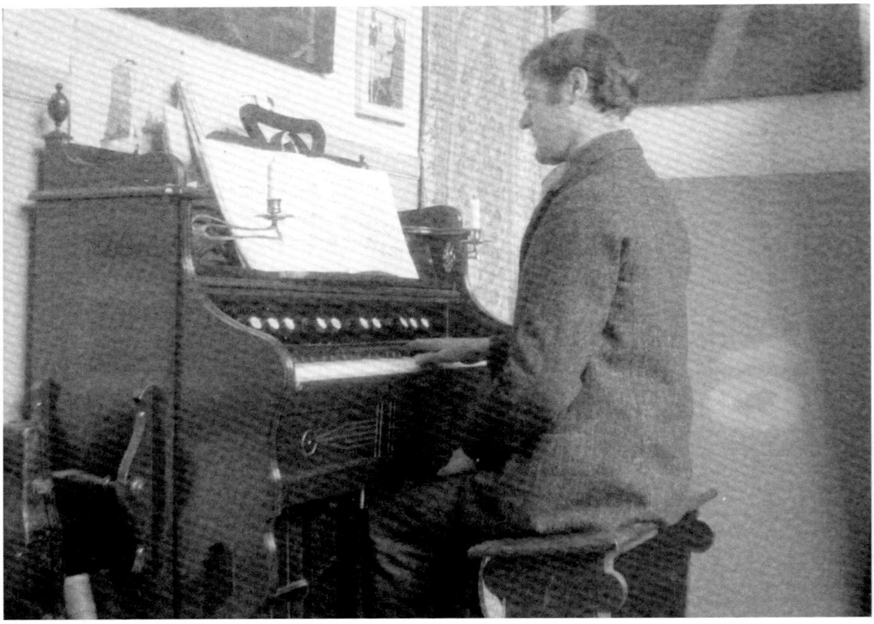

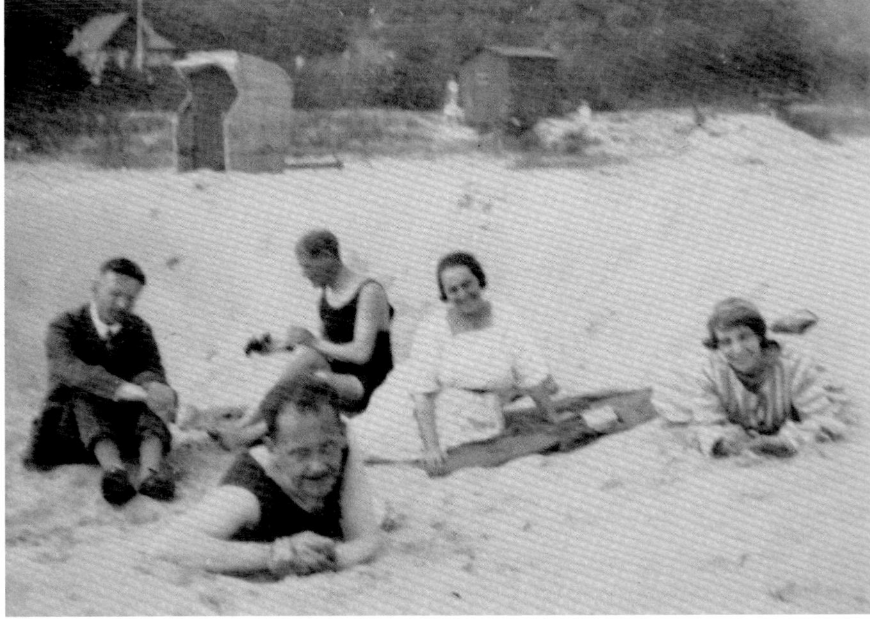

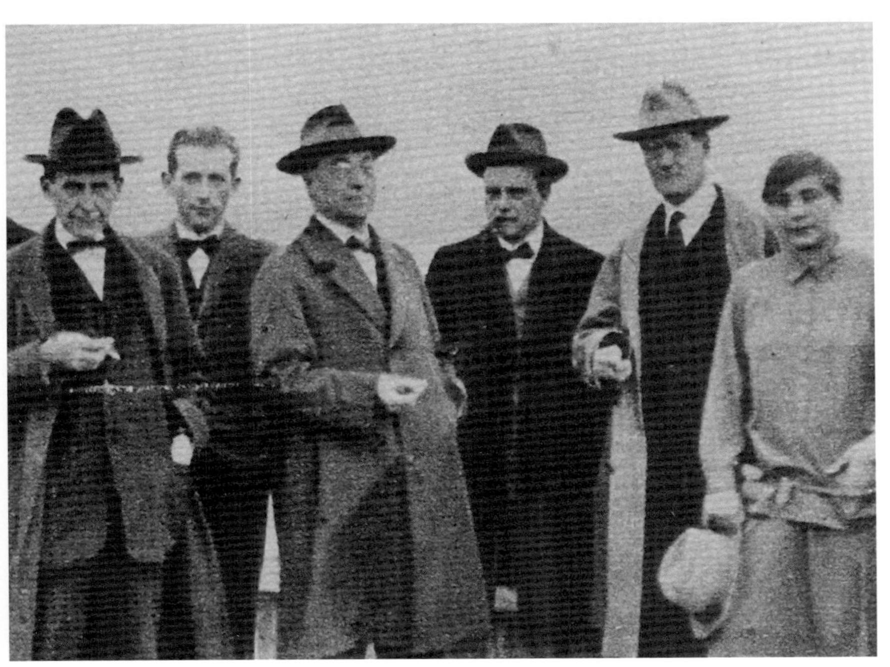

Oben: Die Bauhausmeister Walter Gropius, Marcel Breuer, Wassily Kandinsky, Paul Klee, Lyonel Feininger und Gunta Stölzl in Dessau im Jahr 1926 (Ausschnitt).

Links oben: Lyonel am Harmonium, Weimar um 1910.

Links unten: Timmendorfer Strand 1922: Walter Gropius, Wassily Kandinsky, Lyonel und Julia Feininger sowie Nina Kandinsky.

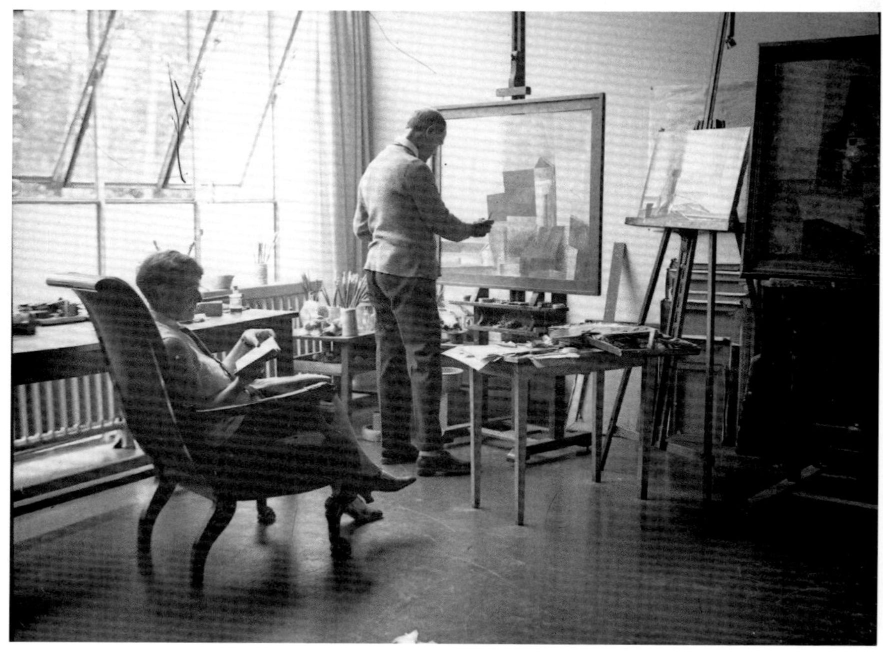

Oben: Julia und Lyonel 1927 im Atelier im Meisterhaus in Dessau, Burgkühnauer Allee 3.

Rechts: Julia und Lyonel, 1929. Das Foto wurde von ihrem Sohn Andreas aufgenommen.

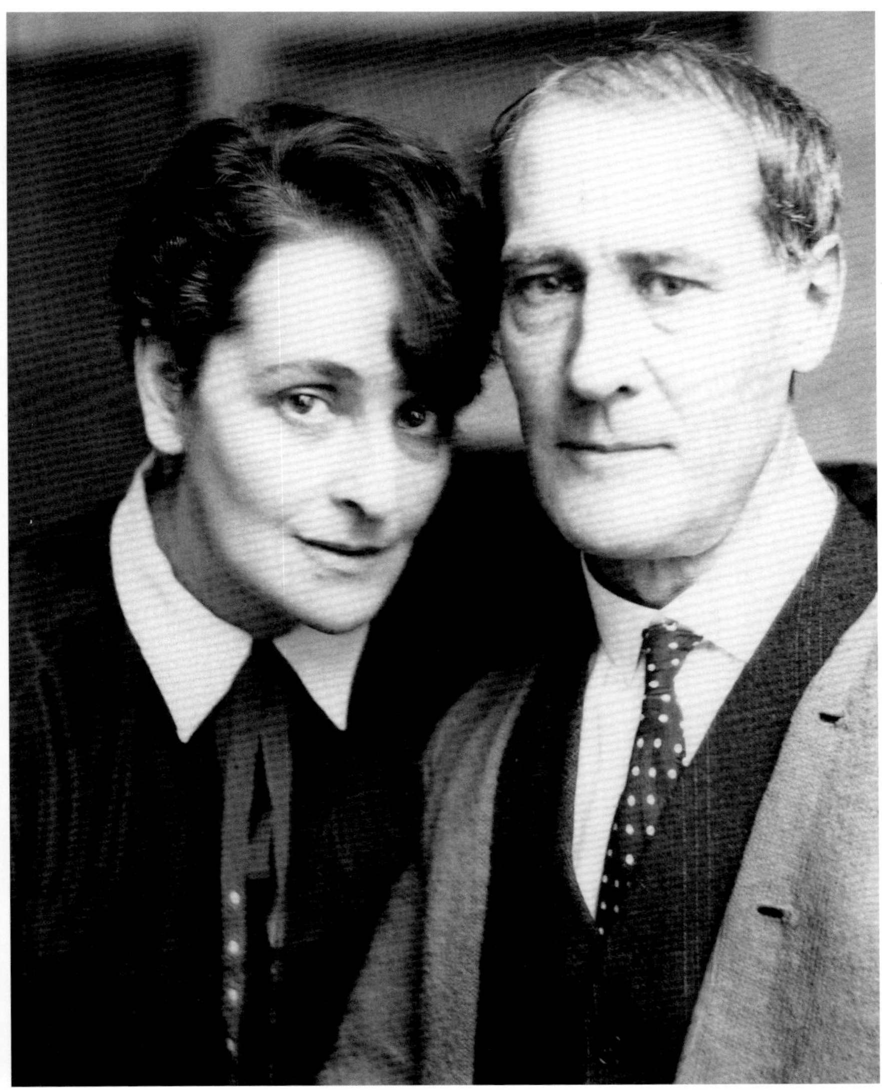

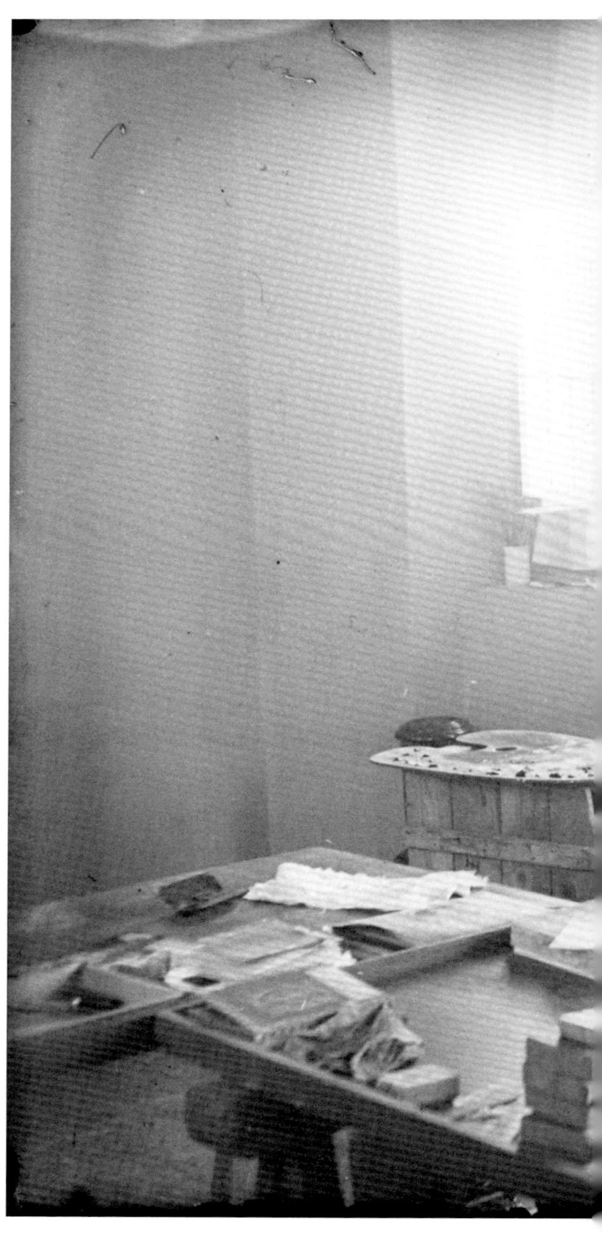

Julia in Lyonels Atelier im Torturm
der Moritzburg in Halle 1929.

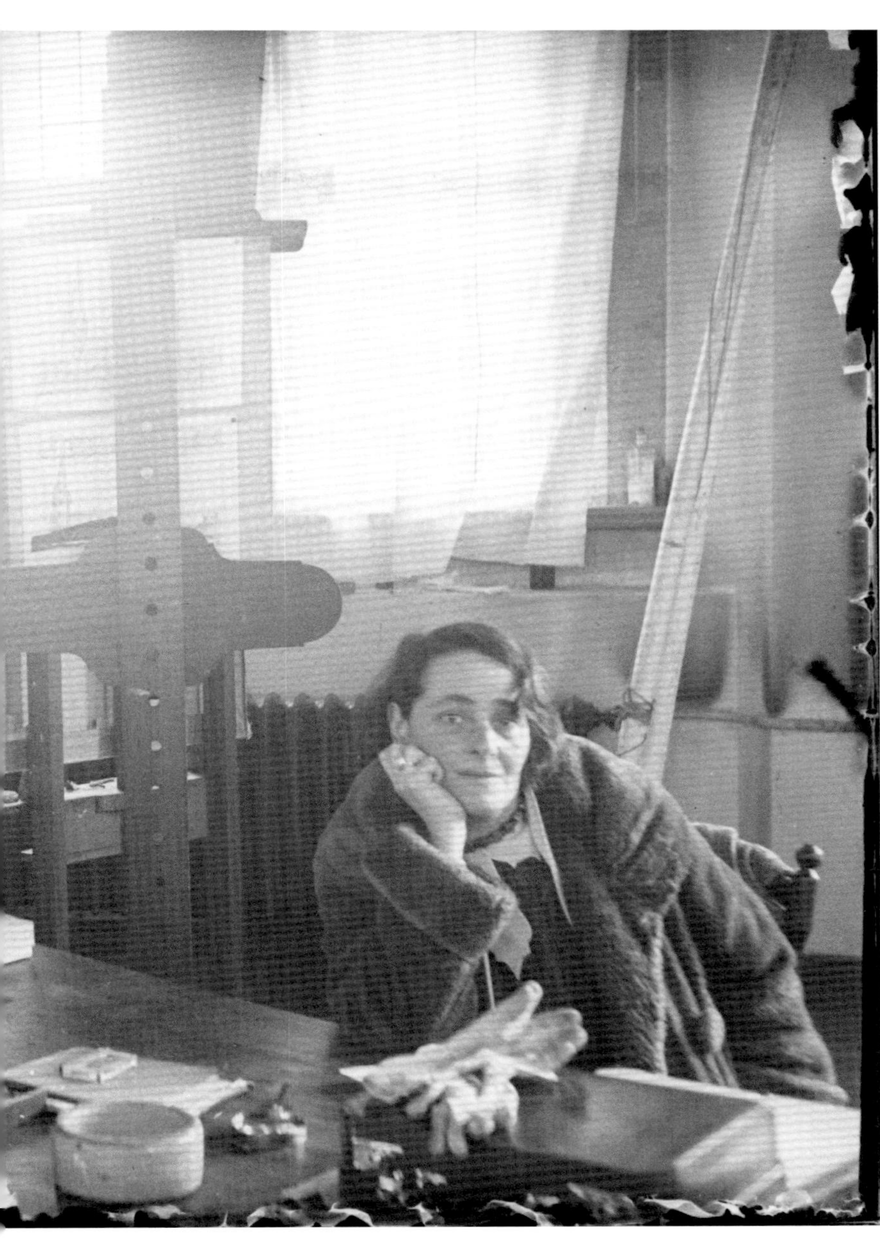

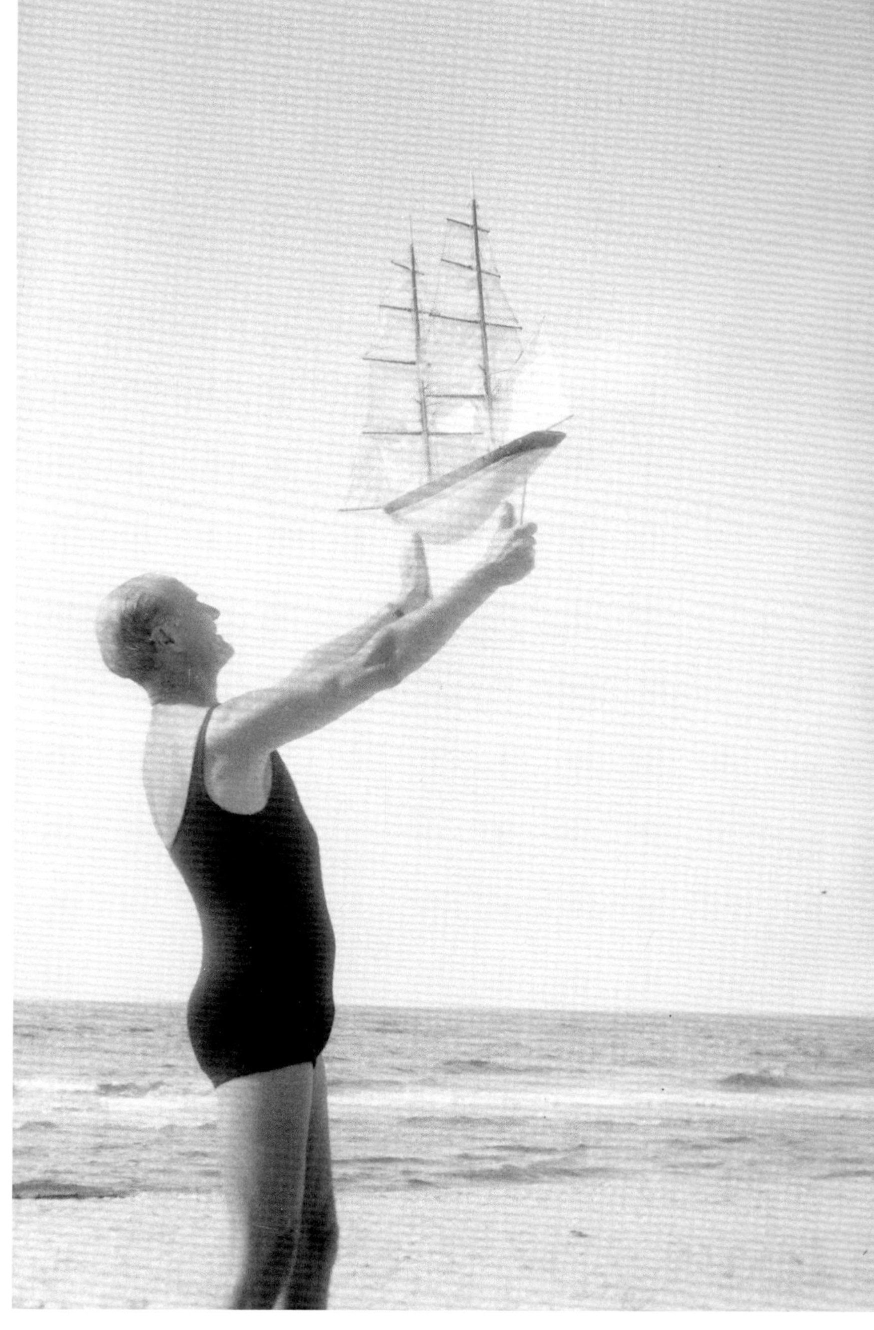

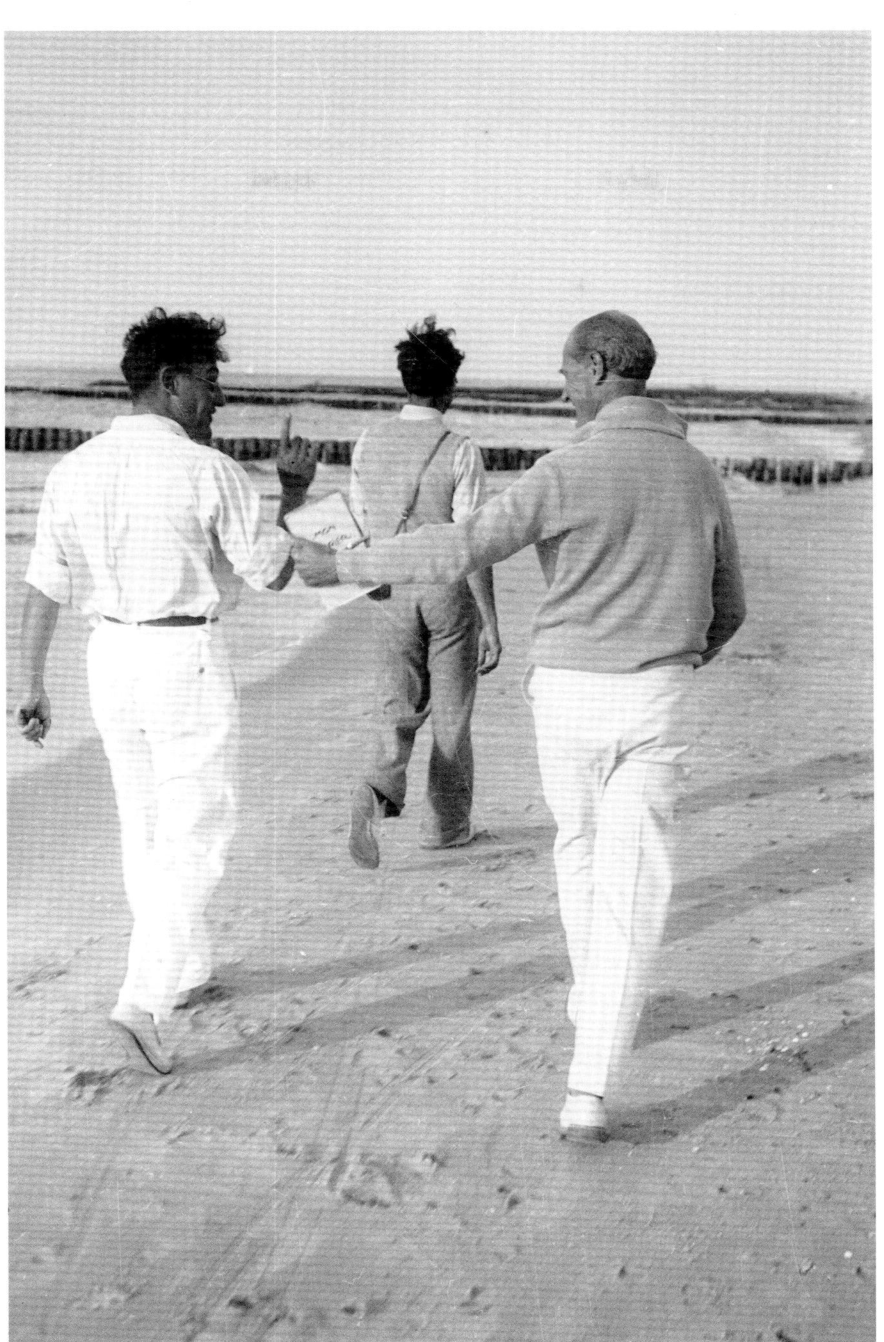

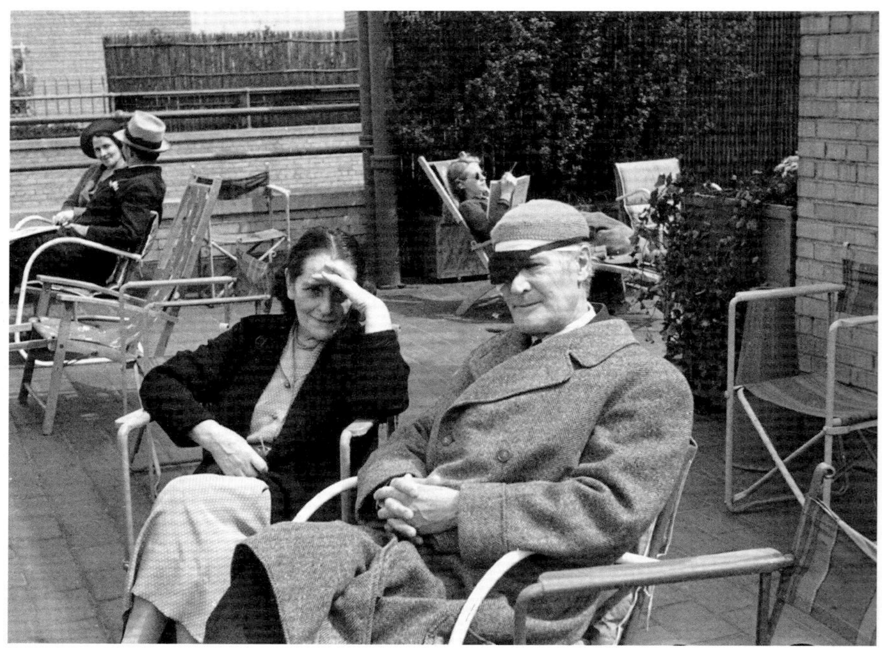

Julia und Lyonel 1939 auf der Dachterrasse ihres Wohngebäudes in New York, 235 East 22nd Street.

Vorherige Seite links: Lyonel in den 1930er Jahren mit Schiffsmodell am Ostseestrand, wahrscheinlich im pommerschen Deep, heute Mrzeżyno (Polen).

Vorherige Seite rechts: Lyonel 1932 in Deep mit seinen Söhnen Andreas und Lux.

grosse Aussprache mit den Schülern, und darauf kommt vieles an, wie die Sache abläuft. So viel aber steht fest – wenn wir nicht »Taten« nach aussen hin zeigen und uns die »Industriellen« nicht zu gewinnen vermögen dann steht es sehr schlecht mit den ferneren Aussichten auf Bestehen des B.-H. Es muss auf Verdienst – auf Betrieb, auf Vervielfältigung! gesteuert werden. Und das ist uns allen entgegen dem Entwicklungsgang ein schweres Zuvorgreifen. Gelingt es, allen dieses klar zu machen und grösseres Versinken zu verhüten – dann wollen wir das Opfer nicht als vergebens betrachten. Nun heisst die Parole: »anfeuern«! – Auch die Zeit, die zu dieser Ausstellung noch vorhanden ist, ist recht knapp – so sollen auch Nachmittags die Werkstätten offenbleiben. Du begreifst, wie die Luft geladen ist. I see a new Gropi, and he is not very much to my taste,[123] aber gottlob – Kandinsky und Itten und Muche halten sehr gut das pädagogische Gegengewicht. Und ich Nichtpädagoge werde mit meiner Druckerei schon durchkommen. – – – Mit Marcks war ich zusammen am Mittwoch. Er kam aus der Sitzung mit und wir haben, so gut es ging Abendessen gerichtet und die Eierharfe[124] (die Marcks als Mausefalle ansah) in Bewegung gesetzt. Kandinsky und ich halten weiter gute Kameradschaft. Sonnabend bin ich mit Klee zusammen, sie sind alle prachtvolle Kerle, Muche, Schlemmer und die übrigen Kollegen. Ich sehe doch jetzt erst richtig eine Kumulativ-Gewalt von ihnen ausgehen, die sehr stark in hervorragenden Menschlichen Qualitäten verankert ist. … Gropi kann sehr ungut sein, um es allerdings sofort wieder zu bereuen und unsicher zu werden; aber es ist ein Flackern und nichts Ständiges. Das Beste will er, vom Standpunkt des guten Handwerks, aber der Mensch muss diesem zurückstehen und ist weniger wesentlich in seiner Vorstellung. »Wer nicht jetzt zeigen kann, was mit ihm los ist, mag mit seiner Kunst zum Teufel gehen« sagte er in

123 *Ich sehe einen neuen Gropi, und er ist nicht gerade nach meinem Geschmack.*

124 Gemeint ist ein Küchengerät zum Eierschneiden.

der Sitzung;[125] dann wäre ich längst, als junger Mensch, zum Teufel verwiesen worden. Aber den klaren Blick für Realien hat Gropi, und das haben wir andern nicht – oder: wir verstehen unter »Realien« etwas tiefer liegendes, was Zeit braucht, um zu gedeihen. – – – Die Mark sinkt derart, dass jetzt 1000,– gleich 2.– sind (Dollar 2180 Mk gestern)! Das Brot soll das Doppelte kosten, im November. Deutschland hat keine »Hinterbeine« …

Freitag, d. 6. Oct. 1922 [Weimar]

… es ist eine Zeit jetzt für alle am Bauhaus, die Du Dir nicht gut vorstellen kannst. Gestern sassen wir mit allen Meistern und Werkstattleitern von 8 bis ½ 1 Uhr nachts – und heute um 3 gehts wieder los, auf mindestens 5 Stunden. Und es ist jetzt ½ 12, ich muss um 1 wieder fort, um nicht das Essen zu Mittag zu spät aufzuwärmen, damit ich nach Tisch etwas zum Verschnaufen habe, ehe ich wieder losstürze. Nun, viel komme ich nicht zu eigener Arbeit – aber jetzt gilt es, sogar für Papileo, die eigenen Interessen etwas zurückzustellen. – – – Ich mag nicht, kann nicht, darf nicht brieflich etwas darüber sagen, was vorgeht. Eine fanatische Kabale hat sich zusammengetan. Leider scheint der Beweggrund in verletzter Eitelkeit der Angreifer zu liegen, Angst um ihre schlecht gewahrte Autorität – und das treibt sie zu moralischen Anklagen aller Art gegen unsern Freund. […] Das neue Bild wird gut. Ja, Girlie mine, Du kannst mir wirklich glauben, dass Dein bescheidenes, hartes Arbeiten im Haushalt mein Werk ermöglicht – das sehe ich so klar jetzt! Und Du darfst wenigstens darüber nie im Zweifel sein, dass Du unentbehrliches schaffst! Jetzt muss ich in die Druckerei, zu einer Besprechung wegen der neuen Mappe[126] – Material aussuchen für die Buchbinderarbeiten. – – – Wenigstens in meiner Werkstatt ist reine Luft – von dort aus wehen uns keine Klatschereien entgegen,

---

125 Eine solche Äußerung ist im Protokoll der Sitzung vom 3.10.1922 nicht festgehalten – vgl. Wahl 2001, wie Anm. 119.

126 Die fünfte Mappe der Bauhaus-Drucke »Neue europäische Graphik« enthält 13 Grafiken deutscher Künstler.

und mir hat überhaupt noch keiner von den Schülern je gewagt, solche Äusserungen über Meister und Direktor zu tun, wie etwa gegen Z. und Sch.[127], die ja immer um ihre Autorität jammern. …

1923

Im März erscheint die fünfte Mappe der »Bauhaus-Drucke Neue Europäische Graphik«, wiederum mit Werken deutscher Künstler, in der auch Grafiken von den »Brücke«-Künstlern und von Alfred Kubin enthalten sind. Im gleichen Monat verlassen Lothar Schreyer und Johannes Itten das Bauhaus. Nachfolger Ittens wird Laszlo Moholy-Nagy als Formmeister der Metallwerkstatt.

Am 11. April wird in Weimar der Grundstein für das »Musterhaus Am Horn« gelegt, das in vier Monaten nach einem Entwurf Georg Muches unter Mitwirkung aller Werkstätten errichtet und ausgestattet wird. In der Druckwerkstatt entstehen zwanzig verschiedene Postkarten nach Entwürfen von Bauhausangehörigen, darunter auch zwei von Lyonel Feininger, als Werbung für die Bauhaus-Ausstellung.

Die große Präsentation des Bauhauses findet in Weimar von Mitte August (geplant war Juli) bis Ende September statt. Dazu erscheint das Buch »Staatliches Bauhaus in Weimar 1919–1923«. Gropius hält den Eröffnungsvortrag mit dem Thema »Kunst und Technik – eine neue Einheit«. Die Ausstellung hat ca. 15.000 Besucher und wird sehr kontrovers aufgenommen.

Im September erfolgt in Thüringen eine Regierungsumbildung mit einer Mehrheit von SPD und KPD, die dem Bauhaus freundlicher gesinnt ist. Trotz inzwischen regelmäßiger Einkünfte über die Meister-Stelle am Bauhaus und den Verkauf von Bildern wird es auch für die Familie Feininger immer schwieriger, an das Nötigste zum Leben zu gelangen.

---

[127] Joseph Zachmann und Carl Schlemmer, vgl. Anm. 121.

Mitte September ist Lyonel für gut zwei Wochen in Erfurt, wo ihm Walter Kaesbach ein Atelier im Anger-Museum zur Verfügung stellt. Lyonel zeichnet unter anderem die Reglerkirche und die Barfüßerkirche, die er später auch in Gemälden gestaltet. Oft ist er bei dem Sammlerehepaar Tekla und Alfred Hess zu Gast.

In der Ausstellung »A Collection of Modern German Art« der Anderson Galleries in New York, initiiert von William R. Valentiner und Ferdinand Möller, werden erstmals in den USA Werke von Feininger präsentiert.

Anfang November eröffnet Wilhelm Koehler die Dauerausstellung »Kunst der Lebenden« an den Staatlichen Kunstsammlungen zu Weimar. Ein Raum vereinigt elf Gemälde und fünf Zeichnungen von Feininger. Dieser bleibt dem Museum verbunden und schenkt ihm sein komplettes Holzschnitt-Werk.

Die Inflation erreicht ihren Höhepunkt. Die Wirkung der am 15. November eingeführten Rentenmark tritt nicht sofort ein. Am 2. Dezember entspricht 1 Dollar 4,21 Billionen Mark.

Dienstag, d. 24. VII. 1923

[…] God bless you girlie mine! Heute vor 18 Jahren fuhren wir zusammen los nach Graal in unser Schicksal hinein!

Dienstag, den 2[9]. Juli 1923 [Weimar]

Von Teupser kam Geld für die beiden Aquarelle.[128] Ich lege die Karte bei, damit Du das Resultat siehst[129] – aber <u>zusammen</u> beträgt die Summe noch keine 15 Goldmark! Ja, ja, wir werden jetzt doch allmälig daran glauben müssen, 20 Mk. gleich 3 Millionen! Wenn nur das Geld aus Amerika richtig hier ankommt – ich bin doch recht in Sorge darum.

---

[128] Die Aquarelle »Mellingen« und »Leuchtfeuer« sind im Leipziger Museum nicht als Erwerbungen verzeichnet. Vielleicht hat Werner Teupser sie privat gekauft.

[129] Auf der Postkarte ist verzeichnet: »1 452 500 Mk. für: ›Mellingen‹, 500 000 für ›Leuchtfeuer‹, = 1 952 500 Mk.«

Mittwoch, den 1. Aug. 1923 ½ 8 morgens [Weimar]

Mein geliebtes Girlie! Die Tage gehen still und friedlich vorüber; Die Jungens sind sehr brav und machen viel Freude. [...] Das Wetter ist günstig gewesen, warm und etwas windig, aus süden; ... die Sonne ist schon so viel tiefer am Himmel, dass einige Baumspitzen Schatten spenden auf den Tisch, und auch im gelben Zimmer, am Arbeitstisch, steht mittags in der Sonne schon so niedrig, dass ich ganz rechts rücken muss. [...] Ach, wenn ich um mich sehe und alles überdenke – bis jetzt ging es uns immer noch gut, im Verhältnis zu fast allen anderen. Wir müssen sehr klar uns überlegen, was für Vorteile die Existenz in einer kleinen Stadt, mitten in einer Landschaft, wie Weimar steht, für uns und die Jungens hat. [...] Gestern traf ich Gropi ... er kam so liebevoll mir entgegen und nahm mich unterm Arm und wollte mir einiges sagen – so ging ich dann mit, bis zum B.-H. Nichts von »Klage«, nichts von Ermüdung oder gar »Bitterkeit« in diesem Menschen! Er arbeitet bis 3 Nachts – schläft fast überhaupt nicht, und wenn er einen gut ansieht, strahlen seine Augen wie die keines anderen Menschen! Dabei weiss er nicht, wie er's machen soll, dass alles klappt. [...] Wer sich nicht an diesem Menschen irgendwie aufrichten kann, der kann einem leid tun. Ich habe oft genug ganz positive Vorwürfe gegen das Ganze zu machen, oft bin ich tief unglücklich darüber, wie die Bahn sich neigt – aber es ist hier doch eine Kraft am Werk, die die einzige ist, die dazu imstande wäre. Dass vieles einfach umsonst ist und zuschanden wird, liegt nicht an Gropi – es liegt an der Zeit und an den Menschen. Gegen die Parole: »Kunst und Technik, die Neue Einheit«! lehne ich mich mit ganzer Überzeugung auf – diese Verkennung der Kunst ist aber ein Symptom unserer Zeit. Und die Forderung nach ihrer Zusammenkoppelung mit der Technik ist in jeder Hinsicht unsinnig. Ein wirklicher Techniker wird sich mit Recht jede künstlerische Einmischung verbeten; und auch die grösste technische Vollkommenheit, andrerseits, kann niemals den Gottesfunken der Kunst ersetzen! Aber die Zwecklosigkeit der üblichen Kunstschulen, etc., ist, denke ich, bewiesen und die Aussichtslosigkeit, für die meisten jungen Kunststudierenden, jemals ohne Nebenberuf durchzukommen. Nur darf man nicht glauben, dass wir imstande sind, Kunst und Technik als ein Ding aufzustellen! Es sind zwei, und grundverschiedene. Aber was will man: viele Künstler, heute, wollen nur Techniker sein! Stylgruppe,[130] Konstruktivisten, Suprematisten. […]

Erfurt, Museum, d. 18. Sept. 1923

Mein geliebtes Girlie! Wenn Du dich halb so sehr nach einer Nachricht sehnst wie ich, dann geht's Dir nicht sehr gut. Ich breche hiermit den Schweigebann den wir uns in kindlicher Unüberlegtheit gegenseitig auferlegt haben, und will nur ganz kurz berichten, wie's bis jetzt war, hier in der Klausur. Sonntag war ein schlimmer Tag, und ich habe, nach einer vollkommen wachen Nacht morgens schon mit Kopf- und Augenweh angefangen. […] Ich blieb ohne Abendessen und gegen Mitternacht schlief ich endlich ein. Um 2 wachte ich auf … aber von dem Lärm nachts machte ich mir früher keine Vorstellung – das ist hier ganz schlimm. Die Elektrische dröhnt und bimmelt … und Auto-Verkehr, mit Getute und Gerassel. Ich gewöhne mich nur langsam daran. Montag hab ich endlich ganz wenig angefangen, zu arbeiten, ohne Lust, und ganz ohne Talent. […] Um 7 gegessen, um ½ 8 wollte ich schon in's Bett – aber ich fing an, im Stehen vorm Bücherbrett draussen vor meinem Zimmer, Kunst und Künstler[131] zu durchstöbern – und es wurde 9 Uhr dabei. Ich habe einen moralischen Katzenjammer natürlich bekommen, vor all den schönen Reproduktionen nach Liebermann, Slevogt und Corinth, und habe mich mit tiefzerknirschtem Geiste ins Bett gelegt. Auch einige nun wirklich schlechte Pechstein-Reproduktionen und eine Reihe Kirchners, genial geschludert und grob, haben mich nicht mehr von der Vorstellung meiner Unbegabung und meiner verkorksten Künstlerlaufbahn befreien können. […] Ich beunruhige mich sehr, Euretwegen mit dem Gelde, inzwischen

---

130 Gemeint ist die 1917 gegründete niederländische Künstlervereinigung De Stijl.

131 Die Zeitschrift »Kunst und Künstler« erschien von 1902 bis 1933. Ab 1907 wurde sie von dem Kunstkritiker Karl Scheffler herausgegeben.

ist der Dollar auf 235-Millionen und das Pfund auf über eine Milliarde gestiegen! Oh Gottogott! Vollmilch kostet 3 Millionen 800 Tausend Mk. der Liter! – […] Hätte ich nur eine Handvoll guter Zigarren, dann wäre ich glücklich – denn wenn ich so bei der Arbeit sitze, so ganz allein im gespenstischen Museums-Bau – draussen in den Zimmern all die alten Figuren, Tiere, Spinnräder, Schränke etc! – und sonst nur die Strassengeräusche als Gesellschaft – da geht es garnicht ohne Rauchen – und die Pfeife ist einfach scheusslich auf die Dauer. Kae[132] hat mir von Hess eine Zigarre heute Abend in Aussicht gestellt – doch gestehe ich, ich schäme mich, sie ihm abzunehmen bei den jetzigen Zeiten. Sind wir nicht bettelarm! mit unsern Milliarden von Papiergeld. … Nun höre ich auf – ich war in einem luftleeren Raum, nun habe ich wieder das Gefühl, atmen zu können.

Sonnabend, den 15. Dezember 1923 [Weimar]

… allem Anscheine nach wird's nicht sehr lange mit Weimar dauern; die Regierung geht ganz bewusst gegen das Bauhaus vor, unter Bevorzugung der »Hochschule« natürlich. Mit uns verlängert sie Verträge nur noch bis Frühjahr 1925 (auf Gropius nachdrückliche Vorstellungen, denn zuerst sollten die Verträge nur bis 1924 laufen) aber der Hochschule bewilligen sie diese bis 1927! Ausserdem soll die Hochschule noch um 2 Professorenstellen vergrössert werden – während sie uns die zwei Abgänge nicht einmal zu ersetzen erlauben. […] Von Galerie Möller soeben die Abrechnung mit New York bekommen. Ganze 30 Dollars nach Abzug der Spesen, für 6 Graphische Blätter. Da verkaufe ich lieber hier. … Die Aussichten für später sind so schlecht, so schlecht! Wir werden wieder vorsichtig werden und sparen müssen nach den Feiertagen. Halber Beamtensold! …

---

132 Gemeint ist Walter Kaesbach, der Direktor des Städtischen Museums Erfurt.

1924

Im Laufe des Jahres mehren sich die Anzeichen für eine Stabilisierung der Weimarer Republik. Die Einführung der Rentenmark, verbunden mit einer Förderpolitik durch die USA, hat die Inflation beendet. Im Oktober wird die Reichsmark eingeführt. Vor diesem Hintergrund beruhigt sich die innenpolitische Lage, während Kunst und Kultur eine Blütezeit erleben.

Bei der dritten Thüringer Landtagswahl erhält der Thüringer Ordnungsbund die Mehrheit mit 48,02 Prozent der Stimmen. Er vertreibt in den drei Jahren seiner Regierungszeit das Staatliche Bauhaus aus Weimar, bricht Reformen ab und unterstützt völkisch-nationalistische Organisationen. Der extrem rechtsnationale Völkische Block zieht ebenfalls in den Landtag ein, mit 9,3 Prozent der Wählerstimmen. Nach diesem Rechtsruck in der Landesregierung teilt der neue Thüringer Volksbildungsminister Leutheußer am 20. März mit, dass die Verträge der Bauhaus-Lehrkräfte und -Mitarbeiter nicht verlängert werden.

Die Malerin Emmy »Galka« Scheyer hat ihre eigene künstlerische Tätigkeit aufgegeben, um sich ganz der Verbreitung der Kunst von Alexej Jawlensky, Wassily Kandinsky, Paul Klee und Lyonel Feininger im Ausland unter dem Gruppennamen »Die Blauen Vier« zu widmen. Am 31. März unterzeichnen die Künstler einen entsprechenden Vertrag mit ihr, und sie reist bald danach mit Kunstwerken im Gepäck in die USA.

Am 27. Juni fährt Lyonel mit dem inzwischen 14-jährigen jüngsten Sohn Lux nach Deep an der pommerschen Ostseeküste. Der 15-jährige Laurence kommt etwas später nach, Julia erst Ende August. Es ist der erste Sommer in dem Ort, der fortan bis 1935 jährlich aufgesucht wird.

Vom 10. August bis 15. September zeigt das Landesmuseum Weimar eine Ausstellung mit Papierarbeiten Feiningers. In der Reihe »Junge Kunst« des Leipziger Verlags Klinkhardt & Biermann erscheint eine erste kleine Monografie über Feininger von Willi Wolfradt.

Der älteste Sohn Andreas Feininger ist nun im letzten Jahr seiner Ausbildung als Kunsttischler am Bauhaus. Lux und Laurence werden, um dem rückständigen Weimarer Gymnasium zu entgehen, ins Internat der Bildungsanstalt in Hellerau bei Dresden gegeben. Dort baut Alois Schardt eine Reformschule im Geiste des Bauhauses auf, in einer Verbindung von »wissenschaftlichem« Unterricht, handwerklicher Lehre und künstlerischer Erziehung. Für die »Körperausbildung«, die von Gymnastik bis zu Anfängen der Schauspielkunst reicht, ist seine Frau Mary, geborene Dietrich, zuständig. Lux erinnert sich an die Mitwirkung bei einem Mysterienspiel und Julia schildert in Briefen anlässlich ihrer Besuche in Hellerau die Aufführungen eines Puppenspiels, das Lux gemeinsam mit einem Freund mit selbstgefertigten Puppen verwirklicht, sowie von Shakespeares »Sommernachtstraum«. Kurz nach dem endgültigen Aus für das Bauhaus in Weimar geht jedoch auch der Schulversuch in Hellerau bereits 1925 wieder zu Ende.

Am 18. September kündigt die Landesregierung die Arbeitsverträge der Bauhaus-Meister »vorsorglich« zum 31. März 1925. Der Bauhaus-Etat wird von 146.000 auf 50.000 Mark gekürzt. Die Meister erklären das Bauhaus am 26. Dezember ab 1. April 1925 für aufgelöst.

Am 3. Dezember kommt es zur ersten öffentlichen Aufführung von Feiningers Fugen im Meistersaal des Bauhauses durch Willi Apel.

Mittwoch, d. 23. Jan. 1924 [Weimar]

… Andreas macht mir Freude. Vorgestern sagte er plötzlich, er wolle doch eine Kücheneinrichtung machen […] – gestern brachte er den fertigen sauberen Entwurf herunter zur Begutachtung. Sehr klar und gut, ohne auch nur die Spur einer »ästhetischen« Absicht. Er hat jetzt die Zeichnung ins Bauhaus genommen. Noch etwas: Gestern, obwohl das Wetter nur ungefähr um 0 Grad herumspielte, kam er mittags nach Hause mit der dunkelblauen Wollmütze auf dem Kopf, ausserdem ist er bei Tische reizend höflich und aufmerksam – er kann es sein, und irgendwie steckt es in ihm, wenn er sich vielleicht noch geniert, es offen zu zeigen.

Der Film gestern bei Held[133] war der schönste den ich je gesehen – wenigstens für mein Herz![134] Ein fabelhafter Eisenbahn-Film, im Felsengebirge, alles echt! Ach, ganz prachtvolle Schnellzugsaufnahmen, überhaupt das ganze Leben des Amerikanischen Eisenbahners – und so spannend und abwechslungsreich. Donnerstag, den letzten Tag, gehe ich noch einmal hin, mit Andreas, der genauso begeistert war von dem erlebten wie ich. Ich war, als wir wieder zu Hause waren, wie umgewandelt, mich hat meine Amerikanische Kindheit »gepackt«; ich habe mich ein wenig besonnen, nach elenden Jahren des wunden Selbstbewusstseins in dem wir hier stecken (wie in einer giftigen Atmosphäre), dass ich auch einmal ein »Freier« Amerikaner war, und dass das Land drüben »mein« Land immer noch sei. Mir keine fremde Welt, die ich anstaune, sondern in Wahrheit eine Welt, unsere Welt, darling, unsere und unserer Jungens Welt, wenn wir nur wollen! Die rasenden Züge, die Landstrassen, die Häuser, und vor allem die Menschen, die im Film vorkommen, das sind meine Menschen, – nicht meiner Fantasie, auf Europäischem Boden entsprungen oder in Paris in den Strassen – sondern die nämlichen Menschen die ich als Kind liebte. [...] Der Film auf Deutsch: »Das Rote Signal« – doch auf dem Film selbst steht es: »The Westbound Limited«, was ein viel besserer Titel ist. Gott, waren die Aufnahmen schön! Der Zug, an einer Stelle, wo eine junge Reiterin auf den Schienen zu Fall gekommen war und sich von ihrem herrlichen weissen Pferd nicht befreien konnte, kam auf einen zugerast und konnte gerade noch so zum stehen gebracht werden, dass der Zuschauer tatsächlich unter dem cow-cat-

133 In Weimar existierte seit 1912 das von dem Fotografie- und Filmpionier Louis Held gegründete Kino »Reform-Lichtspiele«, das an sein Fotoatelier in der Marienstraße 1 angrenzte. Zu Vorführungen der eigenen, beliebten Dokumentarkurzfilme kamen bald auch Spielfilme. Das seit 1919 erweiterte Kino wurde 1921 von seinem Sohn Hans Held übernommen.

134 »The Westbound Limited«, ein US-amerikanisches Stummfilmdrama des amerikanischen Schauspielers und Schriftstellers Emory Johnson (1894–1960) aus dem Jahr 1923.

cher[135] lag und unter den ganzen Zug hindurch sah! Anderswo rasen in der Nacht zwei D-Züge in äusserster Geschwindigkeit in den Bergschluchten, auf einem Schienenstrang auf einander zu. Man verfolgt erst den einen Zug, dann den Andern, an verschiedenen Stellen der Bahn; die Stahlwagen blitzten das reflektierte Licht zurück im Nassen; es gewitterte gewaltig. Man begleitete streckenweise den Maschinisten jedes Zuges, von Ausserhalb des Führerstandes aufgenommen (wie sie das machten ist ganz rätselhaft) sah ihr Mienenspiel während der Fahrt – das plötzliche Aufschrecken ihres Blickes, als sie die Gefahr eines Zusammenstosses erkennen – die Kolosse werden zum Halten gebracht aber es ist einfach unbeschreiblich, wie bis zum letzten Augenblick die Spannung wächst, ob es gelingen wird. Ich war ganz durchbraust und erschüttert. [...]

Dienstag, d. 29. Jan. 1924 [Weimar]

... Bei Euch am Park scheint es doch nicht sehr behaglich zu sein, wenn Du im Pelzmantel frieren musst im Zimmer, ich glaube ich wäre sehr unglücklich daran jetzt, wenn ich bedenke dass ich zum Sitzen und Arbeiten viel Wärme brauche. – – Hätte ich nur Dein Vorlesen hier, ich könnte glaube ich, das dreifache arbeiten. Ich bin von flatterhafter innerer Unruhe doch so reich an Einfällen wie nur möglich, aus reichem Wissen und reicher Fülle – aber die Ruhe fehlt – die innere Sammlung, die Selbsthypnose gelingt nicht; ich verzettele mit Bewusstsein meine Zeit ... es ist kaum Übermüdung – es ist einfach verlorene Fähigkeit, sich bei <u>einer</u> Sache aufzuhalten, wo so vieles winkt. Dabei bin ich sehr brav und habe überhaupt nicht komponiert, die ganze Zeit nicht. Aber ich lese Dostojewsky's »Dämonen« wieder durch und sie sind sehr fesselnd und fast aufreibend. Ich bin gestern nicht ins Konzert gekommen, mich hat das Programm erstens abgeschreckt und zweitens hatte ich keine Lust unter Menschen zu kommen – auch ist mir die Mu-

---

135 Cowcatcher (Kuhfänger) sind eine Reihe an der Front der Lokomotive schräg montierter miteinander verbundener Stahlstäbe, die Hindernisse von den Schienen räumen sollen.

siziererei verleidet – mir ist es gleichgültig geworden, ob meine Fugen gespielt werden oder nicht – einzig notwendig war, dass ich sie schrieb. Wenn Du wieder hier bist, und es ginge, wäre das Schönste doch Vorlesen, bis etwas wieder von den Werken sich ansammelt. Ich schwebe ja so in der Luft. ... Laurence muss jetzt um 8 Uhr fort, anstatt um ½ 9. Heute hat er sein Frühstück auf der Diele liegen lassen – das muss ich ihm hinbringen. Es ist gleich ½ 10, bald kommt der blaue Postbote. Gestern kam er nicht. Wärest Du hier, würde ich sagen: »Pulu, zieh Dich warm an, wir gehen im Schnee. nach Gelmeroda«, oder »Grunscht«, denn es ist ein herrlicher junger Tag! Und nun, »Plumps«! in die Wirklichkeit – der blaue Postbote war da und nun ist's für heute mit unserm Spaziergang Essig – auch dann, wenn Ihr hier wäret, denn Luxepeter hat die Grippe! [...] Komisch, wie auch Du vom Spazierengehen und von vielem Vorlesen schreibst! Das war wiedermal Gedankenübertragung! [...]

Deep, Montag d. 30. Juni, 1924

... Ich bin sehr traurig, dass die erste Nachricht, die Du von uns bekommen wirst ... so pessimistisch verlautet – aber ich war enttäuscht über den ersten Eindruck hier[136], und, was mitbestimmend wirkt, so zu Ende mit aller Spannkraft, dass ich nicht empfänglich für irgendwelche netten Eindrücke war – es ging alles im Grau unter. Inzwischen bekam ich allmählig einen freundlicheren Eindruck von Manchem – ... Wenn wir anfangen uns umzusehen, werden wir viel nette Motive finden. Es ist doch eine ganz primitive Ortschaft, mit vielem schönem Alten. – Und Treptow scheint eine sehr schöne alte Stadt, hat eine riesig hochragende Kirche, über ganz niedrigen einstöckigen Häusern. Hier sind nur Sandwege. Auch keine Strand Tiere, keine Steine, keine Muscheln – es ist merkwürdig – auch im Walde nichts an Lebewesen zu erblicken. [...]

136 In Lyonels ersten Briefen aus Deep hatte er sich unglücklich unter anderem über die Wohnsituation geäußert. Seit er und Lux das Ehepaar Wilke kennengelernt hatten, in deren Haus sie am 5. Juli zogen, waren diese Sorgen verflogen.

Mittwoch, d. 2. Juli, 1924, Deep.

... zu Taten bin ich noch keineswegs gekommen, es ist ein unwiderstehliches Bedürfnis in mir, zunächst alles Vergangene zu vergessen – körperlich und geistig vergessen – die Zeit der krampfhaften Anstrengung zur Schaffenstätigkeit, die ist zu böse gewesen. Wenn ich mich mit Luft und Sonne und Salz und Schlaf erst vollgesättigt habe, dann kommt das Neue wieder von selbst. Vergangenes kann ich garnicht mehr ertragen. [...]

Freitag Abend, d. 4.7.24. [Deep]

... Heute haben wir gepackt und ... morgen ziehen wir ein bei Wilkes. Einen Strandkorb bekommen wir morgen (Woche 5.– Mk). Man zieht sich ungeniert an und aus, und keiner schaut sich nach dem Andern um. ... meistens sinds wahnsinnig dicke Frauen und Männer in Proportion – ein spiessiges Publikum! ... Milch und Eier bekommen wir bei Wilkes sie haben [eine] eigene Kuh ... dass Andreas hier schiessen dürfte ist ganz ausgeschlossen, der Wald wimmelt von Kindern. Heute am Strande fanden wir schon den zweiten Delphin! aber der verbreitete schon Pest und Gestank! bis eine freundliche Seele ihn vergrub. [...]

Montag, d. 7.7.24 [Deep]

[...] Am Strande war, gegen Abend, Spiegelglätte, und merkwürdige Wolkenbildung. Farben sehe ich hier am Meer, nicht zu beschreiben ... Sonnenuntergänge, wie ich seit meiner Kindheit keine mehr sah! Vorgestern waren sämtliche Regenbogenfarben enthalten, in unerhörter Reinheit, ein ganz bedrohlicher Himmel [...]. Gestern Abend erlebte ich plötzlich meine Wolke, [...] in genau den Farben! Und es ist immer so, ich kann malen, was ich will – bestätigt wirds von der Natur selbst; die transcendentale Raumbildung im Bilde ermöglicht einen gleichwertigen Eindruck des Erlebten. [...]

Dienstag früh, d. 19. Aug. 1924 [Deep]

[...] In Weimar ist in diesen Tagen eine unsagbar widerliche »Verbrüderung« der Völkischen und Nationalsozialisten vor sich gegangen, unter Ludendorf's Vorsitz.[137] Hitler und Genossen sind als Helden verherrlicht worden, und es sind Beschlüsse gefasst worden, die an die Zurechnungsfähigkeit dieses ganzen Kreises stark zweifeln lässt; und ich glaube, das wird für freigesinnte Menschen kein guter Winter werden, unter der Herrschaft. [...]

Deep, den 22. Aug. 1924

[...] Was in Weimar vor sich ging bei den Verbrüderungsfeierlichkeiten ist grotesk. Wenn der Deutsche sich seines »Deutschtums« »bewusst« wird, verliert er Bescheidenheit und Maass, und wird dann der ganzen Welt unerträglich. Und der Zank um Goethe's »Völkischkeit«! köstlich! Ja, wir werden in »ausgerechnet« Weimar doch unsere Arbeit tun, und gerade dort den ganzen Verkehr vermeiden, wie eine totbringende Krankheitsansteckung. ...

Donnerstag, d. 28.8.'24 [Deep]

Soeben habe ich Laurence und Lux abgeschoben – d. h. mit väterlichem Segen abschieben lassen – zur Fahrt mit dem Motorboot nach Rewahl. Es ist himmlisches Wetter, fast kein Wind, und das übliche Gewitter ist heute früh ausgeblieben und irgend welche Sorge habe ich nicht wegen der Beiden. Es ist unser letzter Tag hier in freier Unbekümmertheit – morgen packe ich ... das Reisefieber fängt leise an, allein zu sein vertrage ich augenblicklich schlecht, gestern Nachmittag z. B. war ich ganz rapplig und wusste weder aus noch ein vor Einsamkeit. ... Auch das Wetter ist so labberich, es hat nicht recht geschienen, und der Tag fing überhaupt mit grossen Kanonen an. Aber nach Tisch wurde es besser ... Lau-

---

137 Nachdem in Folge des Hitler-Ludendorff-Putsches 1923 die NSDAP verboten worden und Hitler – anders als Erich Ludendorff – zu einer Gefängnisstrafe verurteilt worden war, führten in der Weimarer Tagung vom 16. und 17. August Vertreter der Deutschvölkischen und der Nationalsozialisten, als bisher konkurrierende rechtsextreme Gruppierungen, im Hinblick auf anstehende Reichstagsneuwahlen einen Zusammenschluss in der Nationalsozialistischen Freiheitspartei (NSFP) herbei. Ludendorff gehörte keiner der beiden Fraktionen an, sah sich aber als Führer der neu entstehenden Partei.

rence ging nach Triebs zeichnen und nahm den Lux mit. Ich ging gegen ½ 5 an den Strand auf unsere Düne, und habe ein wenig geschaut und gelesen, aber den Zweck habe ich erreicht … nämlich die Wartezeit auf den Briefboten zu vergessen. Als ich um 6 nach Hause kam fand ich Deine 3 Dresdener Karten an die Jungens und mich auf dem Tische liegen. Ich benehme mich manchmal, weiss Gott, wie ein »Simpleton«[138]! Laurence letzte Zeichnungen sind erstaunlich gut – sehr zart und fein, wohl etwas kühl, aber sicher in Raum gebracht und mit zartem Reiz. Sie erzählen von dem gesehenen. Luxi's Tierblätter, voll Ziegen, sind in ganz anderer Art erstaunlich; der Junge ist der geborene Tiermaler (ob er nun einer wird ist sehr fraglich, ich glaube mehr an den Marinemaler)[139] aber für alles Landschaftliche versagt sein Interesse einstweilen – und das war in dem Alter bei mir auch so sehr der Fall, dass mein guter Vater ausser sich war, als wir auf dem Lake Champlain auf dem Raddampfer eine unvergleichlich schöne Fahrt machten, durch 1000 Inseln (so heissen sie auch) und ich die ganze Zeit durch die Heizerluke auf die arbeitende Schiffsmaschine starrte! – Was kann sich nicht alles in einem jungen Menschen entfalten! Alles, jedes Ding hat seine Zeit; sonst wäre aus mir nie etwas geworden. Hätte ich heute mit einem so kunstfremden Schüler zu tun, wie ich noch mit fast 30 Jahren war, würde ich nichts mit ihm anzufangen wissen – nur dass ich aus eigenster Erfahrung mir sagen würde – »sieh zu, von welcher Seite er zu fassen ist«. Mit den Jugendlich Begabten weiss man doch ebensowenig, was sie halten werden, von all den Versprechen! …

ohne Datum (Poststempel 11.11.'24) [Weimar]

My Girlie, just arrived safely after a rather uncomfortable journey from Leipzig in an unheated D-Wagen. The handkoffer came with the same train. Now Andreas is here, and looks well and contented. Everything has gone on well, during our absence. A. has

138 Dümmling

139 Tatsächlich ist T. Lux Feininger später als Marinemaler bekannt geworden.

still 20 Mks. Wirtschaftsgeld, so that together we shall do very well until the 15th. Nothing is known about the fate of the B.-H. Andreas says so one is informed. I must see Gropi or M.[140] to-morrow and ask …[141]

Sonntag Vormittag [16. Nov. 1924, Weimar]

7 Grad Kälte (angeblich, aber ich merke sie nicht) … Gestern waren vereinzelte Schneeflocken in der grauen Nachmittagsluft […]. Jetzt kommt der Eilbote vorgeradelt! es ist gerade ½ 12! Hurra! Ich dachte schon, es wäre mir recht geschehen, wenn ich einen Tag von Dir keinen Brief hätte, weil ich so unsagbar grässlich war, nicht ans Schreiben neulich zu denken, vor lauter fressendem Kummer! Das ist ja ein »Meter«-Brief! Nun mache ich ihn aber auf! – – – Nun habe ich ihn gelesen! und er ist so voll von Anregung und neuem Aufschwung … Im »Kunstblatt« steht die Ankündigung des Kalenders, unter dem Titel »Europa« (mit abgebildetem Umschlag von Léger)[142] und neben dem Namen von Satie steht »eine Fuge von Feininger«. Satie ist der einzige darin genannte Musiker, ein ganz hervorragender Komponist aus Frankreich. Ich bin sehr gespannt auf die Reproduktion des Manuskripts und auf die Wirkung der Veröffentlichung. Satie gehört zum Kreise der vereinigten Maler und Musiker in Paris »Segment d'Or«[143] dessen Begründung vor

140 Gerhard Marcks.

141 *Mein Girlie, gerade wohlbehalten angekommen nach einer eher ungemütlichen Reise von Leipzig in einem ungeheizten D-Wagen. Der handkoffer kam mit dem gleichen Zug. Jetzt ist Andreas hier und sieht gut und zufrieden aus. Alles hat sich während unserer Abwesenheit gut entwickelt. A. hat noch 20 Mk Wirtschaftsgeld, so dass wir bis zum 15. sehr gut zurechtkommen werden. Über das Schicksal des B.-H. ist nichts bekannt, sagt Andreas, also weiss man zumindest das. Ich muss morgen zu Gropi oder M. gehen und fragen.*

142 Der von Carl Einstein und Paul Westheim herausgegebene »Europa Almanach« erschien 1925 im Potsdamer Kiepenheuer-Verlag. Zwischen den Seiten 88 und 89 war als Notenbeilage die »Fuge VI« von Feininger eingebunden.

143 Erik Satie gehörte zum Kreis um Pablo Picasso und Jean Cocteau. Die 1912 gegründete »Section d'Or« (= Goldener Schnitt) war eine Vereinigung kubistischer Maler und Bildhauer, u. a. mit Jean Metzinger, Albert Gleizes und Marcel Duchamp.

ein paar Jahren mich sehr aufregte – nun komme ich irgendwie auch in Kontakt mit diesen Geistern, durch meine musikalischen Versuche. Ich sass in diesen Tagen viel am Flügel, es war das einzige, wozu ich die Kraft und die Sehnsucht hatte …

Montag, d. 17. Nov. 1924 [Weimar]

Geliebtes Girlie! Du deutest so geheimnisvolle Überraschungen an, in Deinem Sonntags-Brief – aber Überraschungen werden auch vielleicht Dich erwarten, wenn Du das gelbe Zimmer siehst! Der Mann ist fleissig bei der Arbeit und man kann schon einen Eindruck bekommen – doch wird noch morgen nötig sein für die Türen und übermorgen für‹s Saubermachen und Bohnern … Hessens haben Klee, Kandinsky und mich zum Nachmittag und Abend eingeladen, als Entschädigung dafür dass ihre Einladung an uns zum Martinstag fehlschlug – da haben Hessens uns 3 dicke Marzipan-Gänse mit dem Auto ins Bauhaus geschickt. Weisst Du, schon jetzt sehe ich an dem neuen Wandanstrich, wie die Farbigkeit unsern Räumen fehlte, und wie gut und belebend sie wirkt. Wir waren all die langen Jahre in unserer Umgebung brav bürgerlich geblieben, zu eintönig abgestimmt. Ich kriege jetzt plötzlich Lust zu allem Möglichen, fort mit dem Stumpfsinn und der Farblosigkeit des Katzenjammers! …

Donnerstag, später (20.11.) [Weimar]

Soeben las ich den »Tageblatt-Bericht« über die Bauhausverhandlungen[144] […] – es geht partout gegen Gropius, trotz und trotz alledem was man machen kann – und wir sind noch ganz in den Händen der Regierung und der Deutschnationalen. Soeben hat's geklingelt und Marcks ist gekommen, da höre ich jetzt auf und sende den Brief weg …

---

144 Es wurde behauptet, Gropius habe das Bauhaus »einseitig kommunistisch-expressionistisch ausgerichtet« (zitiert nach Karl-Heinz Hüter: »Das Bauhaus in Weimar«, Berlin 1976, S. 51). Im November 1924 wurde über eine Privatisierung des Bauhauses verhandelt.

1925

Zahlreiche Städte melden nach dem Aus in Weimar Interesse an einer Übernahme des Bauhauses an: Leipzig, Mannheim, Frankfurt, Hagen, Krefeld, Darmstadt und Köln. In Dessau gibt es noch eine Mehrheit von Sozialdemokraten und Linksliberalen in der Regierung, die das Bauhaus für ihre Stadt gewinnen wollen. Die Entscheidung fällt für Dessau. Lange ist unklar, wer von den Meistern mitgehen wird. Schließlich wechselt nur Gerhard Marcks an die Kunstgewerbeschule Burg Giebichenstein in Halle. Feininger bekommt für Dessau auf seinen Wunsch hin einen Vertrag ohne Lehrverpflichtung bei halbem Gehalt. Ihm ist die zeitliche Ungebundenheit für sein Schaffen so wichtig, dass er die immer wieder auftauchenden finanziellen Schwierigkeiten in Kauf nimmt.

Galka Scheyers erster Erfolg in Amerika ist eine Ausstellung der »Blauen Vier« in der Daniel Gallery in New York, die am 20. Februar eröffnet wird. Später ist sie vor allem an der Westküste für die Künstler, die sie vertritt, tätig.

Am 28. Februar stirbt überraschend der erste Reichspräsident Friedrich Ebert. Im zweiten, entscheidenden Wahlgang wird am 26. April Paul von Hindenburg gewählt, der für den antirepublikanischen »Reichsblock« kandidiert.

Julia ist jeweils längere Zeit in Dresden, bei ihren Söhnen in Hellerau und bei ihrem schwerkranken Vater in Berlin, wo sie nach dessen Tod im Mai Beisetzungs- und Nachlassfragen regelt. Andreas besteht nach der Ausbildung am Bauhaus im April seine Gesellenprüfung vor der Handwerkskammer mit Bravour. Anschließend studiert er ab Herbst bis 1928 in Weimar und Zerbst Architektur.

Julia entwirft und fertigt an der Bühnenwerkstatt des Bauhauses, seit 1923 unter der Leitung von Oskar Schlemmer, Puppen, unter anderem für die Aufführung eines »Märchens aus dem Morgenland«.

Am 8. Juni fährt Lyonel mit Lux und Andreas nach Deep. Anfang Juli kommen Laurence und Julia nach. Sie bleiben bis Anfang September.

Ab September werden in Dessau nach Entwürfen von Gropius das Bauhaus-Gebäude und die Meisterhäuser errichtet. Die Wiedereröffnung des Bauhauses am 14. Oktober in Dessau erfolgt bei eingeschränktem Betrieb noch nicht in eigenen Räumen.

Feininger fährt am 18. Oktober von Weimar nach Halle zur Aufführung seiner »Fuge XIII« in der Moritzkirche. Es ist wegen der Änderungen, die der Star-Organist vorgenommen hat, und wegen seiner die Struktur zugunsten des »Wohlklangs« vernachlässigenden Spielweise eine große Enttäuschung für Lyonel und den ihn begleitenden Laurence.

Im Herbst wird eine Bauhaus GmbH zur kommerziellen Verwertung der am Bauhaus entwickelten Produkte gegründet.

In seinen Bemühungen um ein einheitliches Erscheinungsbild der Drucksachen des Bauhauses setzt Herbert Bayer die konsequente Kleinschreibung durch. Julia schließt sich dieser Praxis einige Jahre später an, Lyonel nicht.

Der Braunschweiger Sammler Otto Ralfs gründet die Feininger-Gesellschaft, die dem Künstler ein jährliches Mindestgehalt von 6.000 Mark garantieren soll. Im Gegenzug für monatliche Beiträge sollen die Mitglieder am Ende des Jahres ein Werk des Künstlers im Gegenwert der eingegangenen Zahlungen erhalten. Anders als bei der Kandinsky-Gesellschaft und der Klee-Gesellschaft, die ebenfalls von Ralfs gegründet wurden, gelingt es wegen wirtschaftlicher Schwierigkeiten der Interessenten nicht, die Feininger-Gesellschaft zu aktivieren.

Mittwoch, d. 11. Feb. '25 [Weimar]

... Kandinskys fahren nun erst Freitag vormittag nach Dresden, weil sich inzwischen so vieles aus Dessau ergeben hat, dass er, Kandinsky, unbedingt am Donnerstag (morgen) mit den Herrn von dort, dem Konservator und dem Ober-Bürgermeister,[145] zusammentreffen muss, für ganz wichtige Besprechungen. Es scheint ein so ernsthaftes Angebot und für sofort z. 1. April (ohne Unterbrechung der Bauhaustätigkeit auf lange Monate wie eventuell bei Mannheim) dass wir es anhören und prüfen müssen. 130.000,– Mk. jährliches Etat, keine altbesetzten Stellungen dort … reichlich Werkstatt-Räume, und alle möglichen Zusicherungen von Bauausführungen und sonstigen Vorteilen. Sie wollen uns ernsthaft sofort und in Toto haben. Und guter Gropi, der nicht da ist, und nirgends zu erreichen! Das hat man nicht vorausgesehen, als er unsern Segen mitbekam, für die 4-wöchige Erholungsreise. Und die Werkmeister, die das Angebot der hiesigen Regierung zu bleiben, quasi schon angenommen haben. Es wird soweit kommen, dass Weimar sich um »sein« Bauhaus gegen Dessau mit Gropius und unser Bauhaus verteidigen und schlagen wird. Anstatt tot zu sein, ist das Bauhaus plötzlich verdoppelt; hat gekalbt. Heute waren drei Besprechungen. Morgen wieder, um 11, und Mittags kommen dann die Herrn aus Dessau. Die Bevölkerung ist dort demokratisch und sozialistisch – aber im übrigen ganz unpolitisch zum Bauhaus eingestellt und man ist sonst auch der Meinung, dass nirgendwo das Feld so frei für die Weiterentwicklung des Bauhaus-Gedankens wäre wie dort. […] Nun noch die Frage, ob wir alle noch zusammenhalten können. […]

Donnerstag, d. 12. Feb. 1925 [Weimar]

… ganz schnell noch 6 ¼ abends im Atelier einiges von den heutigen Verhandlungen mit den beiden Herren aus Dessau: dem Oberbürgermeister und dem Konservator, die von 1 bis ½ 6, mit allen Herrn zusammen waren. Zuerst haben sie die Werkstätten besucht; nachmittags war Zusammenkunft im Raum von Gropius. Ich kam gegen ½ 5 ins Atelier und habe zuerst etwas weiter an »Ga-

145 Der Konservator war Ludwig Grote, Bürgermeister war Fritz Hesse (Oberbürgermeister wurde er erst später).

berndorf«[146] gearbeitet – und um 5 ging ich hinunter und lernte die Dessauer persönlich kennen. Schon heute vormittag um 11 hatten wir Meister alle Punkte, über die zu verhandeln sein könnte in Klee's Atelier besprochen und aufnotiert – sogar den Punkt meiner Freiheit von aller Lehrverpflichtung, der nachmittags von den Herrn aus D. glatt zugegeben wurde. Kurz – die Verhandlungen wurden in einem ungewöhnlich fortschrittlichen, weitvorausschauenden Geiste seitens Dessau geführt – es ist tatsächlich nicht ein Punkt unerörtert geblieben, der nicht in kluger und liberaler Weise erledigt wurde. Die Stadt führt eine Aufbau-Politik, wirtschaftlich, industriell und kulturell, die ganz stark für sie einnimmt. Am Donnerstag d. 19. werden Kandinsky und Muche beide dorthinfahren, um an Ort und Stelle die Verhältnisse zu begutachten. Kandinsky, der morgen, Freitag vormittag, nach Dresden fährt, wird Dir persönlich alles genau erzählen. Wir werden wohl ernstlich mit dieser Sache rechnen müssen, wenn's nur für ein paar Jahre wäre. Oder wir müssten uns von den Freunden und Kollegen trennen. Die Gehaltsstufe in Dessau, fast das doppelte wie in Weimar – [...] ausserdem bedeuten wir als Vereinigung, wenn wir unversprengt bleiben, eine Macht im Lande und Ausserhalb. [...] Wieder ein sehr guter Film, mit Conrad Veidt[147] – er ist wirklich ein durchgeistigter Darsteller, wie kaum einer – nur sind seine Rollen mir zuwider, ... und doch kann man sich nicht sagen, dass er nicht irgendwie bestrickend wirkt, in seiner perversen Ganzheit und Überlegenheit über seine Umgebung, im Spiel. Zuletzt, wenn alles versagt und seine Hoffnungen vergebens sich erwiesen, hat man Mitleid und sieht den Märtyrer. ...

Freitag, d. 13. Feb. 1925 [Weimar]

... Heute habe ich wenigstens tüchtig gemalt, an »Gaberndorf«, ein Werk, das mich manchmal mit Abscheu erfüllt, und manch-

[146] Erst vier Jahre später wurde wieder ein Gaberndorf-Gemälde fertig: »Gaberndorf III«, 1929, Öl auf Leinwand, 100 x 80 cm, Verbleib unbekannt, Hess 310.

[147] Vielleicht »Das Wachsfigurenkabinett« von 1924.

mal finde ich es noch ganz passabel – aber es ist doch nicht in der grossen Linie meiner Bilder, und ich habe schon viel zu viel Mühe daran verwendet. Die drängen mich immer so: wieder aus Wiesbaden heute eine Mahnung,[148] ja pünktlich zu sein! Ich komme vor Tüftelei an dem Unglücksbild nicht zu neuen Bildern. [...] Ich war richtig ganz frühlingsmüde, als ich heute zu Tisch ging, es ist zu schön, wieder draussen in der Sonne zu gehen. Ich stellte mir Euch vor in Hellerau; ...

Sonnabend früh! Gestern Abend klopfte es plötzlich am Fenster im grossen Zimmer hinter den zugezogenen Vorhängen ... Dein Eilbrief, der so willkommen war! Ich bin gestern so wenig zum schreiben gekommen, Unterbrechung und Zeitverlust bei allem. Es ist mein schlechtes Gedächtnis, das mich so wenig leistungsfähig macht. Und dann, am Schlusse des Arbeitstages kam das Auto-da-Fé über »Gaberndorf« und ich habe es kurz entschlossen zerschnitten und will lieber 10 neue Bilder malen, als dieses eine weiter zusammen pinseln. ... Was Dessau angeht – oder überhaupt eine zweite Auflage des Bauhauskampfes – ich bin ganz gewiss, dass keiner von uns ganz leichten Herzens wieder anfangen würde – und dass nur die Not letzten Endes dazu zwingt, das Opfer darzubringen; das freie Schaffen schwebt allen so stark und schön vor! Klee, der Gute war gestern ganz traurig und sagte: »Ja, jetzt fange ich an, Sie zu verstehen«! Er möchte eine »ganz lange Pause« machen! Uns allen ist aber der Gedanke, zusammenbleiben zu können, vielleicht das wichtigste und tröstlichste ...

Sonnabend, d. 14.II.'25 [Weimar]

... bin seit 9 im Atelier, zeichne Bilder auf, sehr sorgfältig und genau, und will sie erst zum malen anfangen, nachdem sie wirklich sehr gut aufgezeichnet sind, prima, ohne dass sie so hart oder trocken werden ... Das zerschnittene »Gaberndorf« war das übelste dieser, in dieser Art, was ich ungefähr gemacht habe, und ich bin,

[148] In der Ausstellung im Museum Wiesbaden war Feininger schließlich mit acht Gemälden vertreten.

je länger ich mir das Bild ansehe, desto zufriedener, dass ich's zerschnitten habe. Zuletzt war alles erlogen, einfach »Handwerk« geworden und nur durch das Handwerkliche – wenn überhaupt – interessant. Der Weg, den ein allzu wichtig gewordenes Handwerk führt, wird künstlerisch verkümmert; jedenfalls bleibt das Wesentliche am Kunstwerk keineswegs das Handwerkliche, sondern das lebendige Erleben. Und das hatte ich bei »Gaberndorf« längst vergessen. Wenn andere sich an diesem malerischen Leichnam ein Erlebnis herausholen konnten, war es doch nicht das Richtige, das ich einst hatte wiedergeben wollen. Das überhandnehmen des manuellen, ist das nicht überhaupt die Gefahr beim Akademisch angestellten Maler-Professor? Der Aufenthalt an einem Institut ist unter den günstigsten Bedingungen doch irgendwie voller Zwangsläufigkeiten, die mit der Zeit auf unsere Unbekümmertheit einwirken – wir nehmen gewisse methodische Gewohnheiten an, man wird sparsam mit seinen Kräften; das Erleben wird, als oft störend, gemieden, man hat ja so viel aufgesammelte Erlebnisse und Erfahrungen, weshalb noch neue hinzuholen? Die alten sind noch nicht einmal »verwertet«! Und eines Tages erkennt man das alles ganz klar und es ist dann zu spät, man ist magenkrank, oder hat Migräne, oder »Galle« oder sonst etwas und kann nicht mehr sich aufrappeln. Ist das nicht grausig? grrrrausig!? und man hat die Gelegenheit, sich zu befreien, und dann geht man mit nach Dessau und glaubt: »es wird gehen«! … Bedingung: Keinerlei Verpflichtungen zum Lehren, nur dass ich dort wirke und überhaupt damit verbunden bleibe. Das wurde mir als »selbstverständlich« zugesagt. …

Mittwoch, d. 18.II.25 [Weimar]

My dearest Girlie! Soeben traf ich Moholy … der rasch hinstürzen wollte, um Muche vor der Abfahrt nach Dessau ein Telegramm von Gropius zu übergeben. Das Telegramm erteilt Vollmacht und bestätigt sein Einverständnis mit Dessau. […]

M. d. 18.II.25, später

… Mit Hängen und Würgen habe ich jetzt vier Bilder an Wiesbaden gemeldet. Es ist für mich unsagbar schwer gewesen. Angemeldet habe ich »Leviathan«, »Gelbes Dorf«, »Benz« (piccolo Format) und das alte Schlachtschiff[149] – »Troistedt«[150] hatte ich zuerst dafür vorgesehen, aber nach allen Versuchen, das Bild anständig in den grossen Rahmen zu befestigen, musste ich doch verzichten – denn es ging nicht, überall guckte Luft durch oder, noch schlimmer, so ein aufgenagelter Holzklotz. Und dann, gegen die andern 3, ist das Bild zu zart und fein. Ich will es hier behalten. Oh, little one, your letters do me so much good! And I am so pleased about our boys! And I feel so much better now. …[151]

Abends ¾ 7, d. 19. Feb. 1925 [Weimar]

My Girlie! Soeben bin ich aus dem Atelier nach Hause gekommen und fand Deinen gestrigen Brief vor – Mittags kam Dein Telegramm, und ich habe sofort eine Kiste bestellt […] und bin nun dabei, »Troistedt« auf einen neuen, 1 cm grösseren Keilrahmen umzuspannen. Ich kam infolgedessen wenig zum arbeiten – aber das lag vor allem daran, dass ich Besuch von – Mackensen! erhielt, mit seiner sehr netten Frau. Sie sassen bei mir ca. 1 Stunde und er erzählte alle möglichen Kunstpolitischen Dinge aus dem Weimar des Grossherzogs und der Vorkriegszeit. Auch von van de Velde, ich hatte keine Ahnung – musste natürlich möglichst gescheidt antworten und Ideale, die er meinte, still mit Idealen die ich meinte, verquicken. Die Worte waren daher die selben, doch der Sinn häufig umgekehrt. … Gestern, um diese Stunde ging plötzlich in ganz Weimar das Elektrische Licht aus und die ganze Nacht war kein Strom! Und wir sassen beim spärlichen Kerzenlicht, Andreas und ich im grossen Zimmer, während Clara mit einem Lichtstumpf bewaffnet, überall Stearin hintrippeln liess auf ihren Weg durch die Stockfins-

---

149 »Leviathan«, vgl. Anm. 79; »Dorf«, 1924, Öl auf Leinwand, 50 × 75 cm, Privatbesitz, Hess 239; »Benz«, 1924, Öl auf Leinwand, 38 × 47,5 cm, New York,Achim Moeller Fine Art, Hess 238; »Marine«, 1924, Öl auf Leinwand, 40 × 41,5 cm, Paris, Musée Nationale d'Arte Moderne, Hess 252.

150 »Troistedt«, 1923, Öl auf Leinwand, 80 × 100 cm, Privatbesitz, Hess 236.

151 *Oh, Kleine, deine Briefe tun mir so sehr gut! Und ich bin zufrieden mit unseren Jungs! Und ich fühle mich jetzt viel besser.*

ernis. Und heute ist das Licht auch derart verboten schlecht! das soll der neue Strom sein, sagt man! und wir sollen nicht etwa denken, der wäre besser als der alte – »blos anders«! … Ja! […]

Freit. d. 20.II.'25 [Weimar]

Heute Mittag Besprechung aller Meister […] über Dessau. Dortiger Besuch der Herrn, mit Frauen, glänzend verlaufen, grösste Befriedigung in allen Punkten. Frau Kandinsky und Frau Muche wurden in Dessau abdelegiert, sich in der Stadt umzusehen – Anfangs Eindruck nicht sehr schön – aber dann, über's Arbeiterviertel hinaus, ansteigend bis zur völligen Begeisterung. Besser als umgekehrt. Für die Meister soll extra, nach unseren eigenen Wünschen und Plänen, im herrlichen Park gebaut werden, Wohnungen fertigzustellen bis Oktober! Mit Atelier gleich oben auf'm Haus! Wasser überall: die Mulde fliesst in die Elbe, Wasser- und Segelsport – Angeln – Motorbootsport – Haben heute telegraphiert an Dessau, dass wir grundsätzlich einverstanden sind, »Brief folgt«. Die Meister-Frauen werden nunmehr alle zusammenkommen, um ihrerseits zu besprechen, nur meine Meisterin fehlt! aber da gibts eine Menge zu besprechen, dächte ich und den Bauplan mit Andreas zu beraten. Bild »Troistedt« befehlsgemäss Wiesbaden angemeldet – Abgang Eilfracht morgen vorgesehen – Bild … heute auf grösseren Rahmen versetzt, ringsum weisser Streifen – musste ausgemalt werden – Operation gelungen – Bild passt grossartig. […] Schade, dass ½ Bauhaus verreist, Saal 1/5 gefüllt, doch Stimmung ausgezeichnet. Heute auf Bauhaus Treppe Prof. Fleischer »mehr Licht-Mann« getroffen, Verbindlichkeiten ausgetauscht – […] Hoffnung Ausdruck gegeben, dass ich Weimar nicht den Rücken kehren würde – sie müssten mich dort (hier) haben! »Ein so feinsinniger Künstler wie Sie gehört unbedingt in unsere Mitte« (»or words to that effect«[152]) – wie Kipling sagt. Es hat ausgeweimart, meine Herrn, wir gehen jetzt dessauern! Schade, gerade jetzt fängt's an, hübsch zu werden! […] Muss gleich wieder ins Atelier, Deine Briefe ankommen

152 *»oder etwas Dementsprechendes«*

erst Abends, Zeichen dafür, dass Du gut vormittags arbeitest am Katalog. (P. S. zu viel zu Mittag gegessen)! Gummisohlen Hess[153] nach wie vor pyramidal, federnd wie junger Gott, geräuschlos wie Polizeispitzel, alle Leute an den vorbeigehe, erschrocken – »Mann ohne Schatten«, nee, »ohne Geräusch«! (viel schlimmer, wo sonst alle Sohlen schmettern).

[…] Marcks geht Halle, Klee wartet ab, was Wichert tut (tut nichts! Anm. der Redaktion); Schlemmer fast schlüssig; sonst alle einig, für Dessau. Nehmen wir den Gropi mit? (Frage d. Redaktion) – – – Der Draht ist hier plötzlich abgerissen! – – – Ich wäre froh, wenn Du auf 2–3 Tage kämst!! Du auch? …

Sonnabend. d. 21. Feb. 1925 [Weimar]

Girlie mine! Heute liegt dünner Schnee über allen Dächern, es ist nasskalt aus Nordwest und unangenehm auf jeden Fall. Wir sind, Du und ich, etwas aus dem Takte gekommen, mit den Briefen, aber wenn Du nicht schreibst, bin ich eigentlich immer ruhig, denn es geht Dir dann meistens gut und Du hast genügend zu tun, um nicht lange über Briefen zu sitzen. Ich bin immer dagegen, dass man sich zu sehr in Briefen auszuleben versucht – sie führen nur meist zur Beunruhigung, falls sie nicht glatt verstanden werden; und die Sorgen, die wir uns jeder um den andern machen, existieren eher in unserer Vorstellung wie's dem andern geht. Wenn Du in Hellerau und in Dresden bist, hast Du, wenn alles gut geht, so vielerlei zu tun und zu erleben, wie möglich! und wenn ich hier zum Arbeiten mich absperre, habe ich auch zu tun und zu erleben. Und ich erlebe viel in diesen Tagen! … Es tut viel hierbei, dass ich durcharbeite nachmittags, und mich den Teufel ums Kino kümmere. Aber das Wunderbare ist, dass die Atmosphäre sich lichtet und dass die trübe Weimarer Luft sich klärt und der Bannfluch der letzten Jahre hier sich hebt von uns allen! Wir schauen einmal wie-

[153] In der Schuhfabrik des Erfurter Sammlers und Mäzens Alfred Hess waren Gummisohlen entwickelt worden, mit denen man nicht so laut auftrat wie mit den herkömmlichen Ledersohlen.

der vor- und aufwärts, und fühlen wieder, dass wir nicht mehr die besten Kräfte mit überwinden der elenden Widerstände ausserhalb, zu vergeuden brauchen. … Ich habe seit vorgestern keine Nachricht von Dir und das ist wirklich keine lange Zeit! aber gerade bin ich so sehr begierig zu hören, was Du über Dessau sagen wirst. Andreas dem ich's sagte dass wir bauen werden, war gleich begeistert. Muche erzählte so viel nettes, grosszügiges vom Ober-Bürgermeister. Sie wollen uns haben und brauchen uns; sie importieren mit dem Bauhaus das was ihnen bis jetzt fehlte, die bildenden Künste. Es ist ein voller Kredit dort und keinerlei alteingesessene »Muffige Tradition« zu bekämpfen, wie hier, wo sie die Kultur (von anno dazumal) eifersüchtig in Erbpacht halten. Der Ober-Bürgermeister hat hier den Weimarer Bürgermeister besucht und ihm sein Erstaunen darüber ausgedrückt, dass Weimar das Bauhaus fortziehen lässt. Herr von Müller (oder wie er heisst)[154] hat nur ein dummes Gesicht zu ziehen gewusst – er ist noch niemals im Bauhaus gewesen! Nur macht uns Sorge, dass Klee sich abzusondern scheint – jedenfalls nimmt er den Frankfurter Antrag[155] ganz gewissenhaft als vorläufigen Hinderungsgrund. Ich fürchte, Klee wird sehr enttäuscht werden, er wird wie ein Wundertier dort ganz isoliert sich ausnehmen – und Wichert ist sicher nicht der Mann, aus Überzeugung für Klee, den er garnicht begrüsst, aufzutreten. Es ist irgendetwas, was ich nicht ganz durchschaue, oder fürchtet Klee vielleicht jetzt wirklich, und ganz gründlich, die Einflüsse des Bauhauses auf sein Weiterkommen? Ich könnte das jedenfalls gelten lassen – Wir sind alle bestrebt, Klee nicht dreinzureden – aber es tut uns allen leid und es wäre eine grosse Enttäuschung, falls er wirklich uns verlassen sollte. […] Marcks geht bestimmt nach Halle. Übrigens habe […] ich Ölkreidegrund wieder besorgt um mit der Trockenmalerei zu brechen, die mich ganz kaputt gemacht hat seit Jahren. An-

---

[154] Von 1920 bis 1937 war Walther Felix Müller Oberbürgermeister der Stadt Weimar.

[155] Fritz Wichert, seit 1923 Direktor der Städelschen Kunstschule in Frankfurt am Main, hatte Klee eine Lehrstelle angeboten.

dreas und ich grüssen Dich und die lieben guten Junx – – ich bin gespannt, was für Nachrichten mich von Euch erwarten […]

Montag, d. 2. März 1925 [Weimar]

… Wenn wir uns auch vorgenommen haben, nicht täglich zu schreiben, aber meinem »Geistlein« möchte ich sagen, dass es weiter gut geht mit der Gesundheit und der Arbeit und Konzentration. […] Was ich tue, das schreibe ich lieber nicht – ich arbeite aber intensif und komme vorwärts. Mittwoch erwartet man Gropius. Es kommen dann ganz lange Besprechungen. Im Grunde genommen weiss ich nicht einmal, ob Gropi damit einverstanden sein wird, einen seiner Meister so »Ohne Verpflichtungen« anzustellen. Das muss noch besprochen werden. […] Also ist doch der Präsident gestorben,[156] und gestern war Weimar in Trauer – alle Fahnen auf Halbmast – aber diese herrlichen Fahnen, gold-rot … im Sonnenschein, waren garnicht traurig, sondern es entstand eine Fröhlichkeit von Frühlingsluft und Blau worin diese glühenden wehenden Farben sich auftaten und wanden, die ockergelben Häuser, der blaue Himmel darein das Gold-gelb und Zinnoberrot und schwarz …

2. März 1925 Weimar

… Ich habe die 3 Schnitte im Bilde »Gaberndorf« geschickt, mit gleicher Leinewand wie das vom Bilde, zugeklebt und es wird eine Kleinigkeit sein, die Schäden wegzumalen. Ja – sie sind eigentlich schön, so wie sie drin stehen – es ist, als hätten sie erst richtig das Bild auf die Fläche gebracht und die gänzliche Ungeschminktheit dieser vereinfachten Malerei hervorgeholt. Jedenfalls erlebe ich – (nachdem ich 3 Tage im neuen Arbeits-Geist und grosser Auflockerung der Behandlung an dem neuen »Gaberndorf« gearbeitet hatte) – eine frohe Überraschung, als ich das zerschnittene Kind hervorholte! Das Bild ist sehr viel besser als neulich, als es in Dresden hing, und hat Tiefe, Geheimnis – mehr fast als alle Anderen! Wie gut diese Tage mir getan haben, und tun, kann ich nicht sagen! Ich habe den ganzen Tag

---

[156] Am 28.2.1925 starb Reichspräsident Friedrich Ebert.

Freude am Malen und Erleben wie je zuvor. Mein Gedächtnis wird wieder viel besser – ich war reif für ein Sanatorium, mit meiner Unkonzentration. Heute bekommen wir die neuen Elektrischen Birnen eingesetzt – Tagsüber ist der Strom abgestellt – auch im Atelier – und man sagte mir, wir bekämen dieser Tage nun den neuen Strom geliefert. Unsern Zähler hat man heute vormittag fortgenommen – hoffentlich wird man ihn wiedergebracht haben, d. h. den neuen, sonst sitzen wir abends wieder bei Kerzenschein. [...] Wenn es mit meiner Arbeit nur so weiter gut vorwärtsgeht, male ich durch bis Juni und habe dann vielleicht 25 gute Bilder zusammen bis dahin. Es gelingt jetzt wie nur je in meinen besten Zeiten, vor 12 Jahren! Vor allem grosse Formate wieder. Und grosse Pinsel und viel Farbe für den Anfang. Und das furchtbare »Weimar« Weiss ist verbannt! Das war technisch der Hauptübelstand weswegen ich nie weiter kam. Jetzt höre ich auf, es wird dunkel und ich habe noch kein Licht im Atelier – muss noch viele Pinsel waschen ... wenn ich zu sehr drin in der Arbeit bin, schweige ich – aber immer denke ich an mein »Geistlein«! ...

¼ 6 Abends, 6.III.'25 [Weimar]

Vielleicht kann ich ... meinem guten, geliebten Geistlein eine grosse Freude, einen tiefen Dank machen und abstatten. Wenn es wieder kommt, wird's sehen. Nicht ganz umsonst geht der Malermensch durch dunkle Monate, Jahre hindurch, die vertiefen. Und kommt dann wieder die Kraft, dann äussert sich das Gewonnene um so klarer und froher.

[...] Wenn ich so weiter wie jetzt, schaffen kann, dann würde ich fast die Umsiedlung nach D. befürchten und die möglichen Hemmungen die dort wieder auferstehen könnten. Wenn ich weiter so schaffen kann, dann bleibe ich sieghaft überall und brauche weder Mensch noch Teufel zu fürchten. ... Heute ist Vorstellung[157] – Ihr seid alle beieinander! Grüss Alle, insbesondere meine guten

[157] Shakespeares »Sommernachtstraum« wurde an der Bildungsanstalt Hellerau von Mary Schardt-Dietrich mit Lehrkräften als Darstellern inszeniert und am 1. und 6. März 1925 aufgeführt. Lux Feininger wirkte als Inspizientenassistent und Laurence als Beleuchter mit.

Junx! … Wir erstrahlen nun abends in neuer, unerhörter Helligkeit, die Lampen sind angemacht, der neue Strom ist grossartig. […]

Montag, d. 9. März 1925 [Weimar]

Sonnabend Abend, als ich meinen Sonntagsbrief an Dich in den Kasten steckte, war ich überrascht bei Gropi noch Licht im Atelier zu sehen und dachte, nun wirst Du ihn wenigstens begrüssen. Ahnungslos … klopfte ich bei Gropi an, höre Stimmengewirr … man ruft mich plötzlich an mit Hallo und ich erkenne allmählich die Gesichter – die sich mir lachend zuwenden. Es waren Gropi und alle Meister und deren Frauen, und sie hatten … mit den Dessauern, die nun als ich kam wieder alle fort waren, Tee getrunken. Ich hatte keine Ahnung wo der Treffpunkt um ½ 5 war, Kandinsky hatte mir Mittags nur gesagt, Tee um ½ 5, wusste aber selber nichts mehr. Aber ihn hatte man geholt, kurz vor ½ 5 – … aber auch Kandinsky kam nicht auf den Gedanken, nach mir zu sehen. Alles war im Bauhaus so still, ich dachte, sicher würden sie alle irgendwo in der Stadt sein – … Ja – ich war ganz verdattert – Gropi schien mir böse zu sein – jedenfalls bat ich ihn, es nicht zu sein, aber was konnte soviel ausrichten, wie der dumme Gesichtsausdruck, den ich hatte? Worte überflüssig. Also verpatzt! Der glorreiche Tag ist ganz ohne meine Mitwirkung gewesen. Aber schliesslich habe [ich] in Ruhe gearbeitet, oben und war's so zufrieden. … Gestern, Sonntag, war die Muche Ausstellung[158] eröffnet, Mittags um ½ 1 ging ich hinein und traf Gropi und Frau und einige Meister, und wir sassen furchtbar nett auf der Bank unterm grossen Seitenfenster, und besahen uns die Bilder und plauderten. Über Italien, über Dessau, über die Bilder. Gropi begeistert von Neapel, auch von den dortigen »ganz prachtvollen« Menschen – er ist glänzend erholt, sonnenverbrannt. Sonntag vorige Woche hatten sie noch im Meere gebadet, und stundenlang am Strande in der Sonne gelegen. Über Dessau äusserte sich Gropi etwas reserviert – es ist zwar Stimmung dafür und Aussichten auf spätere sehr gute Entfaltung – aber einstweilen ist es noch

158 Eine bauhausinterne Ausstellung.

nicht ganz so rosig, wie man sich's zuerst vorstellte. … Und dann die Wohnungsfrage ist noch nicht klar. Ein Drittel nur der Million steht uns für Bauten zur Verfügung – und selbst dieses Drittel wird nicht sehr willig von den Stadtverordneten für uns Fremde hergegeben wo sie selbst nicht bauen durften. Gropi ist heute zu einem Vortrag *(wahrscheinlich »Kunst und Technik, die neue Einheit«)* hingefahren und um sich alles selbst anzusehen. Und alles zu besprechen. … Ja – mehr kann ich über die Sache nicht schreiben – aber in den letzten, so guten Arbeitswochen hier, und ohne Gropi und Bauhaussimpelei ging's so herrlich gut mit mir, dass ich leise Bedenken habe, wie's wieder von vorne werden soll, in einer neuen Gegend. Die Tendenz des B.H. präzisiert sich … in einem Aufsatz im Katalog der L.I.A., den Moholy verfasst hat.[159] … dieser Aufsatz drückt mir das Herz zusammen! Nur Optik, Mechanik, Ausserbetriebstellen der »alten« statischen Malerei in die man sich erst »hineinschauen« muss – immer und immer wieder wird von Kino, Optik, Mechanik, Projektion und Fortbewegung geredet und sogar von mechanisch hergestellten Optischen Diapositiven, vielfarbig, in schönsten Spektralfarben, die man sich, in der Art wie Grammophon Platten, aufbewahren kann und »je nach Bedarf« vor eine Projektionslampe einschalten um die Bilder auf die Wand zu projicieren. Wir können uns sagen, dass dies furchtbar und das Ende jeglicher Kunst sei – … an sich ist's eine technische, sehr interessante Massenaufgabe – aber weshalb diese Mechanisierung aller Optik mit dem Namen Kunst belegen, als alleinige Kunst unserer Zeit und noch mehr der Zukunft? Ist das die Atmosphäre, in der Maler wie Klee und einige von uns weiter wachsen können? Klee war gestern ganz beklommen als er von Moholy sprach … Schablonen-Geistigkeit. … Ich schicke Dir den Katalog von Wiesbaden, der heute kam. Danach kannst Du se-

---

[159] László Moholy-Nagy hatte für den Katalog der 10. Leipziger Jahresausstellung (L.J.A.) 1925, in der auch Bauhauskünstler vertreten waren, einen Beitrag verfasst. Feininger selbst war zuvor in der Leipziger Jahresausstellung 1923 mit Klee zusammen vertreten.

hen, dass ich nicht allzuschlecht im Verhältnis vertreten bin – ein paar gute Arbeiten sind doch dabei. …

Mittwoch, d. 11. März 1925 [Weimar]

… Hier hast Du den neuesten Katalog von Emy Scheyer, in the Daniel Gallery, New York.[160] Gestern Abend um ½6 ging ich zu Frau Köhler und erkundigte mich wegen dem Mädchen. Das kommt am 16. März bestimmt! … Köhler war auch zu Hause, erkältet und prophylactisch eingehüllt in Rauchwolken. Wir unterhielten uns ¼ Stunde über die neueste Entwicklung der Bauhausgeschichte (Geschichte des Bauhauses) und er schien schon sehr gut unterrichtet von allem zu sein. Leider konnte ich nicht lange bleiben, denn ich hatte mich mit Kandinsky verabredet, dem es nach einem Plauderstündchen im Café gelüstete, und wir … sassen sehr vergnügt … bis kurz vor 7, nachher auf der Strasse ganz flüchtig über Gropius Haltung gesprochen; Kandinsky wusste sofort um was es sich handelt; … sie alle wollen mich haben. Nur, wenn ich nicht unterrichte oder mich sonstwie verpflichte … wird Gropius mir ein Ehrenatelier und Wohnung anbieten und gekürztes Gehalt – was ich nur in Ordnung finde … Gropius soll in grosser Verlegenheit sein, wie er mir das anbieten soll und hat Kandinsky damit betraut. Ich bin glücklich über jede Lösung die es mir möglich macht, … wenn ich nichts Positives an Leistungen übernehme. … Über Wohnungsprobleme sprachen wir auch, Muche hat sehr recht, wenn er einen zusammenhängenden Bau befürwortet – mit Centralheizung für die Gesamtheit – eine Anlage – und ganz moderne Waschküche, etc., so dass möglich[st] viel den einzelnen Haushaltungen an Last abgenommen wird. Auch ist die Raumausnützung eine viel günstigere und wir kommen weiter mit dem Baugelde aus als wenn lauter Einzelvillen gebaut werden. Eingebaute Schränke selbstredend! und schöne Veranden, Balkons – Terrassen. …

---

160 Die erste Ausstellung der »Blauen Vier« vom 20.2. bis zum 10.3.1925 in der New Yorker Daniel Gallery enthielt von Feininger neun Werke. Zu Verkäufen kam es nicht.

Alle fragen: »wann kommt Ihre Frau wieder?« […]

W. d. 24. April 1925

Mein geliebtes gutes Girlie! Wie schwer war es, Dich so allein gehen zu lassen! Nun sind sie alle fort, der Chauffeur hat berichtet, dass er Dich … zur Bahn gebracht hat und dass Du noch rechtzeitig zum Zug gekommen bist. Möchte doch eine gute Wendung eintreten! mir ist so beklommen. Grüss den lieben geliebten guten Papa von mir! Gleich gehe ich nach Hause zu den guten Jungens, es ist so einsam plötzlich. »Bums«, an der Tür! da kommen sie gerade an, pudelnass und erzählten, dass Du sogar einen früheren Zug bekamst – nun gehen wir alle drei nach Haus …

Weimar, Sonntag früh, 26. April '25

Mein geliebtes Girlie! Gestern war ein merkwürdig stiller Tag voll Bedrücktsein und banger Erwartung. Ich hatte vormittags Luxi bei mir im Atelier und Laurence blieb zu Hause als Wachtposten und Stafettenläufer im Falle eintretender Nachrichten. Um 10 brachte er mir Post – aber […] nichts aus Berlin […]. Gegen Mittag kam nochmals der gute Laurence, diesmal mit Deinem Telegramm. Herzklopfend empfangen. Heute früh kam endlich Dein Brief, der nur die Bestätigung bringt, dass wenig Aussicht vorhanden ist, was leider schon vorher feststand. Gestern wollte ich schreiben, konnte aber nicht! Worüber hätte ich schreiben können? und doch war ich den ganzen Tag bei Euch in meinen Gedanken. Der gute, arme, geduldige Papa! dass das so schmerzhaft enden muss und nicht ein friedliches Hinscheiden ihm vergönnt sein soll! Aber ich habe sehr intensif gearbeitet und das half über den Tag. Meine Bilder aus Wiesbaden sind schon angekommen und stehen ausgepackt im Atelier. … Deine beiden: »Ober-Reissen« und »Blaue Marine«[161] sehen doch sehr erfreulich aus und zeigen mir den ganzen Abstand zwischen ih-

[161] »Nieder-Reißen«, 1924. Öl auf Leinwand, 48 × 76 cm, Privatbesitz, Hess 243; »Blaue Marine«, 1924, Öl auf Leinwand, 47,5 × 85 cm, Utica, Munson-Williams-Proctor Institute, Hess 242.

nen und den neuen kleinen Seestücken. Also muss ich wieder mich von allzu grosser Nachahmung der Natur befreien. Ich verfalle immer in diesen Kunstfehler, um ihn dann erst überwinden zu müssen, wo es doch so viel einfacher wäre, ihn von vornherein zu vermeiden – doch könnte es dann vielleicht auch nicht richtig sein und »nur« »Recept« werden? Ich weiss's nicht – ich bin halt zum Leiden verpflichtet, um etwas zuwege zu bringen. Vielleicht aus angeborener Un-Kunst? – – Abends kam der gute Lux zu mir ins Atelier, weil er fühlte »ich könnte einsam sein«! Und ich habe mich so darüber gefreut, es war so fein und so warm von ihm gefühlt. Er erzählte auch gleich von Andreas, der sehr spät erst aus der Prüfung zurückkam und sich tagsüber mit »Bratwurst-Brödchen« über Wasser gehalten hatte. Also: hat der gute Geselle das absolut beste Stück von allen (ca. 12) Prüflingen abgeliefert … und fernerhin waren die Bauhaus-Gesellen von allen die besten.[162] Jetzt plötzlich soll wohl anerkannt werden was, unter Gropius, bekämpft wurde, weil es doch das »Weimarer Bauhaus« geworden ist. […] Das Wetter ist abscheulich! kalt und Gussregen bei ziemlich hellem Himmel, gutes Arbeitslicht – doch heute gänzlich ungeheizt im Bauhaus. Heute ist Präsidenten-Wahl des Deutschen Volkes – ein tolles Treiben hier in Weimar, wie sich's denken lässt – ein militärisch aufgeputzter Zug ging um 12 durch die Marienstrasse, mit Trommeln und Pfeifen, Schwarz-weiss-rot und Trara, unter Hoch-Rufen vorrüber. Alles was auch nur über eine Rodel-Pfeife verfügt, tutet, pfeift und schreit. »Der Retter« entflammt alle. »Der Retter«, der das Land wieder in den Krieg führen soll, da Menschlichkeit und Brüderlichkeit und Aufbau friedlicher Beziehungen zur Umwelt viel zu lange dauert und zu viel Selbstverleugnung und wahrhafte Manneszucht und christliche Gesinnung erfordert. Alle Auslands-Kredite haben zwar infolge der Kandidatur Hindenburg's aufgehört und das materielle Elend wird sich bald mehr denn je einstellen – aber: wir »zeigen« was in uns steckt! auf Kosten aller, die andersgesinnt sind und die dann mit leiden müs-

---

162 Die Gesellenprüfung der Bauhaus-Schüler musste ebenso wie von Handwerks-Lehrlingen vor der Handwerkskammer abgelegt werden.

sen, unverschuldeterweise. Man muss diese Menschentypen auf der Strasse gehen sehen! Ein widerliches Zerrbild. […]

Weimar, d. 2. Mai 1925

[…] Ich habe an »Hammerstedt«[163] gearbeitet, das auch fast fertig geworden ist – aber wenn ich das Bild neben »Tor-Turm«[164] stelle, sehe ich wohl ein, dass es nicht als neuestes Werk gezeigt werden sollte, sondern lieber zu Hessen's Bild[165], und »Tor-Turm« zu »Blaue Marine«, die wundervoll dazu steht und standhält. Wenn Dir der Gedanke nicht unsympathisch ist, in dieser so wichtigen Düsseldorfer Ausstellung[166] das Bild noch einmal zu zeigen, wäre es sicher die beste Lösung. […]

Montag, d. 4. Mai, 1925

… ich schreibe nur ganz wenig, denn ich habe werdende, fast schon reife Kopfschmerzen und bin empört dass nichts geholfen hat – es ist eben wohl eine langhinausgeschobene Abrechnung! Soeben war Schlemmer bei mir, um mich wegen der Reise morgen nach Dessau zu fragen – er fährt nicht hin und ich kann auch nicht hinfahren – die Wohnung muss ich bitten mit Kandinsky zu besprechen. Grundrisse sind fertig und sicherlich nicht mehr zu ändern. Ich habe es wiederholt und klar und deutlich … geschrieben, wie es mit unsern Ansprüchen auf eine genügende Zimmeranzahl steht; Schlemmer hatte sich wegen der Mk. 120,– monatliche Gelder erkundigt und zum Bescheid erhalten, dass nur wenn man dort eine provisorische Wohnung hätte und gleichzeitig den hiesigen Haushalt führte, man darauf Anspruch habe! Also fällt diese Summe für uns von vorneherein weg. … Ich bin auch reich-

---

163 »Hammerstedt«, 1925, Öl auf Leinwand, 80 × 100 cm, vom Künstler zerstört, Hess 261.

164 »Torturm I«, 1926, Öl auf Leinwand, 61,5 × 47 cm, Basel, Kunstmuseum, Hess 262.

165 »Barfüßerkirche I«, 1924, Öl auf Leinwand, 100 × 80 cm, Stuttgart, Staatsgalerie, Hess 248.

166 Es geht um die Jahrhundert-Ausstellung Rheinischer Malerei in Düsseldorf.

lich entgeistert darüber, dass ich mitzahlen soll für den »Kaffe, Kuchen, Schnäpse, Kerzen, Blumen, etc.«, von den ich nicht[s] zu sehen bekam, da ich garnicht dabei war – doch verlangt's in diesem Falle wohl die Solidarität der Meister. Ich schrieb vorhin an Wiesbaden, Auskunft über die Zeit der Zahlung des Gemäldes »Troistedt« erbittend.[167] Ich habe jetzt ca. 6 Mark in Händen …

Montag, d. 4. V.'25 [Weimar]

Girlie mine! So bin ich! ich schicke Dir einen kurzen Eilbrief um Dir zu sagen, dass ich Kopfweh habe, anstatt zu warten bis es mir wieder gut geht und ich obenauf bin und dann per Eilbrief Dir das zu berichten, wo Du so viel Aufheiterung nötig hast. Aber es ist das »Kind« was nach seiner »Mami« gleich schreit wenn's sich gestossen hat! … Aber nun schnell will ich erzählen, dass ich mich gegen halb fünf wieder besser fühlte und ins Atelier zu meinem geliebten neu angefangenen gestrigen Wolkenbild[168] begab. Meine Wolke macht mir richtig Freude … Das Licht war auch ganz wunderbar, da die grelle Sonne wegblieb, die mich vormittags an den Sehnerven so piekte. […] Vergib mir nur den heutigen Kopfweh-Pessimismus betreff Dessau! Wenn nur der Jungens wegen, müssten wir ein paar Jahre dort leben – denn die Ausbildung, wie wir sie für wichtig erachten, erhalten sie nicht so gut in der preussischen Schule in Berlin. Da ist gerade die freiere Anschauung des Bauhauses und der Bau-Gewerkschule das richtige, lebendigerhaltende. Laurence's Bücher kamen heute – nun kann's losgehen. Morgen lasse ich ihn mir längere Zeit im Atelier vorlesen. Das wird seiner Aussprache gut tun. Lux weiss ungefähr doppelt so viel, sowohl im Englischen wie im Französischen … Wir leben allesamt in grösster Harmonie. Schlemmer ist in keiner guten Lage wegen Dessau. Er erhält vom Theater 1000 Mk. jährlich zugesichert, wofür er eine Anzahl Stücke inscenieren muss – und 600,– vom Bau-

167 Vgl. Anm. 150; das Gemälde wurde für das Museum Wiesbaden erworben, später aber wieder abgegeben.

168 »Gelbe Wolke«, 1925, Öl auf Leinwand, 41 × 68 cm, Privatbesitz, Hess 260.

haus, ... ein Atelier im Bauhaus, die Bühnen Abteilung des B.H., und dort muss er ja doch unterrichten, und das ohne Gehalt! Wobei jetzt schon sich zeigt, welche grosse Werbekraft die Bühnen Abteilung und die Kapelle[169] für das Bauhaus besitzen – denn die Kapelle wird fast täglich von Gropius in Scene gesetzt. [...]

7. V.'25 [Weimar]

Mein Girlielein, geliebtes. Heute erwachte ich ... und war ebenso entzückt wie entsetzt zu sehen, dass es ¼ 9 war, das ist mir lange nicht passiert! Nun geniesse ich die stille Viertelstunde allein, im grossen Zimmer am Arbeitstisch, während die Jungens oben sich anziehen, Tee simmert auf dem Herd und aus der Küche kommt ein lieblicher Bratgeruch herauf, von »Papileo's Schnitzel«, und nun, lustig pfeifend kommt sauber angezogen im gereinigten, geschniegelten graugelben Anzug, mit blauem Shlips, der gute Andreas herein! Vorgestern Abend, nachdem ich schrieb ging ich noch mit den Jungens oben auf den Windmühlenberg und wir liefen weiter, auf der Landstrasse nach Nieder-Grunstedt zu. Es war herrlich warm und die Jungx so gut aufgelegt. Wir haben alle English mit einander gesprochen, sogar der gute Bär[170] warf seine Brocken hinein, und schien viel mehr zu wissen, als er je zugeben würde. [...]

Sonnabend d. 9. V.'25 [Weimar]

... Gestern war ein äusserst lieber Nachmittag im Atelier, mit Laurence und Lux. Laurence hat ein kleines Ölbildchen gemalt, und Du kannst Dir das Erlebnis ausdenken. Zuerst die gewissenhafte Aufzeichnung, und dann in die neue Farbwelt des Öls hinein! Heute Nachmittag wird er weiter daran arbeiten. Lux hat eine grosse Figur geschnitten ... und gestern wurde diese Gestalt, teuflisch-koboldisch, in starken Farben angepinselt. Es stellt die Tro-

169 Die 1923 gegründete Bauhauskapelle verband ihre Auftritte mit Klamauk und Performance und wurde bald überregional bekannt. In der Dessauer Zeit näherte sie sich dem Jazz an.

170 Gemeint ist der Sohn Andreas.

phäe dar, die Lux für das »Deeper Yachtwettsegeln« zwischen seinen und meinen neuen Modellen stiftet! Der Austrag wird mit fabelhafter Spannung erwartet …

Sonnabend, 7 Uhr abends, d. 9.V.'25 [Weimar]

… Laurence und ich sitzen im Sonnen-durchfluteten Atelier und malen jeder an seiner Staffelei … am offenen Fenster pickt ein Buchfink unentwegt Körner aus dem Näpfchen und schaut uns mit seinen klugen Äuglein an … draussen singen die Mädels seit Stunden zur Begleitung der Klampfe – zuletzt kein inspirierter Gesang mehr, sondern eine »körperliche Funktion« die selbst dem Nachsichtigsten ein bissel hart auf die Ohren fällt. … Heute Vormittag kam Dein Brieflein. Wie anders jetzt Dein Dasein, als alle die früheren Male! … Die Welt scheint mit einem Male aus der Perspektive eines soeben angetretenen anderen Menschenalters, in das wir hineinrückten! … Das Gefühl, von Kind an, des Behütetseins, das einen nie verlässt solange man das elterliche Haus noch hat, ist jäh abgerissen: wir sind jetzt in die Reihe aufgerückt derer, die die Hüter des Hauses und des Namens sind und vor uns breitet sich die Ebene aus, an deren Rand die hohen Abendberge aufdämmern. – – […] Ganz dieselben, die wir noch vor 3 ½ Wochen waren, werden wir nie wieder sein können – und das ist nicht weiter schade; nur, dass schon an sich die Jugend, das Jung-sein schön ist und nicht wiederkehrt. Aber reicher und verehrungswürdiger, – im Grunde auch schöner – ist ein schönes Altern, das noch inneres Feuer hat, aber auch schon Menschliche Reife, und die Güte gegen andere. … Andreas hat Werkzeichnungen von seinen Esszimmer Stühlen und dem runden Tisch angefertigt – und ich glaube er möchte sehr gerne, dass wir sie von ihm machen lassen würden. […]

Dienstag, d. 19.V.'25 [Weimar]

[…] Forbat sagt, er habe in der Gipsgiesserei am Bauhaus die Häusermodelle schon gesehen – ich muss sie mir ansehen gehen. Andreas Schrank lobte er sehr – und Laurence baute gestern gerade einen sehr interessanten Gesamt-Marktplatz mit Rathaus und

Kolonnaden und dahinter eine Monumentalkirche – alles in ganz neuem Stil – ganz modern empfunden. Das fand Forbat auch gut, er hätte nicht für möglich gehalten eine solche Wirkung mit Ankersteinbau[171] zu erzielen. [...] Lux und Andreas waren gestern auf den Rädern nach Erfurt und zurück! und kamen gut an und nicht überanstrengt. [...] Abends gingen wir wieder oben auf den Windmühlenberg spazieren. Das haben wir in Dessau nicht! dieses in die Höhe steigen und die Aussicht auf die Dörfer und den Ettersberg – und wir merken alle plötzlich, dass wir Weimar doch sehr lieb haben. ...

Mittwoch, d. 20.V.'25 [Weimar]

[...] Und dann bald nach Deep, an die See, in die Sonne – ins Salzwasser, ins Luftbad ... God bless you, little one! Wir alle vermissen unsere Mami und girl! ...

Deep, Tuesday, 9. June, 1925

My girlie! we got here yesterday after a good journey, trains were all crowded, but in Stettin we were so gescheidt, and lösten 2. Kl. nach, for only 8.40 for all three of us, and so rode very well. It is just glorious weather, and we have already unpacked our trunks, and the boys have gone to see whether our boxes have arrived. This morning we were on the strand, which looks so different from last year, that we could not find the old characteristic silhouette of the dunes. We are already sunburnt and I feel so well.[172] ...

---

171 Siehe Anm. 62 zum Anker-Steinbaukasten.

172 *My Girlie! Wir sind gestern nach einer guten Reise hier angekommen, die Züge waren alle überfüllt, aber in Stettin waren wir so gescheidt und lösten 2. Klasse nach, für nur 8.40 für uns alle drei, und sind so sehr gut gefahren. Es ist einfach herrliches Wetter, und wir haben schon unsere Koffer ausgepackt, und die Jungs sind losgegangen, um zu sehen, ob unsere Kisten angekommen sind. Heute Morgen waren wir am Strand, der so anders aussieht als im letzten Jahr, so dass wir die alte charakteristische Silhouette der Dünen nicht wiederfinden konnten. Wir sind schon sonnenverbrannt und ich fühle mich so wohl.*

Deep, d. 15. Juni, 1925

[…] Falls in Weimar der Film: »Die freudlose Gasse«[173] gegeben wird, geht doch hin! Die entzückende Greta Garbo, die in »Gösta Berling«[174] die Elisabeth spielte, spielt eine Hauptrolle darin, und der Film soll überhaupt ganz besonders gut sein … mir tut's leid, dass ich ihn nicht sehen soll, denn die Garbo ist jetzt in Amerika engagiert und spielt nicht mehr in Deutschland. … Wir führen Haus so gut es geht – aber haben nur eine Tisch Decke, und die ist sozusagen etwas mitgenommen von Flecken; ich versuch's schon linksrum; und dann nur 3 Löffel, wo bleibt da der Zuckerlöffel? Doch das sind hier schon unsere Sorgen! Andere haben wir nicht. […]

Deep, Sonnt. vorm. 20. VI.'25

Mein girlielein, ich habe gefrühstückt, und den Kaffee für die Junx heiss gestellt auf dem Spiritus Brenner. Die Söhne schlafen noch friedlich, ich schaute schon zweimal zu ihnen hinein, mich beschleichen »Muttergefühle« bei dem Anblick – überhaupt tut sich etwas Mütterliches in mir auf, wo ich nun seit bald zwei Wochen für alles was der Junx Wohlergehen anlangt, allein sorge! Das Gefühl wird noch bestärkt durch meine Nähtätigkeit! ich sitze seit 3–4 Tagen auf der Verandah und nähe Segel, während die Junx angeln oder rudern. Nun ist die Näherei aber Gottlob zu Ende, ich habe sie dicke satt und wie die Segel nun sitzen so müssen sie bleiben. Es gab allerhand Änderungen vorzunehmen bei den »Neubauten«, und ich ging unerschrocken genug ans doppelte Werk – einmal hatte ich schon alle Segel gemacht – aber nun habe ich die letzten verfügbaren Fingerspitzen derart durchstochen, dass ich kaum noch die Nadel halten kann. (Ausserdem will ich mit Zeichnen endlich anfangen) … die schönen Tage sind ganz verschwunden, seit 8 Tagen ist ewig abwechselnd Wind und Regen, und Vorsaison-Gäste sind verzweifelt,

---

173 Deutscher Stummfilm des österreichischen Regisseurs Georg Wilhelm Pabst(1895–1967) aus dem Jahr 1925.

174 Schwedischer Stummfilm von Mauritz Stiller (1883–1928) aus dem Jahr 1924.

die Ärmsten, denn sie haben nur die paar Wochen oder manchmal gar Tage ihres Urlaubs, um sich … zu erholen. Vielen Leuten und leider auch Kindern im heutigen Deutschland nach den Kriegsjahren, geht es gesundheitlich elend schlecht! So viele nervöse Kinder und junge Leute – … Am Strande, am Freitag auf einem Male: da, aus Richtung Kolberg, Motorgeknatter, ganz weit noch – aber schnell lauter und deutlicher … ein Flugzeug, als Pünktchen das wuchs und wuchs und in den nächsten 3–4 Sekunden kam es direkt über'm Strand dahergesaust, kaum 20 bis 25 Meter hoch! und an uns vorbei das Gebilde von Stahl, Holz und Leinen, so zum Greifen! Da hatte man, wie damals in 1909 oder '10 bei Latham, in Johannisthal,[175] als die ersten Flugversuche in ganz niedriger Höhe vor sich gingen, das Gefühl wieder, dass ein ungeheuer schwerer Gegenstand sich wie durch ein Wunder durch die Luft, ohne herabzustürzen, schnell vorwärts bewegt. Auch hier, nur dass die Geschwindigkeit eine ganz ungeheure war! Das sauste an unsern Köpfen vorüber und in einer Minute war's weiter als wir in Stunden gelaufen sind, und beim Leuchtturm ist's dann niedergegangen. Es war ein Wasserflugzeug von Junkers[176], weiss und schwarz bemalt, mit zwei Kastenförmigen Schwimmbooten anstatt der Räder. […]

Über Dessau macht sich, wie's scheint, keiner mehr irgendwelche grossen Illusionen; das heilige Feuer unserer Anfangsbegeisterung ist erloschen. Nun ist einzig und allein die Hoffnung geblieben, eine Gemeinschaft am Leben zu erhalten, deren Berechtigung davon abhängt, ob wir selber ganz rein schaffen können. … Girlie Mine! […] Glaubst Du, Du seist allein vielfältig, belastet mit Zwiespältigkeiten? Ich bin's weit mehr als Du – doch gerade für uns ist allein die Beschäftigung mit der Kunst der Weg zur Klärung, und zur Abtilgung alles Zweifelhaften und Überflüssigen. … Mein eigenes Kunstschaffen ist der Kampfplatz worauf ich mich selbst über-

---

175 Am 27.9.1909 flog Hubert Latham in Berlin zehn Kilometer vom Tempelhofer Feld zum Flugplatz Johannisthal.

176 1919 gründete Hugo Junkers in Dessau die Junkers Flugzeugwerk AG.

winden muss und alles Zwiespältige ausmerzen um zum Einklang, zur Einheit zu gelangen. Ich bemühe mich, auch im Leben einfach und klar zu werden, aber denke nicht, dass Du komplizierter bist als ich! sondern glaube mir, dass Du noch ein sehr eindeutiger und gerader, wahrhaftiger Mensch bist, während ich schwer belastet bin. Der einzige Unterschied ist, dass ich meine Impulse unterdrücken lernte ... Deine Impulse sind nicht immer den Nebenmenschen bequem, aber sie sind immer gut! und aus gerader Gesinnung entspringend – dem schönsten Erbteil Deines guten Vaters. Auch mein Vater war gerade – wäre ich eine Frau, dann hätte ich wahrscheinlich seine Geradheit geerbt – als Mann, habe ich die Dämonie meiner weiblichen Vorfahren geerbt. Grossmutter Feininger war eine dämonische Frau, und meine Mutter ist auch genügend belastet mit dunklen Impulsen, die sie zu überwinden glaubt. Wir glauben ja immer, dass es uns gelingt! am besten ist, dass wir wenigstens bestrebt sind. Ich habe immer das Gefühl: einfache Menschen, mutige Menschen können wir wohl bewundern – aber ein besonderes Verdienst ist es nicht, so zu sein, wenn man so geboren ist! Die wahre Leistung ist, dass jemand seine Schwächen überwindet und sie ins Gegenteil kehrt. Schon der Wille hierzu ist wert, anerkannt zu sein. ...

Deep, d. 2. Juli 1925

Seit Tagen und Tagen habe ich nicht geschrieben ... die Ungewissheit, ob meine Briefe Dich noch in Weimar antreffen würden und die Unruhe in der ich in diesen Tagen lebte, liessen mich nicht dazu kommen zu schreiben. ... Vor zwei Tagen war die Sonne noch heiss, aber ein sehr starker Wind aus Nord-Ost trieb uns den feinen Sand erbarmungslos in Augen, Mund und Ohren und trieb alles Leben vom Strande ... auf der Rega gingen stellenweise grosse Wellen mit Schaumköpfen, direkt vom Meere herein. Mehrere Male gingen die Junx und ich Modellboote auf dem stürmischen Flusse segeln und es war wirklich ganz famos, wie die kleinen Dinger aufkreuzten gegen Wellen die weitaus höher waren als ihre Mastspitzen. Namentlich mein neuer Kutter übertrifft an

»Am-Wind« Eigenschaften jedes Modell das ich gesehen habe und weit grössere Boote würden auch von ihm leicht bezwungen werden, im Kampfe gegen starken Wind. Ich habe viel daran probiert – all die letzten Tage Änderungen vorgenommen – Kiel 3mal umgeformt, 2mal Segel neugemacht, und nun ists just ein tadelloses, zuverlässiges, hochwertiges »physikalisches« Werkzeug geworden. Darum, und weil Lux' Kutter auch sehr gut, teilweise ausserordentlich seefest und schnell segelt und wir wiederholt die spannendsten Wettfahrten segeln konnten, habe ich in fast 12ter Stunde an Dich gestern telegraphiert, mir doch das andere neue grau-rosa Boot mitzubringen. Sonst hat man nie erlebt, dass ich mich wirklich eine Zeitlang ganz von der Arbeit ausruhen konnte – aber bei dieser Beschäftigung mit den Booten ruhe ich wirklich mich eine Zeitlang aus. […] Dass meine Bilder in Düsseldorf so gut wirken, freut mich sehr! Ich werde bald eine grosse Arbeitswut bekommen; ich glaube, wenn Du erst hier bist – … aber jetzt lass ich es gut sein und bin zu sehr »Hausmutter« für die guten Junx. Hab Dank für alles was Du schriebst und hab Du Vertrauen zu unserer Zukunft, die jetzt ruhiger wohl, als früher wir's dachten, sich gestalten wird – aber doch schön und sicher, wenn wir nur uns treu bleiben! God bless you, little one …

Montag, d. 6. Juli 1925 [Deep]

… Nun bist Du schon auf halbem Wege hierher, nur noch einige Tage. […]

Nun ist mein geliebtes girl zum ersten Mal in Berlin ohne Vaterhaus! ich denke so viel daran, wie's immer dort schön und man so geborgen war – und wie jetzt nur eine tote Hülle, die sich am Park 15 nennt, ohne Wärme und lebendige Beziehung übrig geblieben ist und Du armes Tierchen keine eigene Stätte dort mehr hast. Nun in Wahrheit fängt für uns der letzte Abschnitt an; ein vielleicht langer, hoffentlich aber reich begabter Weg durchs Leben, wobei wir nun die Heimstätte bedeuten, für unsere Kinder, für andere ein Halt zu sein? […] Mehr noch als in unsern Werken sind wir für unser Menschliches Tun verantwortlich. […]

Mittwoch, d. 13. Okt. 1925 1 Uhr [Weimar]

Girlielein mine! Soeben hatte ich Atelierbesuch, rate wen? Gropi! Er war gerade angekommen, musste um 11 in einen Prozess. Gropi furchtbar lieb, wie er nur sein kann. Abgearbeitet schaut er aus, aber voller Zuversicht und Optimismus. Er hat sich zuerst nach Allen und Allem erkundigt; wie's Dir geht, was die Jungx machen, was ich mache, u.s.w., und dann erzählte er lauter schöne Sachen aus Dessau, wo alles gut im Gange sei und auf gute Zukunft lossteuert. Am meisten interessierte mich, dass die Häuser schon bis zum Dache fertig im Rohbau seien, und dass bei einigermassen günstiger Witterung die Wohnungen schon zum Februar fix und fertig sein werden. … Das grosse Bauhaus, ein Gebäudekomplex von 3 grossen Bauten, auf beiden Seiten der Friedrichs-Allée … verbunden über der Allée durch eine Brücke, Büroräume enthaltend – steht schon in den Grundmauern bereit und es wird fieberhaft gebaut … bis zum Einsatz der Kälte, damit alles fertig wird bis Ostern. Das »Prellerhaus«[177] wird 24 Ateliers für Meisterschüler enthalten, es gibt einen Bühnensaal, Bäder, Kantine; Werkstätten sind im eigenen Gebäude untergebracht, Baugewerk- und Gewerbeschule schon im besten Gange. […] Ich setze jetzt alle Hoffnung darauf, Atelier neben der Wohnung zu haben; ich erlebe es täglich, wie viel Zeit und schlimmer noch, wieviel Kraft ich vertue, wo ich die Arbeit … im »Büro« aufsuchen muss und nicht mit dem Werk leben kann … Mir geht's fortgesetzt nicht so gut wie ich wünschte – ich schlafe sehr wenig und habe keine richtige Energie, fühle mich auch immer schwindelig im Gehirn, ich meide den Kaffee ganz, rauche auch sehr wenig. […] Übrigens: Gropius meinte, […] die Regierung tue alles, um nicht das »Bauhaus« aktiv zu erhalten, sondern arbeite darauf hinaus, es mit der Zeit völlig wieder zum alten Zustande einer Gewerbeschule zurückzuführen. Das ganze Mackensen-Haus und gegenüber der frühere Lagerraum der B. H.-Erzeug-

177 Der Name für den Neubau wurde aus Weimar übernommen, wo ein Atelierbau von dem Landschaftsmaler Louis Preller errichtet und nach ihm benannt worden war.

nisse sind schon in den Händen der Thüringischen Staatsbank, und der Raummangel ist grösser als je zuvor.[178] Die Weimaraner ändern sich doch nicht. …

W. 17.10.25

Mein geliebtes einziges Girlie! Heute geht's besser und ich habe in 2 Stunden besser gearbeitet und mehr geschafft als sonst in Tagen oder Wochen. Ich habe gerade das zerschnittene Bild »Gaberndorf«[179] ausgebessert und weiter daran gemalt. Wie muss ich immer wieder betonen: »Malerei« ist keine Büro-Arbeit, kein Pensum, das zu jeder Zeit mit Fleiss und gutem Willen gemacht werden kann. Die Grundlage zu jedem Bilde ist gewiss nebenbei ein rein handwerkliches Zumalen und technisches Vorbereiten, für die wenigen begnadeten Stunden; und ohne diese Vorbereitung verpufft der schönste Impuls, und fällt kraftlos aus. Heute bin ich glücklich darüber, dass ich so viele unfertige, aber gut vorgearbeitete Bilder habe. Das »Gaberndorf« erstrahlt in Kraft und Farbenreichtum … Mit Klee sprach ich über die Ausstellung der Bauhaus-Meister in New York.[180] Klee hat gestern glatt abgesagt, weil ihm ebenfalls die Arbeiten dafür fehlen. Also bin ich nicht der Einzige von uns, der abseits steht und nicht beteiligt ist. […]

Montag Nachm. d. 19. Okt. 1925 [Weimar]

… Mittags mit dem bequemen D-Zug wieder in Weimar angekommen. […] Wir haben nachher im Klavierzimmer gesessen und erzählt, bis Wieber und seine Frau um ½6 erschienen. Das sind 2 baumlange, junge schöngewachsene Menschen! Ich schätze ihn auf knapp 30 Jahre, Typus dunkel, kühl, zwischen August Zuntz und Rudolph Probst, ohne dessen Freundlichkeit und Wärme. Es blühte mir gleich eine angenehme Überraschung, Wieber sagte

---

178 Fritz Mackensen war von 1910 bis 1914 Direktor der Weimarer Kunstschule und lehrte dort bis 1918. Hier ist wohl das Haus gemeint, in dem er Landschaftsmalerei unterrichtet hatte.

179 Vgl. Anm. 146.

180 Die Ausstellung hat möglicherweise nicht stattgefunden.

gleich, ich möchte es nicht übelnehmen, er hätte »Korrekturen« mit meiner Fuge – der »8ten«, vorgenommen und sie ausserdem um 4 Seiten gekürzt! Sie sei ihm zu lang! Und gegen meine Quintenfolgen ist er ordentlich vorgegangen. Mir blieb das Wort vor Überraschung und Bescheidenheit (einem Berufsmusiker gegenüber) im Halse stecken. Was er geändert hatte, konnte ich nicht ahnen – die Abschrift war nicht zur Stelle. – Kurz, vor der Aufführung schon, war für mich jegliches Frohgefühl erloschen. Und so kam es auch, in der Kirche, dass, als die Fuge als 5te Pièce anhub, ich weder Freude noch Erwartung mehr hatte – blos den Wunsch, möglichst bald wieder fort aus der Kirche zu sein. Diese war brechend voll. Die neue Orgel hat über 60 Stimmen und davon ganz wunderbare darunter – Wieber ist ganz auf Sinnlichen Wohllaut, mit Registerwechsel – Wechselchen alle 2–3 Takte eingespielt – ganz Orgelschmalz, wie Bach es nannte – und das zieht wie Hechtsuppe beim Publikum. Sein Spiel teilweise sehr ausgefeimt, technisch geläufig und dann wieder unbestimmt schwiemelig, wie er es im Laufe der 900 Konzerte, die er bis jetzt gespielt hat, herausentwickelt hat. Meine einzige Hoffnung war, dass wenigstens das, was von meiner Fuge gespielt werden sollte herb und markig und klar ertönen mochte – doch ach! Der Anfang allein war schön, lieblich und klar – zwar schon zu zart – aber schon beim Einsatz der 3ten Stimme ... kamen die verstümmelten Stellen zum Gehör. Meine schönen Quartenfolgen (später als ebenso schöne Quintenfolgen in der Umkehrung der Stimmlagerungen) wurden in geradezu hilflos kindischer Weise fortgewischt und nach kurzer Zeit war das Ganze nur eine klangliche Schmierseife! Ganz andere Modulationen wurden hineinpraktiziert – der Mensch improvisierte sogar! Tauschte willkürlich Pedalstimmen und Manualstimmen, zerrupfte den ganzen kräftigen Aufbau meines Werkes und dann plötzlich – ich traute kaum meinen Ohren – kam, ohne jeden Zusammenhang oder Vorbereitung, der Schluss, eine Sohse von dreckigem »Wohllaut«! Laurence sah mich entsetzt an, ... lachte laut auf und reichte mir die Hand mit den Worten: »Mein herzlichstes Beileid!« [...]

(Ohne Datum, Poststempel: 8.12.25) [Weimar]

[…] Gestern Abend war ich bei Köhlers zum Abendbrot. Köhler meint Dresden sei sehr wichtig für meine Ausstellung,[181] da dort eine Internationale Ausstellung das kommende Jahr geplant sei, an der ich beteiligt werden müsse. Ich schaffe an dem grossen Bilde »Barfüsser-Kirche«[182] fleissig – habe es vollkommen übermalt und zu grosser räumlicher Gestalt umgebildet, alle naturalistischen Figuren, etc, fortgemerzt. … Es ist verdammt kalt im Atelier, ich muss immer abwechselnd sägen und malen. So eine Kälte haben wir noch garnicht hier gehabt. … In meinem Futterkasten in der Regenrinne am Atelierfenster hat eine Amsel sich häusslich eingerichtet; lauter weiches Zweigzeug herangeschafft um sich warm zu betten! Es ist schwer für arme Leute und Arbeitslose und für die Vögel, immer mehr ängstigen mich die Nachrichten über die ungeheure Not die sich jetzt ausbreitet. […]

(Ohne Datum, Poststempel: 10.12.25)

… manchmal drängt sich fadt der Ruf: »Erbarmen«! auf die Lippen; ich bin so unglücklich Anderen Leid zu verursachen, wenn ich obstinat bleibe – aber es ist oft zu viel, was um Gestalt ringt – die Bilder, die Musik, ja, sogar das Basteln an den Modellen! Und ich komme viel zu wenig, im gewöhnlichen Alltag. Du hast mich aber begriffen heute, und ich bin dafür so dankbar; ich wäre zu gerne gekommen, wenn ich nicht so auf die Tätigkeit eingestellt gewesen wäre. Ich bin immer noch ganz im Zittern um die verlorene Ruhe, die diese Tage mir zerstörten, einfach weil ich so kompliziert bin, und dich nur im Schaffen die Einfachheit erlange. Nur wenn's mir im Sommer gut geht, kann ich mir ein Ausruhen im Menschlichen Sinne leisten. …

---

181 Die Feininger-Ausstellung fand 1926 in der »Galerie Neue Kunst Fides« in Dresden statt.

182 »Barfüßerkirche II«, 1926, Öl auf Leinwand, 119 × 110 cm, Minneapolis, Walker Art Center, Hess 264.

1926–1929

»Wir gehen jetzt dessauern …«

1926

Im Berliner Euphorion-Verlag erscheint Anfang des Jahres eine Mappe mit zehn Holzschnitten von Feininger. Im Februar hat er eine Einzelausstellung in der »Galerie Neue Kunst Fides« in Dresden. In den USA sind im Januar und Februar in San Francisco und am Mills College, Oakland, Bilder der »Blauen Vier« zu sehen, von Mai bis Juni sind die »Blauen Vier« in der Oakland Art Gallery ausgestellt, von Oktober bis November im Los Angeles Museum of Art.

Von Juni bis September zeigt die »Internationale Kunstausstellung« in Dresden fünf Gemälde Feiningers, von denen zwei verkauft werden.[183]

Am 21. März wird das Richtfest des Bauhaus-Gebäudes begangen. Julia fährt mit dem erkrankten Andreas zur Kur. Lyonel organisiert währenddessen den Umzug nach Dessau, wo die Familie am 30. Juli das Meisterhaus Nr. 1 in der Burgkühner Allee 3 bezieht. In die andere Haushälfte zieht Laszlo Moholy-Nagy.

Der Freund und Förderer Alois Schardt wird vom Magistrat der Stadt Halle an der Saale zum Direktor des Moritzburg-Museums berufen. Am 5. August tritt er sein Amt an.

Lyonel reist am 20. August mit Lux nach Deep, Andreas folgt eine Woche später und Julia kommt ebenfalls nach.

Laurence setzt seine Schulbildung in der Freien Schulgemeinde in Wickersdorf bei Saalfeld fort, Lux beginnt seine Ausbildung am Bauhaus und besucht nach dem Vorkurs Schlemmers Bühnenklasse.

Lyonel übernimmt am Bauhaus eine »freie Malklasse«. Im Oktober wird das Bauhaus in »Bauhaus Dessau. Hochschule für Gestaltung« umbenannt. Die Meister erhalten den Professoren-

---

183 Verkauft wurden »Gelmeroda IX« (1926, Öl auf Leinwand, 100 × 80 cm, Essen, Museum Folkwang, Hess 263) an die Dresdner Sammlerin Ida Bienert und »Sieg der Sloop ›Maria‹« (1926, Öl auf Leinwand, 54,5 × 85 cm, St. Louis, City Art Museum, Hess 265) an die Dresdner Gemäldegalerie.

titel. Die Ausbildung entspricht einem Studium und endet mit einem Bauhaus-Diplom. Die Einweihung des Bauhaus-Gebäudes findet am 4. Dezember statt.

Dessau, d. 30. Juli 1926

Mein geliebtes Girlie! Heute bekam ich Deine erste Nachricht über Andreas' Befinden. Wenn nur die Besserung jetzt anhält und keine weitere Verschlimmerung zu befürchten wäre […]. Alle Betrachtungen und Gedanken über den geliebten Jungen machen wir, wie Du sagst, auf telepathischem Wege – es ist mir so schwer darüber zu schreiben oder zu sprechen bis ich Gewissheit habe, dass es gut geht. Alle sind hier so lieb!

Wir kamen wohlbehalten an nach guter Reise! Empfang bei Klees, mit einem unglaublich gut-tuendem Kaffee. Herzlichste Aussprache, Teilnahme für unsern Jungen. … Regen setzte ein. […] um 9 Uhr ins Bett und ganz gut, mit einigen Unterbrechungen, geschlafen. […] stand um 7 Uhr auf, Frau Klee hat das gehört und kam im Morgenröckchen heraus und wollte mir Frühstück bereiten – da kam schon jemand herein und sagte: »Die Leute aus Weimar sind schon da«! Also vor Allem nun schnell hinüber und suchen, Herrn H.[184] zu erreichen, der die Schlüssel hat – Zum Glück tauchte er bald auf, aber ohne dieselben, da er sie in der Stadt vergessen hatte. Er radelte also wieder zurück und so gegen ½ 9 konnten endlich die Leute mit ausladen anfangen. Kurz – es ist der beschäftigtste Tag meines Lebens gewesen – aber alles klappte und Abends, gegen 7 Uhr war alles so ziemlich fertig. Wir waren Gottlob von Regen fast ganz verschont – der Schmutz war natürlich gross, weil jedes Stück ca. 40 meter von der Strasse über den nassen Erdboden geschleppt werden musste. […] O Gott, haben wir eine sündhafte Menge Bücher. Bis über die Ohren stecken wir nun in dem Chaos. […] Das kann ich dir schon heute versichern: Das Haus wird entzückend! Klee's Atelier ist fabelhaft und meins wird auch gut werden, wenn ich auch nicht den schönen Schreibtisch habe wie Klee – …

---

[184] Gemeint ist Herr Höschen, ein Bauleiter der Meisterhäuser in Dessau.

mir tun alle Knochen weh vom Auspacken und treppauf und ab 100 Mal jagen – aber die Stimmung ist grossartig. […]

Dessau, d. 2. Aug. 1926

Mein Geliebtes! Endlich eine Feder ausgebuddelt! Ich sitze auf unserer Terrasse, die einfach wonnig ist. Der Überhang und die kurze Südwand, über die wir so unglücklich waren auf dem Plan des Hauses, geben gerade das gemütliche Licht – ohne diese Vorsprünge wäre alles in Sonne und Mittagsglut gebadet. Es geht mit allen Räumen so – sie sind wohnlicher – und fast immer grösser, als wir nach dem Hausplan und ohne Möbel vorstellten. … Unsere vielen Kisten habe ich schon am Sonnabend in den Keller geschafft; alles Packzeug ist verstaut. Draussen arbeiten viele Erdarbeiter und Gärtner, räumen sämtlichen Bauschutt fort. Haben Wege angelegt … die Fläche wird glatt gestampft. Die Bäume sind eine Wohltat, selbst in der grellsten Sonne schaut das Auge ungeblendet ins Grüne; und die Kronen stehen so schön in den Himmel. Hier ist gerade Raum, und man hat das Gefühl sich im Freien zu befinden. Ich hätte nie geglaubt, dass unser Balkon in Weimar so leicht verschmerzt werden würde – im Gegenteil ist es hier tausendmal schöner. Und luftig, bewegte Luft, aber gebrochen durch den Kiefernwald […]. Unser Esszimmer ist garnicht eng und Andreas' Möbel geben so viel Farbe und Wärme hinein, dass es jetzt schon, noch ohne Bilder, wohnlich und schön wirkt. Auch das grosse Wohnzimmer wird schön werden – alle Bücher sind vorläufig untergebracht […] – Und die Noten sind im schwarzen langen umgearbeiteten Bücherbrett famos untergebracht, so dass die elende Schubladenwirtschaft ganz beseitigt ist. … Der unselige Graphikschrank steht natürlich abscheulich darin, aber Gropi sagte neulich »er müsse auseinandergenommen werden« und sobald es Zeit ist, komme ich darauf zurück. Er ist gerade jetzt in Hetze – Schlemmers ziehen morgen ein ausserdem – also will ich Gropi ein paar Tage Ruhe gewähren; er hat sich für alle Wünsche die ich äusserte gleich warm eingesetzt. Gestern (Sonntag) um ½ 5 war Nachmittagstee bei Gropi und alle Meister waren dort, und noch eine Anzahl

Dessauer Honoratioren – Die Wohnung ist ja fabelhaft eingerichtet und natürlich unvergleichlich mehr auf Raum und Repräsentation angelegt. Im Einzelnen aufzählen, was es an arbeitsparenden Einrichtungen gibt, kann ich jetzt schlecht – Du wirst sehen und staunen. Im Ganzen aber kann man ehrlich von einer Schöpfung sprechen, von einer baulichen, neuartigen Leistung. [...] Luxi war anfangs ziemlich missvergnügt; er ist so ein Gewohnheitstierchen und fühlt sich entwurzelt; am ersten Abend sass er ganz melancholisch im Wohnzimmer, das schrecklich voll von Büchern, Bildern und Kisten-Kästen und abgetakelten Lampen angefüllt war, und las ein Buch und liess das Grammophon ertönen. Stundenlang – und das hat ihn dann erheitert. [...]

Das Treppenhaus ist meine ganze Freude, so lustig, mit dem roten Geländerstreifen auf den Kobalt-blauen glatten Treppenwangen. Unsere Korbmöbel müssen wir streichen lassen oder ich mache es auch mit Lackfarbe gerne selbst. Was meinst Du zu hellrot? ich glaube das sähe sehr gut aus. Die Einwohner sind zu neugierig; es ist ganz doll, wie naiv sich die Menge benimmt, am Meisten hat natürlich Gropis Wohnung das Interesse entflammt; das ist ja nur natürlich. Er hat sich nun doch die »Fassaden-Wirkung« zerstören müssen, indem er eine 2.50 m hohe Betonmauer um die ganze Strassenecke [hat] aufrichten lassen, mit Garage, denn Gropi wird sich jetzt ein Auto anschaffen. [...] Wenn ich wenig und nur zuletzt auf unseren Jungen zu schreiben komme, ist es nicht etwa, weil mir Kopf und Herz nicht davon voll wären! Ich bin immer noch besorgt, wenn auch Deine letzten Nachrichten von Fieberfreisein eigentlich beruhigend für alle Fälle sind – ... grüss den guten Jungen, wie freute ich mich über das was Du von seiner Beliebtheit in der Baugewerkschule schreibst! ...

Dessau, Burgkühnauer Allee 3, d. 4. Aug. 1926

... Es ist zu schön hier! Zu jeder Tageszeit ist ein anderes Erlebnis mit dem Licht, dem Stand der Sonne draussen auf den Terrassen und in den Räumen, die offenen Türen geben Abwechslung, genügend Wechselspiel des Lichtes. Auf dem langen Balkon des Südzimmers kann man in der Frühsonne spazieren gehen, wie auf dem Promenadendeck eines Ozeandampfers, das habe ich soeben praktisch ausprobiert indem ich nach meinem Frühstück (unten auf unserer herrlichen Terrasse) 10 minuten auf und ab ging. Wir werden niemals bedauern, aus der Gutenberg-Strasse 'raus zu sein! abgesehen von allem was sonst uns wie Mühlsteine um den Hals dort behinderte und bedrückte. Gestern stand ich froh und frisch um ½ 6 auf, und habe endlich das Atelier fix und fertig eingeräumt. Alle Sachen sind so tadellos untergebracht, dass ich im Dunkeln meine Hand auf jeden Gegenstand legen könnte. Der Raum ist vollkommen frei für die Arbeit [...]. Alle Räume sind schon sauber und das Badezimmer funktioniert. Esszimmer und Dein Zimmer sind schon gebohnert ... einige Möbel sind scheinbar noch in Weimar? Mein langer Arbeitstisch fehlt bestimmt, und wohl sonst irgendwelche Sachen? Vielleicht kommen sie mit Schlemmer's Fuhre, die heute erwartet wird. ... Wie hübsch die Lage der Häuser ist, kann man sich erst vorstellen, nachdem die Wohnung einem bekannter wird – man entdeckt immer neue Seiten! Der durchsonnte Kiefernwald! Der Rhythmus der steilrechten Stämme – das Gefühl der Gemeinschaft mit den Freunden in den übrigen Häusern – nicht zu nah, nicht zu weit abgelegen. Die Stimmung ist allgemein froh, unter Allen. [...]

West-Deep, d. 21. Aug. 26

... Wir kamen gestern pünktlich und nach guter Fahrt, bei schönem Wetter an. ... im Zügele waren 5 Einheimischen, alle weiblichen Geschlechts, runzelig und angegraut, mit Kiepen; von Badepublikum nichts. ... Wir sahen lauter alte Bekannte unter den Einwohnern und alle kannten sie uns wieder und freuten sich dass wir gekommen. [...] Luxi hat sich schon in aller Herrgottsfrühe den Angelschein ... geholt. Wonnig, dieser Jungens-Eifer. Er ist restlos glücklich hier. [...] Gestern assen wir zusammen 17 Bananen, anstatt Mittagessen. Ausgerechnet Bananen![185] ...

---

185 »Ausgerechnet Bananen!« ist der deutsche Titel des amerikanischen Schlagers »Yes! We have no Bananas« von Frank Silver und Irving Cohn aus dem Jahr

West-Deep, d. 27. Aug. 1926

... Es ist Sturm, Sturm, alle Tage Sturm, Strand gibt es garnicht mehr! [...]

1927

Julia und die Kinder werden als amerikanische Staatsbürger registriert.

Im Frühjahr übernimmt Hannes Meyer die im Aufbau befindliche Architektur-Abteilung des Bauhauses. Mit seinem Motto »Volksbedarf statt Luxusbedarf« gewinnt er das Wohlwollen von Bürgermeister Hesse. Im Juli verlässt Muche das Bauhaus, dessen immer stärkere Ausrichtung auf das Industrielle ihm nicht zusagt.

Von Mitte Juli bis Anfang September verbringt Lyonel mit dem jüngsten Sohn Lux den Sommerurlaub in Deep.

Lyonels Mutter Elizabeth stirbt am 25. Juli nach langer Krankheit in Berlin. Lyonel lässt Lux für kurze Zeit allein in Deep, um das von Julia organisierte Begräbnis zu besuchen. Wie schon im Jahr zuvor kommt Julia gegen Ende der Zeit in Deep mit dazu. Ab September hält sich Julia wiederum längere Zeit in Berlin auf, auch um sich wegen gesundheitlicher Probleme in Behandlung zu geben.

Am 27. November wird die SPD bei den Gemeinderatswahlen in Dessau mit fünfzehn Mandaten die deutlich stärkste Fraktion. Die Angriffe auf das Bauhaus werden dennoch aggressiver.

Anfang Dezember besucht der spätere Gründer und Leiter des Museum of Modern Art in New York, Alfred H. Barr, der im April die Ausstellung der »Blauen Vier« unter dem Titel »European Modernists« in Los Angeles gesehen hat, während seiner Kunstreise durch Deutschland auch Feininger in Dessau. Galka Scheyer or-

---

1922, der in der deutschen Version von Fritz Löhner-Beda große Bekanntheit erlangte.

ganisiert in den USA in diesem Jahr zudem Ausstellungen in San Diego, San Francisco, Portland, Spokane und Seattle.

Dessau, d. 25.II.1927

… Heute habe ich wirklich conzentriert gearbeitet, immer an dem Bilde des »einfahrenden Dampfers«[186], und eine Kraft der Vision und des Technischen erreicht, wie kaum seit den intensiven Kriegsjahren. … Die Befreiung von dem nur-Statischen ist an sich, nach den Werken der letzten 7 Jahre, eine Tat für sich. Es ist eine gänzlich andere Bildform, das weiss ich; aber mich macht es glücklich und zuversichtlich, es erreicht zu haben. […] Also gestern doch etwas Neues, was ich am Telefon zu erzählen vergass – wir sind eingetragen als Amerikanische Bürger – Erneuerung am 1. November 1927. Was sagste nu? […] Amüsiert Euch schön, in Dresden, das herrlich sein muss bei Sonne und Vorfrühling!

Deep, d. 18. Juli, 1927

[…] Die Reise verlief gut. […] Die Wartezeit in Stettin haben wir mit Besichtigung einer Reihe alter Strassen jenseits des Flusses verbracht … In Stettin muss der Fussgänger jetzt immer auf der »Rechten« Strassenseite gehen; wir wurden von einem Schutz-Po barschest angehaucht, weil wir das nicht gewusst haben und es wagten, auf der völlig leeren grossen Brücke uns auf der linken Seite zu bewegen. Das fehlte noch im behördlichen Deutschland – aber mag sein, dass es seine Richtigkeit hat, wo der Verkehr immer mehr in den Grosstädten zu einem Verkehrshindernis wird. […] Die Ankunft in Deep war, wie immer, eine Erlösung. […]

Deep, Donnerstag, d. 21. Juli, 1927

[…] Die Aufnahmen die Lore schickte sind sehr gut gemacht, aber ich habe bei der Aufnahme am gedeckten Mittagstisch mich fast entsetzt über mein Aussehen; so sah ein 100 jähriger Grieche aus, dessen Bild ich vor vielen Jahren sah. Und was bin ich Men-

---

186 »Marine«, 1927, Öl auf Leinwand, 55 × 90 cm, London, Privatbesitz, Hess 278.

schenscheu geworden! Wie lange, glaubst Du, wird so ein Verfall dauern, und dann ist alle! Höchstens einige Jahre noch. Na, hier wenigstens gehts besser als vorher [...]. Ich bin trotz allem ganz guter Stimmung. Habe gestern 3 Zeichnungen nach demselben Motiv gemacht – die dritte geht einigermassen – aber zeichnen kann ich garnicht, das habe ich noch vor 5 Jahren gekonnt, und nun ist auch dieses futsch. Nur die Bildvision an sich ist besser geworden, und es hat fast den Anschein, als wäre sie unabhängig von aller Übung eine rein innerliche Angelegenheit. ... Du hast recht, Deine Puppengestalten abstrakter machen zu wollen![187] Mich freut's sehr, mein girlie arbeite Du tüchtig jetzt. [...] Und nun wollen wir beide ganz zuversichtlich weiterschauen, Du mit Deinen neuen Puppen und ich mit den Bildern! [...]

Sonnt. d. 24.7.27 [Deep]

[...] Ist dieser Teil der Ostsee aber verlassen und leer von aller Schiffahrt! Wir sehen nichts draussen; sind allerdings wenig am Strande, da selbiger schon vollbesetzt ist ... Kinderscharen mit dicken braunen Mamis, Muttis und Babbas. Später, wenn die Hauptsaison vorüber ist, und die Bepos zu Hause, werden wir das Strandleben pflegen. – Ich arbeite jeden Tag mit zäher Ausdauer und fange an, etwas in Fluss zu kommen, aber ich erwarte, dass ich in den nächsten Wochen noch keine sehr grosse[n] Resultate erziele. Ich bin mit neuen Dingen beschäftigt und suche stark, aus der alteingefahrenen Bahn der letzten 3 Jahre herauszuwachsen. Ich habe schon grosse Liebe zu den Dingen wieder gewonnen – was ich auch erreichen mag, es wird gewiss nicht vergebens sein, aber vielleicht werden weniger »schöne« Arbeiten als sonst entstehen. Diese Dinge, an denen ich jetzt mich versuche, sind <u>für</u> <u>mich</u>. Vorgestern Nachmittag ... auf dem windstillen Meere: hätte »Princess Pulu« bisher bei <u>Wind</u> einen glatten Sieg errungen über die »Perle von

---

[187] 1925 schuf Julia Feininger sieben Puppen für ein »Märchen aus dem Morgenland«, die von T. Lux Feininger dem Bauhaus Museum in Weimar geschenkt wurden und dort zur Dauerausstellung gehören.

Malabar«[188], bei Flaute glitt diese einfach davon und war nicht zu kriegen – was Lux sehr freute und mich für ihn mit. [...] ich lese »Mainstreet«.[189] Mir ist alles so bekannt – weshalb habe ich seit bald 40 Jahren hier in Deutschland alle Landsleute gemieden? Wie endete es mit den Besten, Empfänglichsten unter ihnen, die wir kennen lernten? Man ist einsam unter guten Europäern, aber es gibt noch schlimmere Einsamkeiten. ...

Deep, Mont. d. 25. Juli 1927

Girlie mine! ... Was Du über Schardt's Besuch schreibst klingt sehr ermutigend,[190] ich trage wieder schwer an ganz intensiven Arbeitsplänen; so viel Kraft ist wieder spürbar, und bis zum Herbst werde ich ausgeruht sein. Ich sehe vollkommen ein, dass eine Auslandsreise mir eine neue Weite geben wird ... Es ist unerhört übertrieben, wenn Schardt mich absolut an die Spitze stellen will; aber vielleicht in einer Beziehung ist meine Arbeit hervorstechend – in der leidenschaftlichen Sehnsucht nach strenger Raumgestaltung – ohne alle »Malerische« Sucht. Hausenstein nannte es damals (wohl als Vorwurf) »Manisch«. Einen Märtyrer verlangt ja auch der räumliche Kubismus; sie spielen alle sonst mit der Form und verbürgerlichen sie hübsch und geschmackssicher. Und der Fanatiker in Schardt begreift den Fanatiker in Feininger. ...

---

188 Namen der von Lyonel und T. Lux Feininger gebauten Modellboote.

189 Der amerikanische Autor Sinclair Lewis war auch in Deutschland damals sehr beliebt. »Main Street« ist eines seiner bekanntesten Bücher. Darin wird das Leben in einer amerikanischen Kleinstadt satirisch beschrieben. 1922 erschien eine erste, 1927 eine weitere deutsche Übersetzung, beide unter dem Titel »Die Hauptstraße. Carola Kennicotts Geschichte«.

190 Am 23.7.1927 schrieb Julia an Lyonel Feininger: »Ich zeigte Schardt alles, was im Atelier ist, und er war tief begeistert, in allen angefangenen Bildern auch sah er ein ungeheures Mehr gegenüber früher, ein Sichtbarmachenkönnen der gehabten Vision und eine Farbkraft und Gestaltungsfähigkeit, die er einzig bei Dir von allen lebenden Malern findet, wie er wieder und wieder äußerte. Er war ganz erschüttert und ich sehr sehr glücklich.« (The Houghton Library, Cambridge MA, Feininger Papers BMs Ger 146)

D. 30.7.27

... Noch bin ich mit allen Gedanken bei Dir am vorgestrigen Donnerstag in Lichterfelde. Wie kann ich Euch Lieben meine Dankbarkeit ausdrücken für Alles was Ihr für Mama tatet – und wie schön ruht sie, dank Eurer liebevollen Fürsorge. [...]

Friday, d. 16. Sept. 1927

[...] So wie im Frühjahr ist es mir jetzt nicht möglich zu malen; ich gehe ganz bewusst frei von der Farbe aus und decke in rascher Arbeit und in energischer Weise alles mit Farbe zu, so dass die »Paste« lebendig bleibt, bis zum Stadium des letzten Vollendens. Ich vermeide die ängstliche Korrektheit die mir seit Jahren soviel Kummer verursachte und greife auf kräftigere Übertragung der Form zurück. Ich habe in letzten Jahren allzuviel »Natur« darstellen wollen; daher auch das wachsende Entzücken bei Leuten, die in »Natürnähe« in ihrem Sinne, einen Fortschritt in meinen Bildern sehen wollen ... jetzt bin ich in richtigen Streit gekommen, wie vor Jahren. Ich muss noch einmal ... richtig um mich schlagen. [...]

Donnerstag, d. 29. Sept. 27 [Dessau]

... Es ist ein solcher Trost Deine Nachrichten zu erhalten! Heute war ein guter Arbeitstag. Ich hatte einen schrecklichen Traum: ich müsste einen Totenschädel küssen – dabei war er am lebenden Menschen, einer Frau, die mir entgegenkam und die ich trotz Schädel und Knochen noch als »sehr schön« erkannte! Ich überredete mich, der Schädel sei schön, wunderschön – und sagte es auch den Danebenstehenden, die ganz entsetzt waren. Ist das nicht eine Missgeburt von Traum! Aber da ich mich gestern um 6 Uhr schlafen legte, bin ich heute prachtvoll ausgeruht, darum auch vielleicht das gute Prädikat beim Malen. [...]

Sonnabend, d. 1. Okt. 1927 [Dessau]

... Ich glaube ich habe nur deswegen so unruhige und schlimme Träume, weil ich so viel mich mit Deinem Zustand beschäftige! aber immer wieder beruhigst Du mich in Deinen Briefen und ich bin so froh, dass die Geschichte gut abgeht, die doch so unumgänglich notwendig war. […] Wie freut es mich aber, dass Du so begeistert warst von der »Camiliendame«[191]! Übrigens soll nächstens ein Film mit Greta Garbo in Deutschland aufgeführt werden, ich sah im »Magazin« eine sehr schöne Scene daraus abgebildet. Aber die gegenwärtige Filmproduktion ist wirklich ziemlich trostlos – immer diese blöden sentimentalen »Heidelberg«filme und Operetten mit Harry Liedtke. Aber es ist auch kaum ein einziger überragender Schauspieler in Deutschland geblieben – Alles nach Amerika verramscht und dort verkitscht. …

Sonntag spät Nachmittags, 2. Okt. 27 [Dessau]

… Heute Deine Stimme am Telefon! So heiter klang's und froh und so lieb! Und nun dürfen wir Dich am Donnerstag erwarten und dann ist endlich die Reise zu Ende für diesen Sommer! […] Die Nacht war gestern ganz gut, aber von irgendwelchen zauberhaft schönen Frauen, wie Du es mir wünschest im Briefe, habe ich nicht geträumt. Heute war ich vor 9 schon an der Staffelei und habe wenigstens gut gearbeitet, aber jetzt möchte ich, wenn ich darüber schreibe, eher »ein paar Pflöcke zurückstecken« als dass ich zuviel erzähle und Erwartungen wachrufe, die nachher nicht erfüllt werden. Also: habe ich Sau-miserabel gearbeitet und es ist und wird mit der ganzen Malerei nischt. Zu erzählen gibt es wenig: dass wir heute Mittag Schmorbraten hatten habe ich schon am Telefon gesagt. … Ich sitze ganz allein im Hause – […] Lux und Andreas sind in die »Schdat« »gehatscht«, um sich das Treiben in dieser Metropole anzusehen. Der Sonntag ist mir ein gefürchteter Tag schon ohnehin; aber <u>diese</u> Menschen, die unablässig von früh bis spät vorüberschlendern und vor unsern Häusern glotzend stehenbleiben! (von denen ganz zu schweigen, die in den Garten kommen und in

---

191 Der Roman »Die Kameliendame« von Alexandre Dumas (dem Jüngeren) war damals bereits mehrfach verfilmt worden. Feininger bezieht sich hier auf den US-amerikanischen Stummfilm »Camille« von Fred Niblo aus dem Jahr 1926, in dem Norma Talmadge die Kameliendame darstellte.

die Parterre-Fenster gucken), und aus jedem Auto, jeder Pferdedroschke, die vorüberfährt – oder zuckelt, stecken die Köpfe heraus, wie die Pflaumen und verrenken sich Hals und Augen nach uns. Fast alle Tage grosse Besichtigung am Bauhaus; von ausserhalb kommen die Architekten, Handwerkerschulen, Hausfrauenvereine; heute, zu Moholy, 43 Schüler im Schillerkragen, die Hälfte stand unter meinem Atelierfenster so lange bis die andern herauskamen – und draussen auf der Strasse stand ein »Missing Link«[192], wie ihn Andreas nannte, (mit Vollbart, langem Haar, und »Federn« auf der Brust, sichtbar durch das allzuweit offene »Hemmat«; und »Stachelbeerbeinen«) ... Weisst Du, das Bauhaus wird einfach zu Tode »besichtigt«. Wenn die Studierenden dasselbe Gefühl dabei haben, wie wir in unserer Wohnung, muss ich sagen, dass es der Ruin für jede intensive Verinnerlichung ist. Nun bremse ich aber scharf; ich will weiter mich nicht hierüber auslassen. Die Öffentlichkeit, die so auf einen hereinbrandet, die ist furchtbar ... kommen Freunde und Interessenten zu einem, dann sind sie stets willkommen und wirken meistens anregend – aber immer diese Platzfurcht vor Besuch zu haben, wie jetzt – ist demoralisierend. ...

Dessau, d. 5. Okt. 1927

Little One! [...] namentlich wollte ich sagen, dass es mir genau so wie Dir ergeht, und ich in unserer alten Gegend um den Magdeburgerplatz (Lützowstr.- und Platz und Schillstrasse) immer denke, ich bin noch der Jüngling, dem noch Alles bevorsteht. Man sucht mit Sehnsucht nach Allem, was noch geblieben ist aus der Zeit und will es nicht wahr haben, dass sich im Grunde Alles verändert hat. Was ist aus der alten friedlichen Stille des Pferdebahn- und Zuckeldroschke-Tempo geworden? Wenn ich von Lützowufer in die Bendlerstrasse einbiege – denke ich an die eine Krabbeldroschke, die dort an einem Sommervormittag an der Bordschwelle entlang kroch – und in der Lützwostrasse juckelte noch gerade ein[s] von

192 Anspielung auf »das fehlende Bindeglied«, das eine Lücke in der Evolution schließt.

den kurzen, kleinen Pferdebahnwägelchen vorüber. Heute ist alles Tempo, Lärm und Gestank. Das kann nun kaum mehr gesteigert werden – und also werden die heutigen Jungen niemals diesen Frieden kennen, der uns so lieb war und der uns ein Fonds, einen dunklen Hintergrund gibt, sondern nur das Aufpeitschende das ihnen ganz zur Gewohnheit geworden ist – und später wird's kaum anders sein. Des Menschen Erinnerung ist sein grösstes Heiligtum, dorthin wendet er sich im späteren Leben und vergisst allen heutigen Kummer, alle Enttäuschungen – auch an diese gewöhnt man sich so sehr, dass man sie kaum anders erwartet; immer eine Nasenlänge im Voraus bleibt die Hoffnung, und es ist dafür niemals zu spät bis endlich doch die Stunde kommt wo es nicht weiter geht. Man hat die Wahl: entweder man lebt mitten drin in Allem, lernt Alles kennen, bereist diese Erde – oder man lebt in Gefühlen und Vorstellungen und trägt das Weltbild im Herzen und entbehrt eigentlich die Wirklichkeit wenig – … aber im Frühjahr wollen wir nach der Brétagne! Ich habe zum ersten Mal seit 1920 wieder mit neuen Kräften jetzt gearbeitet – nicht die fleissige, aber totmüde Routine des Handwerks; sondern ein bewusstes, kämpferisches Suchen nach neuer Form, mit der Überzeugung, dass es so nicht weiter ging. […] Ich fühle auch, dass es jetzt gilt, das Hauptwerk zu schaffen – ich habe im Dämmerzustand gelebt. – – – Aber um nochmals auf unsere alte Berliner Gegend zurückzukommen! es gibt noch die alten Häuser, so vieles lebt dort unverändert weiter – nur darf man der Erscheinung nicht auf den Grund gehen. Den Glanz, die Herrlichkeit des neuen Westens möchte ich aber nicht vermissen! Nettelbeck: Tauentzienstrasse, Kurfürstendamm, und das Viertel »Am Park« – die sind voll von Erlebnissen und Zauber – Dort könnte man auch keinen Benzingeruch entbehren und der Lärm gehört dazu, zusammen mit den kniefreien Röcken der Frauen und Bubiköpfchen, die schon längst das langbehaarte Ideal verscheucht und unmöglich gemacht haben. Fremd im heutigen Betrieb bleibt uns das Treiben der jungen Menschen, aber zum Bilde, das uns so fesselt und entzückt, gehört es unbedingt. Blos: Solche Bilder werde ich nie malen; mein Interesse als Zuschauer ist wohl beteiligt – aber das Herz ist dem Allen fremd. Am Bauhaus ist ein neuer »Reklame-Rummel«, mit stundenlangen Vorträgen und Bildern einer Bauhausvergrösserung ins Zehnfache. Selbst habe ich's noch nicht gesehen, aber Lux erzählte davon. Abbildungen vom Atelierhaus mit 50 Stockwerken, und das übrige Gebäude entsprechend verriesenfacht. …

Dessau, d. 27.XI.27

… Heute war endlich Wahl-Sonntag[193] – ich bin gespannt auf das Resultat. Die Bauhausopposition hat ja die tollsten Sachen in ihrem Hass und ihrer Blindheit gegen das eigentliche Interesse der Stadt gemacht! Ich glaube bestimmt aber, dass die Vernunft und die ruhige Überlegung die Oberhand behalten werden und dass Alles gut verläuft. Nun, wir werden ja bald sehen, wie's war. Worauf kann sich ein Mensch heute überhaupt verlassen? Der Irrsinn beherrscht alle Völker gleichermassen. Individuen sind einfach nicht vorhanden, alle Ermahnungen verhallen vergeblich und der nächste Krieg macht dann allem ein Ende. Fast könnte man versucht sein, es »recht so« zu finden! […]

Dessau, d. 30.XI.27

[…] Über Deine Unterhaltung mit Dr. Rave freute ich mich. Dieser »Liebermann-Terror«[194] unter dem die gesamte Deutsche Künstlerschaft zu leiden hat, ist unerhört – es wäre eine gute Tat, auch vom Standpunkt des von ihm so befehdeten Bauhauses, wenn eine energische Haltung dokumentiert werden könnte – und ich bin vielleicht so gut wie ein Anderer der »Jungen« dafür geeignet, eine Ausstellung zu machen im Kronprinzenpalais.[195] Weiss Gott

---

193 Es handelt sich um die Gemeinderatswahlen. Der Sieg der SPD festigte vorläufig die Stellung des Bürgermeisters Fritz Hesse.

194 Von 1920 bis 1932 war Max Liebermann Präsident der Preußischen Akademie der Künste. Er kritisierte die Sammlungs- und Ausstellungspraxis Ludwig Justis in der Neuen Abteilung der Nationalgalerie im Kronprinzenpalais heftig.

195 Feininger bekam eine Ausstellung im Kronprinzenpalais zu seinem 60. Geburtstag 1931.

nicht aus irgendwelchen persönlichen Gründen, aber für die Sache selbst. Ich bin sehr gut in Arbeit. Bitte suche mir [...] ca. 12 breite flache Borstenpinsel aus, ich brauche sie und verwende in diesen Tagen mit viel Glück meine alten flachen Pinsel, um ruhige, namentlich helle Flächen ohne »Pinselei« und »Qual« anzulegen oder wieder aufzubauen. [...]

1928

Im Januar ist in den USA die Ausstellung »Thirty European Modernists« mit Werken von Feininger in Oakland zu sehen. Ebenfalls im Frühjahr zeigt die »Galerie Neue Kunst Fides« in Dresden eine Feininger-Ausstellung.

Im März legt Gropius sein Amt nieder, weil er sowohl intern als auch von außen zu viele Widerstände auf sich zieht. Marcel Breuer, Herbert Beyer und Moholy-Nagy verlassen aus Unzufriedenheit mit der Entwicklung ebenfalls das Bauhaus. Ab April ist Hannes Meyer neuer Direktor. Er legt den Schwerpunkt auf Typenentwicklung und Entwürfe für die industrielle Produktion. Die Maler rücken immer weiter ins Abseits.

Feininger erlebt ein Theaterereignis, das seinem Freund Kandinsky zu verdanken ist: Auf Veranlassung des Intendanten des Dessauer Friedrich-Theaters, Georg Hartmann, entwickelt Kandinsky zu Modest Mussorgskis Klavierzyklus »Bilder einer Ausstellung« eine Inszenierung aus beweglichen geometrischen Farbformen und Beleuchtungseffekten. Die Premiere ist am 4. April. Im gleichen Monat eröffnet die Ausstellung »Neuere Deutsche Kunst aus Berliner Privatbesitz« in der modernen Abteilung der Nationalgalerie im Kronprinzenpalais, in der dreizehn Gemälde Feiningers gezeigt werden.

Im Juni besucht Galka Scheyer die Feiningers, Kandinskys und Klees in Dessau.

Den Sommer verbringt Lyonel mit Lux, Laurence, einem Schulfreund von Laurence sowie kurzzeitig auch Lore, der Tochter aus erster Ehe, wieder in Deep, dieses Mal in sehr beengten Wohnverhältnissen. Julia reist zunächst zwischen Sülzhayn im Harz, wo Andreas sich von einer Lungenerkrankung erholt, Dessau und Berlin umher. Sie kümmert sich unter anderem mit Andreas um den Kauf eines Autos, sendet von Lyonel angeforderte Kleidungsstücke oder Geld, organisiert ausstehende Beträge aus Bildverkäufen oder erledigt im Leipziger Konsulat Passangelegenheiten, bevor auch sie Ende August zusammen mit Andreas für kurze Zeit nach Deep kommt.

Ab dem Herbst beginnt Lyonel sich intensiver mit der Fotografie zu beschäftigen, und Lux wird Mitglied der Bauhaus-Kapelle.

Dessau, d. 31. März 1928

[…] Gestern gut gearbeitet, und abends im U. T.[196] zur »Alraune«[197], die ich ausserordentlich stark fand; die Brigitte Helm allein ist schon sehenswert in der Hauptrolle und Wegener könnte kaum besser sein; ausserdem eine grosse Fülle von interessanten, guten Aufnahmen. Allzusehr darf man sich als Künstler, von irgendeiner, hierzulande doch meist literarisch orientierten Kritik nie abhalten lassen, selber sich etwas anzusehen. Gegen den literarischen Standpunkt in der Kunstbewertung setze ich das allergrösste Misstrauen; ich lasse ihn einfach in allen Dingen der bildenden Kunst nicht gelten. Es ist jetzt ¼ 12, und ich nehme an, dass Du gerade im Begriff bist, in das Kronprinzenpalais zu gehen, zur Eröffnung![198] …

3. April, 1928 [Dessau]

… eine Einladung zum Tee für Dich und mich von Jemandem den ich nicht kenne! […] ich kann da unmöglich hingehen!

---

196 Union-Theater.

197 »Alraune« ist ein deutscher Tonfilm von Henrik Galeen (1881–1949) aus dem Jahr 1927, in dem es um künstliche Befruchtung geht.

198 Gemeint ist die Ausstellung »Neuere deutsche Kunst aus Berliner Privatbesitz«.

Mein grosses Bild habe ich heute vollkommen ausgelöscht – ich stehe davor und bin dabei den Versuch zu machen, es wieder aufzubauen – aber mir ist das Motif derart verhasst dass ich zweifeln muss, etwas damit anzufangen. ... Kandinsky bat mich Sonntag zum Tee ... es wäre grob gewesen, abzuschlagen und so bin ich Sonntag eine Stunde dort gewesen. ... und dann musste ich, anstandshalber mich für Mittwoch (morgen) ansagen, für das Theater, weil Kandinsky in aller Stille ein Stück insceniert hat, zu Mussorgsky.[199] Es hätte zu unkollegial ausgesehen, wenn ich gezaudert hätte. [...] Bei mir dreht sich alles Denken um das Unglücksbild, das ich hoffe, doch noch zustande zu kriegen. ...

4. April 1928 [Dessau]

... Ja, gestern war ein mieser Tag, wo alles zusammenkrachte, und das Bild ausgelöscht wurde. Nicht einmal ging ich nachmittags ins Kino! Sondern, so um ½ 6, den Weg um das Georgium, unter den beiden Bögen hindurch, den wir neulich gingen. Also ist aus jenem Ganze[n] zusammen, der, wie wir gleich feststellten, nichts Aufregendes an sich hatte, doch ein Erlebnis geworden, weil wir Beide zusammen waren, und nun bin ich in meiner inneren Not, den Weg und keinen anderen gegangen! Zurückgekehrt gings mir schon besser, und ich fing nochmals an mit dem Bilde und liess es dann bis heute früh stehen – aber ich sah heute, dass es zur üblen Karikatur einer Sache geworden war, anstatt ein Raumgebilde das auf Menschen erhebend wirken könnte, wie es sollte. Nun habe ich es wieder angefangen, und aus dem Schatten heraus versuche ich es in die früheste Gestaltung zurückzubringen wo es noch Geheimnis besass. Was Du mir ... erzähltest, vom Kronprinzenpalais, hat mich sehr interessiert! Dass Justi doch einen ganzen Raum zusammengestellt hat, von meinen Werken![200] Hoffentlich

---

199 Auf Veranlassung des Intendanten des Dessauer Friedrich-Theaters, Georg Hartmann, schuf Kandinsky zu Modest Mussorgskis »Bildern einer Ausstellung« eine Inszenierung aus beweglichen geometrischen Farbformen und Beleuchtungseffekten, Premiere am 4.4.1928.

200 Vgl. Anm. 195.

gut! Die besten können's kaum sein, denn die sind entweder in Erfurt, Weimar oder Dresden! … Heute um ¾ 8 ging ich auf 20 Minuten hinaus … die Luft war süss und staubfrei. Ich habe meine Dumpfheit damit weggebracht. Morgen hat unser Laurence Geburtstag! Er wird 19. Wenn ich an meinen 19. Geburtstag denke, schaudert's mir! Das war der schrecklichste Tag meines Lebens; ein Strafgericht ging über mich, wegen der versetzten Uhr, und von dem Tag, bis ich nach Lüttich abgeschoben wurde, am 2. September, hat mein Vater mir nicht wieder ein gutes Wort gesagt – und nie wieder im Leben sah ich ihn. Wundert's Dich, wenn ich nach der anderen Seite neige, mit meinen Junx? Oft muss ich glauben, mein Leben bis heute stehe noch unter diesem Eindruck und etwas wie ein Fluch lastet auf meiner Seele; ich werde nie ganz davon frei. Auch bei dem verwahrlosten Bengel, der ich wohl war, damals, war der Sinn so zart, die Seele liebebedürftig und nach väterlichem Vertrauen durstend – und es war wahrhaftig mehr elterliche Schuld als eigene, wenn ich verwahrloste. Ich kannte das Leben ganz nur subjektiv und war kaum etwas mehr als ein Kind, und ging mit den Freunden durch dick und dünn, weil sie mir lebendiger waren als die Eltern. Und für diese geliebten Freunde war mir eine »versetzte Uhr« eine selbstverständliche Aushilfe, wenn man »klamm« war. Dass ein Mensch damit seine Ehre verlor, das konnte uns nicht einleuchten. Man verliert weniger leicht seine Ehre, als dass sie einem abgesprochen wird. – – Warum denke ich immer häufiger mit Trauer an meine Kindheit zurück? Sie war im grossen ganzen fröhlich und schön – aber ich war fast immer am glücklichsten unter Fremden, und zuhause gab es keine innerliche Beziehung zu den Eltern – nur kindliche Liebe – und Furcht! Diese Einsamkeit und die Verwahrlosung im Elternhause – später die Trennung der Eltern – jetzt fühle ich mehr als früher, was mir fehlte in der Kindheit und ich finde die Ursache darin, dass ich heute so oft traurig bin über den Verlauf, menschlich genommen, meines Lebens. Ach girlie, wir müssen zusammen froh sein, wir Beide brauchen so sehr den Frohsinn zum Lebenkönnen! … vielleicht gehts's im Herbst mit der Auslandsreise, die schon viel helfen würde. Ich bin dafür, baldmöglichst an die See zu kommen – jedenfalls Ende Mai, und im Sommer, nach der Erholung, hier fleissig zu malen, und dann im Herbst eine Reise nach der Brétagne – wenns auch nur 4 Wochen sind. Bei diesem eintönigen Leben lässt die geistige Spannkraft nach … Nun aber genug für diesmal. Ich bin ja wieder ganz froh und werde sehen noch das Bild zu retten. …

Donnerstag, d. 5.4.28 [Dessau]

… Nur schnell einen Charfreitagsgruss und dank für Deinen liebsten Brief heute und das so tröstliche Telefongespräch! … Heute denke ich doch wesentlich froher über das Leben als gestern … es hängt für mich enorm viel daran das Bild nun gerade zu einem schönen Ende zu bringen. Laurence's Geburtstag heute! Das ist auch einer, der zähe durchhält, und ich sollte es verlernt haben? nimmer! … Das Theater gestern versäumte ich, weil der Omnibus sich erstens um 25 Minuten verspätete, und als er endlich heranhumpelte aus Ziebigk, war er so voll Menschen, dass man nur noch eine Dame mitnahm, die ich vorgelassen habe – und mich abwies. Also, im strömenden Regen war ich umsonst fast 30 Minuten an der Ecke stehen geblieben, und verlor dann endgültig den Mut und ging wieder heim. Wäre ich nur gelaufen! … Aber am kommenden Mittwoch wird die Vorstellung wiederholt und dann kommst Du mit mir, gelle? Es soll sehr gut gewesen sein, unerhört neu, für Dessau obendrein – sozusagen: Kandinsky'sche Bilder auf der Bühne, zur Musik von Mussorgsky aufgebaut, aus Kreisen, Vier- und Drei-Ecken. Alle Plätze vergriffen, Kandinsky 3 Mal hervorgerufen! Ich sah ihn und Nina heute, sie waren unten im Garten … waren traurig, dass ich nicht dabei gewesen. Es hat endlose Arbeit und anstrengende Proben – zuletzt am Dienstagabend von 10 bis 2 Uhr auf der Bühne – gekostet, bis alles klappte.

Deep, Montag, d. 18. Juni, 28

[…] Der Sonntag ging grau und kalt und mit starkem Sturmwind in Erfüllung. Ich liess heizen. Aber um ½ 10 dachte ich: »gehst jetzt doch raus und guckst Dir das Meer an«, der Seegang war tosend und der Strand überflutet und verwrackt und wie ich gerade ankomme am Meere, fängt es an, zu regnen. Der Schirm erwies sich als zu zart gebaut für das elementarische Gehaben der himmlischen Wasserwerke, und ich war drauf und dran umzukehren; aber dann gab ich mir 'nen Stoss, und zog die Mütze feste herunter über die Nase, klappte den Kragen hoch … und zog schwer ankämpfend los gen Horst. Wie schon so oft, erwies sich hier wieder ein Mal der Schneid als das einzig wahre, denn bald hörte der Regen auf, und ich wurde nur vom eisigen Wind durchzogen, vibrierte der Mantel um mich Schlottergestalt, Schritt für Schritt ging's mühsam weiter, und es war wirklich herrlich sich vom Winde ins Gesicht peitschen und vom Wellengedonnere betäuben zu lassen, und dann wurde ich belohnt. Der Strand wurde licht und weit, das Wasser bekam Farbe, wurde violett und schwarz und die Rosskämme waren ganz leuchtend. […] Heute um 7 Uhr gefrühstückt. Am Strande tüchtig geschippt, zuerst in Zivil, nachher im eselsgrauen Badetrikot. […]

Strandkorb, Strand, Ostsee, d. 3. Julia, 1928 [Deep]

… Heute kam Dein Sülzhayn-Brief und war so willkommen. Dass es Andreas besser geht und er zunimmt und zufrieden ist! Hat er sein Grammophon? ihn heiter zu erhalten, das muss mit als zur Kur gehörig betrachtet werden! Auch Bücher, und die Aussicht auf schöne Veränderung und das Auto in absehbarer Zeit. Lux bekommt bereits heute brieflich versprochenermassen, das »Klarinett in Bb«,[201] wenn er irgend eine Liebe in dieser Hinsicht hat und gewillt ist, sich auf einem Instrument zu vervollkommnen, können wir ihm nichts besseres angedeihen lassen. … Und Laurence müssen wir auch einen heissen Wunsch erfüllen, sei's Kamera und Zubehör oder Noten, oder was. Jeder soll etwas von dem Glücksanfall in Halle haben.[202] …

---

201 Die Klarinette in B hat einen Tonumfang von d bis b3. Lux Feininger spielte in der Bauhauskapelle Banjo und Klarinette.

202 Alois Schardt erwarb 1928 für das Moritzburg-Museum in Halle Feiningers Gemälde »Zirchow VI« (1916, Öl auf Leinwand, 82 x 100,5 cm, University of Rochester Memorial Art Gallery, Moeller 172) und »Kirche von Vollersroda III« (siehe Anm. 95).

Deep, d. 13. Juli 1928

Mein geliebtes Girlie! Also gestern fuhr ich bei 30–35 Grad Hitze nach Treptow und holte mir meinen Lux ab. Er war in leidlicher Verfassung – nämlich bei allem Schnupfen-Elend kreuz vergnügt darüber, dass er endlich nun angelangt war. [...] Es ist heute tatsächlich ein Hochsommertag, so ganz wie das, wonach alle Welt vorher stöhnt! und wenn es dann eintrifft, alle Welt schwitzt und noch vielmehr stöhnt! Aber herrlich ist's doch, und hat dem Lux so gutgetan! Deep wirkt immer sofort im günstigen Sinne auf Einen. Wir waren alle 3 heute Vormittag am Strande und lebten mehr in als aus dem Wasser; spielten mit dem Luftball, segelten eine Modellyacht paddelnderweise, und kamen erfrischt und hungrig zum Mittagessen im alten »Neuen Gesellschaftshaus«. Sehr voll, aber sehr lustig. So ein Betrieb wie dieses Mal in Deep war nie. So bunt das Strand-Treiben, Badekostüme von grosser Farbigkeit, bunte Riesenbälle, eine Reihe bunter Strandkörbe, endlose Fahnen und Fähnchen, Ruderboote, Paddelboote, Motorboote, Modellyachten. Wir sind mitten drin ... aber kein Mensch stört den Andern und es ist auch so mal lustig. Von Lux erfuhr ich nach und nach viele Neuigkeiten aus Dessau und dem Bauhaus. Auch eine Anzahl neuer und zum Teil sehr guter Fotos zeigte Lux, die er in letzter Zeit gemacht hat, und die neue »Bauhaus-Zeitung«[203], die wirklich gut ist, und eine grosse Hoffnung entstehen lässt, dass es wieder, oder endlich, in Deutschland eine gute, moderne Kunstzeitschrift geben wird. ... Heute Nachmittag am Strande fast heisser als vormittags. Der Wind ist ganz schwach, das Wasser spiegelglatt, die Sonne steht im Dunst und wird wohl glatt bis zum Meere hinuntersinken und morgen wird's erst recht heiss werden! Die Hitzewelle aus Amerika – in New York allein sollen 400 Todesfälle vor Hitzschlag vorgekommen sein! Oben, hoch im Norden, spielt gleichzeitig in diesen Wochen, Tagen, Stunden, vor aller Welt, eine Katastrophe in Eis und Nebel sich ab; in unerhörter Hilflosigkeit steht davor das »Technische Zeitalter« und kann mit keiner Macht die Hand-

---

203 Die Zeitschrift »bauhaus« erschien von 1926 bis 1931 vierteljährlich.

voll Menschen retten, die vor Monatsfrist so wohlgemut lossegelten in der »Italia« nach dem Pol.[204] [...]

Strandkorb, d. 14.7.28 [Deep]

Herrlich! Mein Girl! Heute kam so ein lieber und interessanter Brief! und ich weiss mir keinen besseren Rat, als hier unten am Strande ihn zu beantworten – [...] Dass Schardt am Dienstag bei Dir sein wird, ist sehr lieb – (wenn er blos nicht wieder absagt)! und wird wirklich eine schöne Art der Geburtstagsfeier sein, wo Du, mein Geliebtes, nicht bei mir in corpore sein kannst – so wenigstens in »spiritus«! Gottlob dass endlich das Geld angelangt ist, aus Halle. ... Meine Einverständniserklärung zum Verkauf von »Zirchow V«[205] schicke ich Dir ... aber auch nicht unter 8000,– (oder vielleicht 7500,-?) Denn das Bild gehört, so wie »Zirchow VII« und »Viadukt«[206] zu den unwiederbringlichen Bildern aus vergangener Zeit. Aber das ist prachtvoll, dass nun meine stärksten Bilder zusammenbleiben sollen, in Städtischer Obhut![207] und für die Nachwelt beschirmt bleiben. Sucht auch einen fabelhaften Graphik-Raum zusammen, am Dienstag, mit Leihgaben auf »Widerruf«, wenn darunter Deine Blätter sind. ... Ich muss schnellstens Geld kriegen, gestern schrieb ich, dass ich 30,– Mk hatte, heute sinds kaum mehr 20,– also denke in Liebe an uns und sende wenigstens etwas Geld sofort. God bless you, Little One! Wir alle grüssen Dich herzlichst, und wünschen Dir ein vergnügtes Geburtstagsfest am 17.! ...

---

204 Die Italia war ein halbstarres Luftschiff des italienischen Generals und Luftschiffkonstrukteurs Umberto Nobile (1885–1978). Sie wurde 1928 für die Nobile-Nordpol-Expedition fertiggestellt, auf der sie am 25. Mai 1928 im Eismeer havarierte und verloren ging.

205 »Zirchow V«, 1916, Öl auf Leinwand, 81 x 100,5 cm, New York, The Brooklyn Museum, Moeller 163.

206 »Zirchow VII«, 1918, Öl auf Leinwand, 81 x 100,5 cm, Washington, National Gallery of Art, Hess 189; »Viadukt«, 1920, Öl auf Leinwand, 100 × 85 cm, New York, Museum of Modern Art, Moeller 201.

207 »Zirchow V« kam als Leihgabe mit Vorkaufsrecht nach Halle und wurde zusammen mit »Zirchow VI« und »Vollersroda III« ausgestellt. Der Ankauf kam nicht zustande.

Deep, d. 17.7.28

Wohl wenige Männer können sich rühmen, einen so schönen Geburtstagsbrief ... zu erhalten, wie der den Du mir sandtest und den ich heute früh erhielt! Ich bin Dir dafür so dankbar. [...] Die Tasche für die Cigarillos ist so niedlich, so schön, und die Tauchnitze[208] kamen auch heute! hurra! »Kein Geburtstag ohne Tauchnitz«! könnte ich fast sagen – ich habe solche Freude daran! Von Laurence die prachtvolle Abschrift meiner Fugen! Und seine Passacaglia, soweit sie fertig ist, lag auf dem Tisch, mir zum Geburtstag gewidmet! Von Lux einige kräftige, gute Zeichnungen und Photos – übrigens auch Photos von Laurence aus Bamberg [...] Und Du zu dieser Stunde, sitzest wohl mit Schardt zusammen, und da möchte ich auch dabei sein. Aber es ist so: die Gegenwart der Seele ist das Allerwichtigste, und erleichtert die Trennung, und wir sind so gewiss, dass jeder an den Andern innig denkt. [...]

Deep, d. 23. Juli, 1928

My dear Girlie, geliebtes Pululein! Das war eine prachtvolle Tat, dass Du die Graphik-Kommode geordnet hast! Das macht mir viel Freude, ich habe an die Ecke im Atelier immer mit einem leisen Gruselgefühl gedacht, sie war nicht »geheuer«! ... Sind die Passepartouts aus Dresden da? und hast Du etwas von den Aquarellen schon eingereiht? [...] Weisst Du, dass wir seit fast 6 Wochen schon getrennt gewesen sind? Ich bin überhaupt wie entwurzelt. ...

Deep, d. 24. Juli 1928

Little One, dass es Dir auch passieren kann, etwas zu suchen, was Du längst fortgegeben hattest, ist mir eine Beruhigung für die eigene Schusseligkeit; ... Ich arbeite, aber so schlecht wie noch nie zuvor – denn, wenn ich in früheren Jahren auch häufig schlechte

---

208 In der »Tauchnitz-Edition« des Leipziger Verlags Christian Bernhard Tauchnitz waren von 1841 an preiswerte Buchausgaben englischer und amerikanischer Literatur für den europäischen Markt erschienen, oft gleichzeitig mit der Publikation der Erstausgabe im Mutterland. Der »Collection of British and American Authors« folgte später auch eine »Collection of German Authors«.

Arbeiten machte, waren sie immer von Lust und Selbstvertrauen diktiert – und jetzt ist der ganze Mensch Feininger ein Fragezeichen und ein Zweifel. Dieser Zustand wird auch vorübergehen, davon bin ich überzeugt. Ich klage nicht, sondern konstatiere nur … Du gutes, goldiges Pululein, so eine herrliche Ordnung in der Graphik-Kommode zu machen! Ja, Du hast recht, wir werden vieles zerstören, alles, was »Schlacke« ist, muss raus; aber es wird besser sein, ich bin dabei, weil manchmal Anregungen, an sich schlecht gestaltet, weiter nützlich sein können und zu guten Werken verhelfen … Lux und ich waren wiederholt im Ruderboot auf der Rega mit den Modellbooten. Ich habe dieses Jahr sehr viel Erfolg mit den Meinen. Ich habe endlich nicht nur erreicht, schnelle Bootsformen zu machen, sondern auch die Besegelung zu verbessern und bin ganz auf der »Höhe der Technik« angelangt. Ich wünschte nur, eben so gute Bilder jetzt zu schaffen! aber das kommt nach. Ja, hol's der Deibel, ich habe einen Ruck gespürt, über deine Beschreibung von Kandinskys herrliche Reise die sie antreten! Das ist's, was uns not tut, und alles andere ist nur Selbsttäuschung. Aber auf Paris selbst, habe ich gar keine Lust. Ich misstraue der dort herrschenden Zeitströmung sehr. Barr nannte es: »Avantgardisme« – ein mir verhasster Kunstbegriff. Und unsere Freunde von ehemals sind doch alle anderswo verstreut. […]

Sonnabend Abends ¾ 10, d. 28.7.28 [Deep]

Mein Geliebtes! Ganz allein, überhaupt als einziges Lebewesen im Stockdunklen, stillen Wilkeschen Hause, sitze ich auf der Verandah und ruhe mich nach Teller- und Tassen-Abwasch, notabene nach einem Flunder-Fressen! wo so fett und unappetitlich zurichtet. Und versuche, ob's heute endlich gehen wird, seit 2 Tagen wieder einmal ein wenig nachzudenken und Gedanken in Wort zu setzen. Es ist Lampion-Korso auf der Rega und ich habe die »Kinder« fortgeschickt und bin allein. So still war's überhaupt im ganzen Ort noch nie, wie jetzt; Alle Häuser stehen dunkel und vollkommen öde da; alle Welt ist in Ost-Deep; es wird gewiss wieder, als Höhepunkt des Abends, die »Lorelei« auf der Düne bei bengalischer Beleuchtung geben, und Bekanntgabe des »Preisgekrönten« Lampion-Bootes. [...] Seitdem Geld wieder da ist, sind wir völlig glücklich mit den bestehenden Zwangsverhältnissen. Es ist wahr, dass ich fast bis zur Idiotie versucht bin, gegen die Unordnung der Kinder anzukommen, aber das nimmt mir einfach alle Kraft und Schwung, und macht mich zur alten Tante – und darum lasse ich's eben. Und den Jungens wäre ich dann einfach ein Popanz, anstatt der beste, geliebteste Kamerad. [...] Und über alles, was Du von Deinem Leben jetzt schreibst, bin ich froh – es ist ein Glückszustand, dessen ich wohl nimmer fähig wäre, wenn es auch mein lebenslängliches Ideal stets war, so zu leben. Aber ich war schon mit 5 Jahren stets in irgend ein Wesen engelhaft verliebt, manchmal in 6 auf ein Mal. Nur wenn ich mich heute genau betrachte, ich nicht anders als darüber lächeln kann, <u>wie</u> oft ich noch als »Jüngling« denke und fühle, mit <u>diesem</u> durchgearbeiteten Gesicht, das so garkeine romantische Gegenvorstellung bei Andren aufkommen lässt und fast stets grotesk und verzerrt erscheint. Jetzt kommen die Bewohner wieder zurück, alle müde und gähnend – und auch ich bin »bettreif«. God bless you, my own girlie! ...

Sonntag, d. 28. Okt. 1928 [Dessau]

... Dein lieber, schöner Brief, so strahlend von Frohsinn, Liebe und Wärme, hat mir den Trübsinn zerstreut und mich wieder froh gemacht, und <u>so</u> dankbar. Nun lacht alles wieder. Es ist ¾ 6 – wir haben soeben Tee gemacht und getrunken, und jetzt geht Andreas in die Dunkelkammer, um Aufnahmen zu entwickeln. Wir waren, bei starkem Nebel [...] nach Zerbst losgefahren im Hanomägchen[209] – zauberhafte, verschleierte Chausseewelt, Radler und Autos aus dem Nebel schemenhaft auftauchend, Baumsilhouetten wie Silberstiftzeichnungen, zusammen haben wir ca. 50 Aufnahmen verschossen – hoffentlich hat es etwas auf die Platten gegeben. [...]

---

209 Der Hanomag war ein Kleinwagen des gleichnamigen deutschen Herstellers aus Hannover. Nach längeren Überlegungen hat sich die Familie offenbar für den Kauf eines Wagens dieser Marke entschieden.

Wir waren ungefähr 1 ½ Stunden dort – und fuhren dann zurück mit Licht, weil wir fast unsichtbar, wegen unserer weissen Farbe, für entgegenkommende Autos waren. … Nach Zerbst wollen wir einmal im Schnee fahren, Schnee wird sicher der Stadt gut stehen, wie übrigens heute auch der Nebel! … Ach, Girlie. […] Wenn Du wieder da bist, dann geht's mit neuen Arbeiten los. Ich habe schon Bilder hervorgeholt, heute, und einige in Rahmen gesteckt, und werde sie kräftig weiterbringen. In letzten Wochen konnte ich keine Ruhe finden. […] Von Herrn Barr erhielt ich ein fabelhaftes Buch, »Moby Dick«, ein See-Roman, der 1858 geschrieben wurde.[210] Heute kam ein so lieber Brief von Laurence, ich muss ihn dir mitsenden! Ist das ein lieber, guter, warmer Mensch – irgendwie ganz aus dem vorigen Jahrhundert. …

Dessau, d. 31.10.28

… Heute Abend, gegen Dunkelwerden, ging ich mit dem Apparat, gleich an's Statif gemacht, los, und machte ca. 12 Aufnahmen von Nachtbildern, mit Laternen und beleuchteten Fenstern, Dessau hat nach und nach schon ein ganz anderes Gesicht für mich bekommen, seit dem ich so viel herumstreife und verschärft aufpasse, mit dem Apparat. […] Ich sehe jetzt, dass Malen doch noch besser ist, als Photographieren – aber letzteres ist irgendwie auch fördern[d] und anregend. […]

Sonnabend, d. 8. Dez. 1928 [Dessau]

[…] Heute Nacht war Reif. Die Sonne, vormittags, stand über der Antoinettenstr., hinter einer Wolkenwand und über der Stelle ragte ein Halbkreis, ein Sonnenhalo wie ein riesiges Himmelsrad, ganz seltsam anzusehen, innen rot, aussen blau – […] Natürlich arbeite ich; mit wechselndem Erfolg; aber ich hoffe, durchzukommen, mit Hilfe der Siccatif-Behandlung[211]. So ein Bild jetzt, ist

---

210 Hermann Melvilles »Moby Dick« erschien bereits 1851, die erste deutsche Übersetzung von Wilhelm Strüver 1927.

211 Sikkativ beschleunigt die Aushärtung der Ölfarben.

wieder einmal ein Kampffeld, es gibt viel Tote dabei, wie bei jeder Schlacht. Es ist gut, dass ich allein bin und Dir das Herz nicht schwer mache! denn zaudern darf ich nicht, sondern muss unerbittlich durch! Eine Ansichtskarte darf's nicht werden. Ich gehe ins U.T. heute, mit Lux, um den »Rasputin«[212] zu sehen. Eigentlich bliebe ich ebenso gerne zu Hause – aber ein Mal müsste es einen starken Film doch geben? …

Sonntag Abend (9.12.28) [Dessau]

Nun habe ich den ganzen Tag an Dich gedacht, und es ist nur fair wenn ich am Schlusse ein paar Zeilen schreibe und es Dir sage, und Dir auch für Deinen so lieben Sonntagsbrief danke! Wer wem »das Leben gerettet hat«, kann man offenlassen, ich glaube, das beruht auf Gegenseitigkeit, darling! Heute war ein so stiller Tag bei uns! Draussen das herrlichste Sonnen- und Frostwetter, und alle Welt am »Kupfernen Sonntag«[213] unterwegs. Blos ich blieb oben und hatte »Hemmungen«, mir die schöne Aussenwelt um die Nase wehen zu lassen. Habe mich weidlich mit meinem Bilde auf der Staffelei herumgequält – zum zwanzigsten Male habe ich's umgestossen, fortgelöscht, und immer von Neuem wieder aufgebaut, bis es jetzt, bei Lichte besehen, endlich zu »stehen« scheint. Morgen wird hoffentlich nicht alles im Tageslicht verfallen? Aber einsam war der Tag. … Gestern Rasputin – sehr stark, schauerlich, und hat sich gelohnt – aber erfreulich war der Film keineswegs. Rasputin wurde von unerhörter Eindringlichkeit und Kraft dargestellt vom Russischen Schauspieler Malikoff. …

(14.12.1928) [Dessau]

Julia darling! Jeden Tag versuchte ich zu schreiben! aber es fehlte mir am Gesammeltsein, und vielleicht waren Hemmungen vorhanden – »Komplexe« (unser neuzeitlicher Nach-Kriegsjargon)!

---

212 »Rasputin, der heilige Sünder«, deutscher Stummfilm von Martin Berger aus dem Jahr 1928.

213 So wurde der drittletzte verkaufsoffene Sonntag vor Weihnachten genannt.

[…] Übrigens war neulich Hans Wittwer bei mir und wollte sich Rat über Halle holen. Er hat Meyer gekündigt und verlässt das B.H. am 1. April. In Halle ist [ihm] – da er keinesfalls Kunstgewerbe-Direktor sein will, die Leitung der Bauabteilung angeboten worden – doch weiss er noch nicht, wer der neue Direktor, unter dem er sein würde, werden soll, und er möchte auch aktiv bauen, nicht Beamter sein.[214] Schwierige Sache. Über mich möchte ich weiter nichts sagen, als dass ich täglich mich abquäle mit dem Turmbild – das ich jetzt glücklich in Grund und Boden verhauen habe – aber inzwischen ist das ältere Turmbild[215] auch fertig geworden und wirkt geradezu edel, streng und stark, gegen das jetzige, das gänzlich zerflattert. […]

1929

Anfang des Jahres wird im Schlesischen Museum der bildenden Künste in Breslau eine Ausstellung von Feininger, Heckel und dem Bildhauer Ewald Mataré gezeigt. Gleichzeitig läuft im Erfurter Kunstverein eine Feininger-Ausstellung.

Die Söhne finden langsam ihren eigenen Weg: Andreas arbeitet nach seinem mit »summa cum laude« abgeschlossenen Studium als Architekt in Dessau. Lux schließt seine Ausbildung in der Bühnenwerkstatt und Bühnenklasse von Oskar Schlemmer ab, bleibt aber zu einem postgradualen Studium am Bauhaus. Andreas und er treten auf der Werkbundausstellung »Film und Foto« in Stuttgart erstmals als Fotografen öffentlich in Erscheinung, wobei Lux schon seit zwei Jahren von der Berliner Fotoagentur DEPHOT vertreten wird. Laurence legt in der Reform-

214 Hans Wittwer übernahm 1929 die Fachklasse für Architektur und Innenausbau an der Kunstgewerbeschule Burg Giebichenstein in Halle, deren amtierender Direktor war von 1928 bis 1933 Gerhard Marcks.

215 »Der Grützturm«, 1928, Öl auf Leinwand, 101,5 × 81 cm, Darmstadt, Hessisches Landesmuseum, Hess 302.

schule Wickersdorf sein Abitur ab und schreibt sich anschließend zunächst in Berlin und kurz darauf in Heidelberg für ein Studium der Musikwissenschaft, Philosophie und Kunstgeschichte ein, wo er sich zudem am Kirchenmusikalischen Institut zum Kirchenmusiker ausbilden lässt.

Lyonel hat auf Vermittlung von Alois Schardt einen Auftrag der Stadt Halle für ein Gemälde mit einem Motiv der Saalestadt. Er bekommt ein Atelier im zum Museum gehörenden Torturm der Moritzburg und wohnt bei Schardt. Von Mai bis Mitte Juni und von Oktober bis Anfang Dezember fertigt er Skizzen und Fotos verschiedener Motive an und entschließt sich, es nicht bei einem Gemälde zu belassen, sondern mehrere in Angriff zu nehmen. Der Oberbürgermeister Richard Robert Rive, Schardt und Gerhard Marcks als Direktor der Kunstgewerbeschule Burg Giebichenstein bemühen sich, Feininger an die hallesche Ausbildungsanstalt zu holen, was ihnen nicht gelingt.

Am 24. Mai beschließen die Stadtverordneten in Dessau die Verlängerung der Verträge mit den Bauhaus-Meistern um fünf Jahre.

Von der zweiten Hälfte des Juni an ist Lyonel mit den drei Söhnen in Deep. Julia folgt Mitte Juli nach.

In Dessau wird Fritz Hesse am 1. Juli erneut zum Bürgermeister gewählt, im September wird er zum Oberbürgermeister ernannt.

Oskar Schlemmer wechselt im Oktober an die Kunstakademie in Breslau, und die »Galerie Ferdinand Möller« veranstaltet in Berlin die einzige Ausstellung der »Blauen Vier« in Deutschland. Im selben Monat, am 25. Oktober, markiert der »Schwarze Freitag« den Beginn der Weltwirtschaftskrise. Einige Bauhaus-Studenten radikalisieren sich politisch und gründen die »Kommunistische Studentenfraktion«.

In den USA ist Feininger vom 13. Dezember an bis Januar 1930 mit sieben Werken in der Ausstellung »19 Living Americans« im Museum of Modern Art in New York vertreten und wird dadurch zum ersten Mal als amerikanischer Maler betrachtet.

Freitag, d. 22. März 1929 [Dessau]

... Ich habe sehr zu tun gehabt, um »Gelmeroda XII«[216] noch fertig zu bekommen; das Überfertige an manchen Stellen musste wieder fortgemalt werden – aber jetzt ist alles Atmosphäre wieder und ich lasse es stehen, wie's ist. In einigen Wochen kann ich dann immer noch eventuell ändern ... Gestern um ½ 10 ging ich mit dem Apparat los, auf Nachtbilder. ... Es war zauberhaft schön ... und die Platten werden in der Vergrösserung immerhin interessante Bilder abgeben, da ich sie mit Absicht unscharf exponiert habe. Der fast volle Mond hing hoch oben im dunstigen Himmel, und am Horizont waren viele Laternen. Ich habe den Bahnhof über das grosse tiefliegende Gelände hinweg photographiert; das sieht sehr merkwürdig aus, langgestreckt, geschichtet aus hellen und dunklen Streifen, mit Lichtern als runde Akzente, alles etwas nebelhaft verschwommen. ...

Dessau, d. 16.4.'29

»Gelmeroda XII« morgens, nachmittags und Abends! Das Bild muss werden. Beneidenswert waren die Alten, denen man Zeit liess, ein Werk zu sublimieren! Keine »Jahrensausstellungen« setzte[n] ihnen die Pistole auf die Brust. ... ein Bild, ob in breiten dekorativen Bürstenhieben auf grober Leinewand hingehauen in 3 Stunden; oder ob bis zum letzten Hauch ... in monatelanger Arbeit geschaffen – alle werden sie mit gleicher geschäftsmässiger Sorglosigkeit von den Handlangern, den Salons und den Ausstellungen erledigt. Das Schicksal, unterwegs, eines Werkes, ist noch scheusslicher. Wie sollte denn nicht manchmal Hoffnungslosigkeit den Maler überkommen! [...]

22. April 1929, Montag nachm. [Dessau]

Geliebtes Girlie, die Sonne scheint ins Atelier, oben in der Ecke am Fenster über'm Bild auf der Staffelei. Es wird Frühling – wenigs-

---

216 »Gelmeroda XII«, 1929, Öl auf Leinwand, 100 × 80 cm, Providence, Rhode Island School of Design, Hess 311.

tens viertelstundenweise und geographisch – oder astrologisch vielmehr – kommt die Sonne herum wie alle Jahre zur gleichen Zeit. Die paar viertelstunden in dieser Woche, die ich mich auf'm Dach in die Sonne setzte, haben mich […] zu einem Indianer verbrannt; ich verbrenne so schnell! und mit Indianerschlauheit überlege ich mir nun jeden neuen Farbfleck an »Gelmeroda«. Freitag kommt das Bild, mit den Andern, nach Köln fort.[217] Es hat sich einiges daran verändert und nun wird's […] Heute rief guter Schardt an, konsterniert, weshalb ich nicht komme! »Anfang nächster Woche nun bestimmt«! habe ich gesagt! Erst mussten die Bilder hier fertig werden. In Halle will ich reinen Tisch haben für Neues! Ich werde zunächst viel zeichnen dort. Im Herbst male ich dann los, im Turm. […]

Halle, Moritzburg, d. 3. Mai, 1929

My dearest girlie! Yesterday all day I felt very poorly, had slept badly, and had head-ache all the time. In my tower I could do nothing, I slept for an hour in the Triumphstuhl! … But I went about town quite a little, morning and afternoon and made some photos of the Dom and the Markt-Kirche. To-day, after a good long nights rest, I feel quite well, The Sun is shining very much of the time, and I have made a number of studies and am adventuring all by myself though the streets of the town. I enjoy it <u>very</u> much, the city is a thousand times more interesting than Dessau. … I think I shall not paint only one, but perhaps even several pictures of the City. I can say nothing positive until I have begun to compose motives. … It is <u>fine</u> in my tower![218] Mein »Turm«, der mir immer vorschwebte! …

---

217 Die Ausstellung im Kölner Kunstverein fand wohl erst 1930 statt.

218 *Mein liebstes Girlie! Gestern den ganzen Tag habe ich mich sehr schlecht gefühlt, habe schlecht geschlafen und hatte die ganze Zeit Kopfweh. In meinem Turm konnte ich nichts tun, ich schlief eine Stunde lang auf dem Triumphstuhl! … Aber ich bin ein wenig in der Stadt herumgegangen, vormittags und nachmittags, und habe einige Fotos vom Dom und der Markt-Kirche gemacht. Heute, nach einer guten langen Nachtruhe, fühle ich mich recht gut, die Sonne scheint sehr viel, und ich habe eine Reihe von Studien gemacht und streune ganz allein durch die Straßen der Stadt. Es macht mir <u>sehr</u> viel Spaß, die Stadt ist tausendmal interessanter als*

Torturm, 15. Mai 1929 [Halle]

… Last night Schardt and I were at Marcks'ens to Supper. It was very nice. There is much mysterious talk of my coming to Halle. But still there is much to be thoroughly considered, before we decide to leave our home in Dessau, I think, and there is no good in talking too soon about new Plans. Marcks is one of the most loveable fellows in the world; and he talked with such quaint humor about his voyage to Greece and also about his soldier-experiences. It was a beautiful, warm evening, and we had supper outside, on the verandah. … The Oberbürgermeister, so Schardt says, has taken a great fancy to me. There is some question of my having a »Lehrstelle« without »Gegenverpflichtung«, but to be quite truthful, I do not even like the appearance of an obligation and should prefer to be entirely free to come and go, as now in Dessau. They say I should have the book-bindig workshop at Giebichenstein – of course I know nothing of book-bindig! – and there was about 30 girls in that workroom! if they decided to want me, how terrible it would be; – they would come and get me! I've done with young ladies![219] …

Dessau. … Ich denke, ich werde nicht nur ein, sondern vielleicht sogar mehrere Bilder von der Stadt malen. Ich kann nichts Endgültiges sagen, bevor ich nicht begonnen habe, Motive zu komponieren. … Es ist schön in meinem Turm!

219 *Gestern Abend waren Schardt und ich bei Marcks zum Abendbrot. Es war sehr nett. Es gibt wohl viel geheimnisvolles Gerede darüber, dass ich vielleicht nach Halle komme. Und doch ist vieles gründlich zu bedenken, ehe wir uns entschließen, unsere Heimat Dessau zu verlassen, denke ich, und es ist nicht gut, zu früh über neue Pläne zu reden. Marcks ist einer der liebenswürdigsten Burschen der Welt; und er erzählte mit so wunderlichem Humor von seiner Reise nach Griechenland und auch von seinen Erlebnissen als Soldaten. Es war ein schöner, warmer Abend, und wir haben draußen gegessen, auf der Veranda. … Der Oberbürgermeister, so sagt Schardt, hat sich sehr in mich verguckt. Es ist die Rede davon, dass ich eine Lehrstelle ohne Gegenverpflichtung haben könne, aber, um ganz ehrlich zu sein, mir widerstrebt selbst der Anschein einer Verpflichtung und ich würde es vorziehen, ganz frei kommen und zu gehen zu können, wie jetzt in Dessau. Man sagte mir, ich solle die Buchbindewerkstatt in der Burg Giebichenstein bekommen – dabei weiß ich gar nichts übers Buchbinden! – und da saßen ungefähr 30 Mädchen in dem Werkraum! Sollten die sich entschließen, dass sie mich haben wollen, wie schrecklich wäre das; – die würden kommen und mich holen! Ich habe die Nase voll von jungen Damen!*

Sonnabend, d. 18. Mai 1929 [Halle]

... Heute nur ein Pfingstgrüsschen ... es giesst aus allen Himmeln, schon seit gestern Nachmittag, und sieht so aus, als würde ein verregnetes Pfingsten uns bescheert. Dabei hundekalt. ... Da ich meine Motive bei jeder Witterung gerne studiere, habe ich gestern und heute einige Aufnahme[n] bei strömendem Regen, mit allerhand Spiegelungen in Dächern und Pflaster versucht. Aber ich selbst »spiegelte« auch auf Hut und Schultern und troff Regenwasser aus allen Falten und Tälern. Doch die Begeisterung lässt einem keine Hemmungen aufkommen. ... Ich lese gerade ein Buch von dem Lawrence, der »Sons and Lovers« verfasst hat, und jede Geschichte darin handelt von der Trennung zwischen Eheleuten. Sie müssen immer von einander fort und anderswo ihr Glück suchen – aber es ist nur, um zuguterletzt, es beieinander zu finden – ...

Torturm, Sonntag Abend, d. 26.V.29 [Halle]

... Dein lieber Brief hat mich einigermaassen beruhigt und aufgerichtet, bezüglich Deines Zustandes, ich bin glücklich, dass Dein körperliches Befinden etwas besser geworden, über das seelische Befinden wird sich noch längere Zeit nichts sagen – da gibts Wechselfälle und wenn Du weiter leben willst, musst Du viel Kraft aufbringen. [...] Über Nolde fragte mich der Pater[220]. Wir haben versucht, oder wenigstens ich versuchte, Nolde's Kunst zu erklären. Mir scheint sie sogar sehr religiös – im wirklichen Sinne – aber irgendwie plutonisch, aus dunkler Macht hervor. Vielleicht ist's Dänomie, der ihn treibt. Aber gleichgültig kann man ihr gegenüber nicht bleiben, und diese Malerei, (die eigentlich übermenschlich schlecht ist), bleibt ... imposant als Willensäusserung und Trägerin eines starken Geistes. Im Grunde schlägt sie jedes Bildgesetz ins Gesicht. Wäre er demütig religiös, könnte er nicht so malen. Das Phänomen Nolde ist gewiss einmalig in der Kunstgeschichte, und schon darum etwas jenseits aller Bewertung nach »gut« oder »schlecht«. Ich habe mir den

---

220 Schardts Bruder Richard, ein Geistlicher, war in Halle zu Besuch.

Gang täglich zu seinem Raum[221] angewöhnt. Cyclopische Materie, innerlich glühend, also d[o]ch Materie, wie ein runenhafter Stein aus Urzeit auch die Vorstellung zu entzünden vermag. [...] An meiner Marine, »Stiller Tag am Meer III«[222], arbeite ich zähe; bequem wird's mir nicht, aber ich kriege es mit dem Malen und fürchte nichts; lege Farbe auf Farbe und wasche ab, setze Form ein, zwinge das Bild zur Übernatur – aber Stück für Stück muss ich es immer wieder erobern, den Gegenstand in Raum übertragen. ...

Torturm, d. 31. Mai, 1929 [Halle]

[...] Eins merke ich: je mehr ich photographiere, desto stärker entferne ich mich in meiner Zeichnung allem irgendwie photographischem – ja, ich könnte fast von einer ganz neuen Formstärke sprechen, einer Art Renaissance aus verknöchertem Stil heraus ins Lebendige. Ich habe jede Hoffnung auf gute, neue Arbeit. Aber ich muss in den nächsten Tagen hier Schluss machen und an die See. Haltet mir mein Zimmerchen bereit – eines Abends komme ich um 10 angefahren. [...] An der kleinen Marine habe ich wie wütend herumgemalt, und jetzt endlich hört es auf, aus dreckigen Farben zu bestehen, und die Farbe wird klingend. Manchmal ist es eine Sysiphusarbeit, mit den heutigen Ölfarben reine Flächen herauszukriegen – alles schlägt dumpf und dreckig ein, ohne die Spur Schönheit. Es muss doch an den Farben irgendwie liegen, die nicht die Qualität von früher haben! Oder sollte ich seit Jahren so viel weniger gut malen? dass ich mich so quälen muss? Von Gropi hatte ich heute einen so lieben Dankesbrief für das Geburtstagsgedenken neulich! Ich liebe diesen Menschen unbedingt; mag kommen, was will, immer wieder wird man warm bei ihm und er hält ganz fest zu uns. Es wäre schlimm um die 10 Jahre sonst, die wir

---

221 Im halleschen Museum befanden sich damals acht zwischen 1908 und 1922 entstandene Gemälde von Emil Nolde, daunter zwei Leihgaben. Für Nolde war ein ganzer Raum eingerichtet.

222 »Stiller Tag am Meer III«, 1929, Öl auf Leinwand, 49 × 36 cm, Privatbesitz, Hess 308. Feininger schenkte das Gemälde Alois Schardt zu dessen 40. Geburtstag am 28.12.1929.

uns kennen und um die schöne erste Zeit in Weimar. Wenn ich an Klee und Kandinsky denke, wird mir doch manchmal der Gedanke schwer, äusserlich wenigstens den Bruch mit Dessau herbeizuführen. Aber es kann ja keinen <u>inneren</u> Bruch geben; und andererseits ist es richtig, unbedingt, aus einer drohenden Erstarrung herauszukommen, die die Dessauer Luft bewirkt. Und wer weiss, wie wohl es ihnen auch täte, sich draus zu befreien? …

Sonntag, bei Regenwetter im Torturm, d. 2. Juni, 1929 [Halle]

Mein Geliebtes, Du wirst kaum von mir sobald ein Schriftlein erwarten; und es ist wahr, dass inzwischen nichts besonderes passiert ist, seit ich Dich zur Elektrischen brachte! Aber ich denke so viel an Dich und mit solcher Liebe und bin so <u>sehr</u> besorgt um Dich, so oft Du (auch früher im »Zaisiggrünen Froschzimmer«) zum Besuch dagewesen bist und ich dann wieder den Raum betrete, überkommt es mich seltsam, zu sehen wie noch die Spuren Deines Aufenthaltes sich an der Stellung von Stühlen und an aus der Hand gelegten Gegenständen zeigen. Es bleibt etwas Lebendes zurück, was sich auf sogenannte »Tote Gegenstände« überträgt – für den, der zu blicken und zu fühlen weiss. […]

d. 4. Juni, 1929, im Torturm. [Halle]

… wir haben gleichzeitig am Sonntag Abend uns geschrieben; haben Beide an dasselbe gedacht, das gleiche gefühlt und waren und sind Beide gleich gehoben. Weswegen ich Dich Abends zur Bahn begleiten wollte hast Du erraten – aber nun ist eine Angst von Monaten von mir gewichen. Nur – »durch« bist Du gewiss noch nicht – das dauert seine Zeit und hört irgendwie nie auf, nie ganz auf. Ich träumte noch mit Verzweiflung von meiner Jugend und von den geliebten Toten und für Dich ists auch das teuerste Teil Deiner Jugend, woran Du denken musst. Du hattest keinen Bruder, keine Schwestern – bei mir sind's die Schwestern, an die ich denken muss, und Du hattest den Jugendfreund. Mein Bildchen ist zum letztenmal wieder auferstanden und diesmal aus schrecklichem Chaos heraus, nun ists wirklich erst da und wird gut. Aber vor Freitag kann ich kaum in Dessau sein, denn das Bild muss mit! An diesem dummen kleinen Bildchen habe ich zum hundertsten Male das Malen wiedergelernt. So einem Leinewändchen sieht man's nicht an, was es an Kampf und Zähigkeit des Willens kostet. […]

Deep, Freitag, d. 19. Juli, 1929

[…] ich bin dabei, Dir zu schreiben dass Herr Wilke ausgekundschaftet hat dass das 3te Grundstück am Dünenhang, zwischen den beiden Bungalows und dem Haus des Arztes zu haben sei! Das Ganze, mit Haus, würde c. 8 bis 10 Tausend nur kosten, meinte Herr Wilke. Wir gingen nachmittags zum Grundstück und haben es uns angesehen. Es ist entzückend! […] Und gleich dahinter der schöne Kiefernwald mit Duft der Nadeln. Trockener Grund! Und Bootsstelle gleich zur Hand! Also! lass baldigst hören … ob es überhaupt zu machen geht nach Verlauf Deiner Berliner Verhandlungen […]

Mittwoch, d. 13. Nov. 1929 [Halle]

… Es ist 7 Uhr, heller Mondschein, zauberhaft, und das eine Fenster nach dem Roten Turm zu ist weit offen und die Luft kommt so milde herein. An dem Neubau am Trödel wird Tag und Nacht gearbeitet und ein hohes 6–8 stückiges Baugerüst steht direkt bei der Stadtkirche. Nachts sind übereinander angebracht auf jeder Etage elektrische Lampen die wie Sterne erglühen. Ausserdem sonst am Gerüst, seitlich davon, noch andere grössere und kleinere Glühkörper, und es sieht sich an wie eine Sternenkonstellation (zweifellos kein sehr sprachreiches Wort), und gespenstig zeichnen sich im nächtlichen Dämmer die spitzen Türme gegen den Himmel. Um 7 Abends bläst der Stadttrompeter von der Brücke zwischen den beiden Türmen eine tröstliche Melodie herunter auf die krabbelnde Menschheit […]

1930–1935

»Es ist schlimm in Deutschland«

1930

Lyonel ist als Maler immer mehr gefragt: Im Januar veranstaltet der Kunstverein für Böhmen in Prag eine Feininger-Ausstellung. Im April erwirbt die Stadt Dessau für die im Aufbau befindliche städtische Kunstsammlung zwei Feininger-Gemälde.[223] Von April bis Oktober werden drei seiner Gemälde auf der XVII. Biennale in Venedig gezeigt. Er arbeitet in Dessau weiter an den Halle-Bildern.

Ab Juni ist Lyonel wieder als Erster in Deep, später kommen die Söhne hinzu. Sie bleiben, mit Ausnahme Julias, die im August zurückreist, bis 12. September.

Nachdem am 29. März Heinrich Brüning zum Reichskanzler ernannt worden ist, beginnt dieser, mit Notverordnungen die Einflussmöglichkeiten des Parlaments zu reduzieren. Ende Juli fordert der Dessauer Oberbürgermeister Hesse den Bauhausdirektor Hannes Meyer zum Rücktritt auf, da er die Beteiligung von Bauhausstudenten an kommunistischen Demonstrationen unterstützt hatte. Da Meyer der Forderung nicht nachkommt, wird er wenig später entlassen. Daraufhin ist von Oktober an der Architekt Ludwig Mies van der Rohe neuer Bauhausdirektor. Er richtet das Bauhaus noch stärker auf die Architektur aus.

In Thüringen erreicht die NSDAP 1930 eine Regierungsbeteiligung und installiert Wilhelm Frick als Innenminister. Dieser lässt sich in kunstpolitischen Fragen von Paul Schultze-Naumburg beraten, der 1928 das Buch »Kunst und Rasse« veröffentlichte, in dem er die Werke der modernen Kunst mit Fotos geistig oder körperlich Behinderter oder Kranker verglich. Unter diesem Einfluss lässt Frick Anfang November die modernen Kunstwerke als »artfremd« aus den Ausstellungsräumen des Weimarer Museums entfernen. Darunter sind viele Leihgaben von Kandinsky, Klee und Feininger, die zurückgegeben oder – wie bei mehreren Gemälden Fei-

---

223 »Regler-Kirche (Erfurt)«, 1930, Öl auf Leinwand, 127 × 102 cm, Boston, Museum of Fine Arts, Hess 324; »Segelpyramide«, 1930, Öl auf Leinwand, 46,5 × 73 cm, Privatbesitz, Hess 328.

ningers – vom Angermuseum im nahen, aber preußischen Erfurt übernommen werden.

Mittwoch, d. 29. Jan. 1930 [Dessau]

[…] Das war das allerallerschönste vom ganzen Berlin, dass Du so lieb warst und solche Geduld mit mir hattest. Wenn Du nur begreifen kannst, dass ich mich für's Erste panisch vor den Menschen gescheut habe, aber so sehr über mich unglücklich war, dass ich Dir die Freude verdorben habe … es ist sicher etwas, das ich überwinden werde, mit der Zeit – aber ich starre vor »Provinztum«; komme mir so kleinbürgerlich verschüchtert vor. Ich lebe seit langer Zeit im Luftleeren Raum. Aber ich fühle deutlich, dass es nur eines Anstosses von Aussen bedarf – etwas Erfolg und Führung mit der Kunst – (von der ich ja blos das erschreckende Gefühl habe, sie sei erwürgt von der Zeitströmung und so hilflos rufend)! Und eines Tages könnte mein Selbstbewusstsein wieder aus dem lähmenden Schlaf den es tut, aufgerüttelt werden, mir zur Stütze und zum Ansporn. […]

Sonnabend, d. 14. VI. 30 [Deep]

… Gestern die erste diesjährige Wiesenmaht, die Wiesenblumen sind nun in vollster Pracht und Erfüllung gefällt worden – so hast Du Deep, ganz in Frühlingspracht, noch nicht erlebt – ich aber bereits ein Mal, vor 2 Jahren. Auch füllt sich plötzlich der Ort mit Gästen, die üblichen Vorsaisons Unchick, Unschönheit und Ungeschmack, die hierzulande einmal den Menschen im Blute sitzen. … Ich ging gestern Abend nach ½ 9 noch einmal zum Strande. Das Wasser fast spiegelglatt, hell, gegen eine hohe Wolkenwand von violettem Dunst im Nordwesten. Und draussen stand ein einsamer Frachtdampfer am nebligen Horizonte. Darüber stand sein umgekehrtes Spiegelbild! So dass ich lange staunte, was das sein mochte! Aber Mastspitze an Mastspitze verdoppelt, mit Schornstein und Rumpf! zuerst dachte ich, es sei ein Raaschiff mit seltsamer Takelung hoch über dem Rumpf, die Spiegelzone war cylindrisch klar, alles sonstige in violettem Dunst, sogar Nebel, der den Horizont fast unsichtbar machte. […] Nun male einer ein solches Bild! …

Sonntag, d. 14. Sept. 1930 [Dessau]

[…] Über 100 Tage war ich fort, aber die Ankunft war wie nach 2 Tagen Abwesenheit, dieser Sommer hat alle Wetterbegriffe so durcheinander gebracht, auch sonst so ohne Resonnanz … irgend etwas fehlte, was zum richtigen Frohsinn gehörte. Ich habe das Gefühl einer allgemeinen Lockerung aller Wurzeln unserer bisherigen Existenz. Hoffentlich dauert's nicht zu lange bis sie wieder fest in den Boden hineinwachsen. […]

Dessau, d. 4. Dec. 1930

[…] Gestern »Hai Tang«[224] war wunderschön! die May Wong bezaubernd und rein als Schönheit und Mensch. Nur die Tonwiedergabe war unsagbar schauerlich in den Sprechstimmen. Und ein fabelhafter Mickifilm[225]. Du musst diese Mickifilme sehen. Der Mensch ist ein reines Wunder der diese Filme (in der Jetztzeit!) hervorbringt. … Hier sieht es besorgniserregend genug aus, die neue Notverordnung[226] wird für das Weiterbestehen des B.H. sehr gefürchtet. Ich weiss garnichts darüber … ich denke, »Notverordnung« bedeutet absolute Diktatur, und da hilft kein bestehendes Gesetz davor, wenn sie in Anwendung kommen sollte. Es liegt schwerer Schneenebel in der Luft – so dunkel heute. […]

---

224 »Hai-Tang. Der Weg zur Schande« ist ein deutscher Tonfilm von Richard Eichberg (1888–1952) aus dem Jahr 1930.

225 1930 wurde der erste Mickey-Mouse-Film – noch als Stummfilm – in Deutschland gezeigt. 1928 war er in den USA unter dem Titel »Steamboat Willie« gelaufen. Auf Deutsch hieß er »Ein Schiff streift durch die Wellen«.

226 Reichskanzler Brüning setzte Anfang der dreißiger Jahre mit Hilfe von Notverordnungen unter Umgehung des Parlaments einen rigiden Sparkurs durch.

1931

Paul Klee verlässt das Bauhaus im April und wechselt an die Akademie in Düsseldorf. Seine Familie bleibt aber vorerst im Dessauer Meisterhaus wohnen.

Im Januar ist Julia bei Laurence, der sich offenbar von einer Knieoperation erholt. Ende März fährt sie zu Lyonel nach Halle an der Saale, wo dieser von Mitte März bis Mitte Mai an der Fertigstellung der letzten Halle-Bilder arbeitet. Der Oberbürgermeister von Halle, Richard Robert Rive, und Alois Schardt sind entschlossen, die ganze Serie – elf Gemälde und 29 Zeichnungen – für das Museum zu erwerben.

Anlässlich von Feiningers sechzigstem Geburtstag stellt die »Galerie Neue Kunst Fides« in Dresden im April Gemälde und im Sommer Aquarelle aus. Auch der Anhaltische Kunstverein in Dessau beteiligt sich im Juni mit einer Feininger-Ausstellung an der Ehrung. Die große Jubiläumsausstellung findet von Juni bis August im Museum Folkwang in Essen und ab Mitte September bis Anfang 1932 im Berliner Kronprinzenpalais statt. Letztere, von Lyonel vorab als »die wichtigste (weil meistgesehene) Ausstellung meines Lebens« bewertet, erhält entgegen der großen Skepsis, mit der er ihr im Vorfeld begegnet, großen Besucherzulauf und viel Aufmerksamkeit.

Von April bis Mai werden erneut die Künstler der »Blauen Vier« in San Francisco ausgestellt, in Oakland von August bis September.

Über Köln reist Lyonel, um seinen Kopf von der zuletzt belastenden Arbeit an den Halle-Bildern zu befreien, nach Bourron in der Nähe von Paris. Lux begleitet ihn. Sie wohnen bei Lyonels altem Freund, dem Bildhauer Theodore Spicer-Simson, und machen ausgiebige Fahrradtouren in die Umgebung. Julia handelt inzwischen in Halle die Bedingungen für den Verkauf der Halle-Serie aus und reist Lyonel dann zusammen mit Andreas nach, sie treffen sich in Quimper, wo Lux und Lyonel bereits zwei Wochen allein verbracht haben. Es folgt eine gemeinsame Reise der Familie durch die Bretagne bis Mitte Juli. Im September reist Lyonel wie üblich nach Deep.

In Übersee werden in San Francisco, Oakland und Mexiko Stadt Ausstellungen der »Blauen Vier« gezeigt.

Das sozialdemokratische »Volksblatt« beklagt »Wildwestzustände in Dessau«, da häufig von Überfällen der Nazi-Banden auf Arbeiter berichtet werden muss. Bei den Kommunalwahlen am 25. Oktober erlangt die NSDAP im Dessauer Stadtparlament die meisten Sitze.

Dessau, d. 11. Jan. 1931

[...] Mein Dombild[227] wächst; Du wirst mit mir zufrieden sein. ... Gestern sah ich mir Brigitte Helm im Tonfilm: »Alraune«[228] an – eine vollkommen gelungene Sprech-<u>Bühnen</u>-<u>Imitation</u>, mit sehr guter, verständlicher, ja ausdrucksvoller Stimmwiedergabe; aber mit allen üblen Gepflogenheiten der Bühne belastet – »Chor der Studenten« als Einleitung; beim Wechsel der Scenen (wie auf der Bühne): »Ab links«, »ab rechts«, »ab durch die Mitte« – kein Unterschied, ausser dass die <u>Scenerie</u> natürlich abwechslungsreicher ist ..., aber stets raumgebunden ...

14.–15. Jan. 1931 [Dessau]

... gemalt bis gegen ¾ 5. Draussen fällt nadelfeiner Schnee unaufhaltsam hernieder. Die Stresemannallee wird weiss und lautlos, und die Menschen kämpfen sich langsam vorwärts im Gestöber, die Radler krauchen, Pferde rutschen bei jedem Schritt und die Autos müssen viel Gas geben, um durchzukommen. [...] Es hat mir viel Spass gemacht, einige Alte Filmaufnahmen von vor ca. 30 Jahren zu copieren, beziehungsweise »Teil zu vergrössern«, den fremden, längst vergessenen jungen Menschen ... und diese Züge zu analysieren![229] <u>Haar</u> machte das meiste von der damaligen Physiognomik aus, möchte ich meinen. Und dann ein Gesicht, so noch ganz ohne

---

227 »Der Dom«, Halle, 1931, Öl auf Leinwand, 86,5 x 124,5 cm, Halle, Kunstmuseum Moritzburg, Hess 339.

228 Vgl. Anm. 197.

229 Auf Julias Wunsch hin sichtet Lyonel alte Familienfotos.

inneres Wachstum, aber dafür beneidenswert unbeschwert und so »jung«! Sähe ich heute ein solches Gesicht von mir, mit ähnlichem Marmeladen-Topp-Kragen, was würde ich mir wohl denken? Ich glaube, ich würde einen starken Argwohn gegen diesen Typ hegen – einen Bogen um ihn herum machen! Und doch war jenes Lebensalter, zwischen 20 und 25 Jahren, meine glücklichste Zeit auf Erden; und wenn ich, manchmal, davon nachts träume, könnte ich heulen vor Wehmut, so für Ewigkeit verlorengegangene Glückseligkeit der eigenen Jugend. Die Schwestern bedeuteten mir meine einzige weibliche Umwelt … tausend Träume unendlich zarter Natur; Frauen waren für mich lauter höhere und höchste Wesen. … Die Idee, eine Reihe guter alter Bilder von uns Allen zu sammeln, finde ich sehr gut. […] Aber auch die Vergangenheit tut sich wieder auf vor uns – wir lächeln, und sehen, dass, alles in Allem, wir auch heute lieber sein möchten als damals. Wir sind heute weniger krass; denn die Jugend ist oft roh, jedenfalls sehr viel unbeschwerter von Gewissen und Rücksicht auf Andre. […]

Donnerstag, d. 22.1.31 [Dessau]

… Ich quäle mich mit dem Dom-Bild herum – das ganz einfach in der Komposition nicht gelöst ist. Muss tüchtig umbauen, sonst wird's ein im Format vergriffenes Ungetüm. Nie wieder arbeite ich nach Photo; das ist ganz abscheulich und führt geradewegs ab von allem Bildlichen und von der Malerei überhaupt …

23.1.31 [Dessau]

… So ein Tag der vollgefüllten Schaffenstätigkeit und Freude ist heute geworden, nachdem ich 3 mal hintereinander gestern, und ein letztes Mal heute früh, das Dombild ausgelöscht hatte. Dafür ists nun endlich geworden, und die hoffnungslose Aufgabe plötzlich doch vom Photographischen befreit. …

26.1.31 [Dessau]

… Heute sende ich Dir wieder einen Stoss Photographien aus vergangener Zeit, bin immer so froh, dass ich Dir eine Freude bereiten kann. Einige aus den Lobbe-Tagen[230] habe ich jetzt copiert: Gegenlicht-Aufnahmen, wie man sie heute, nach über 20 Jahren anstrebt; aber damals, wer gegen die Sonne knipste, war meschugge und kein photographischer Ehrenmann. …

Halle, d. 24.III.31

… Dass Du einsam bist, das bedenke ich zu wenig! Du schickst mich mit generöser Geste hinaus, dorthin wo Du gewiss bist, dass es mir in der Arbeit gut gehen wird, und bleibst zurück im beklemmenden Alltag und umgeben von gewohnten, alltäglichen Sorgen. Das ging mir gestern so sehr auf, dass ich einen betrübten Tag hatte. Heute gehts wieder, nur der erste Freudentaumel ist verflogen und ich stehe kritischbefangen vor der Leinewand und sehe missbilligend an, was mir gestern vielleicht noch gefiel. Und sämtliche Kinos in Halle bringen hehren Quatsch …

Halle, d. 28.III.31

[…] Das war ein Tag! so kurz vergangen; kaum gesehen, so wieder Abschied genommen – so kam's uns vor. Und doch war eine Menge Erleben in den Stunden des kurzen Beisammenseins! Heute sprach ich mit Schardt darüber, dass ich gerne eventuell 1 oder 2 der Halle-Bilder nach Essen, zur Künstlerbund-Ausstellung schicken möchte […], was meinst Du dazu! […] Schardts Vortrag war sehr gut, nicht wahr? Er fasst die Kunstgeschichte auf so breiter Basis auf. Er spricht davon, einen Vortrag über Herrn Schulze aus Naumburg[231] zu halten. Alles, was der Mann verteidigt als »Deutsch« ist das genaue Gegenteil. Ich sagte ihm, er würde eine gute Tat damit vollbringen; der Vortrag müsste grösste Verbreitung finden, denn so sehr sich viele empören über Herrn Sch. Aus N., findet doch keiner den Dreh, ihn grundsätzlich zu widerlegen und seinen Unsinn … offenbar zu machen. Das kriegt nur Schardt fertig, und mit Glanz. Was nützt schimpfen …

---

230 Nach Lobbe auf der Ostseeinsel Rügen war Lyonel 1907 alleine gereist; vgl. Briefe aus dem Jahr 1907.

231 Gemeint ist Paul Schultze-Naumburg.

Halle, d. 30.III.31

[…] Wegen Schulze aus Naumburg sprechen wir noch, Schardt meint es sei hanebüchen unverschämt, was er sich in seinem Buch über die Rassen[232] leistet und das will er sich zur Aufgabe machen, diesen Quatsch aufzudecken und zu widerlegen. Am 12. trifft er hier in Halle zusammen mit Sch.-N. und wird ihn sich stellen – in Gegenwart seiner Parteileute! […]

Sonnabend, d. 11. Apr. '31 [Halle]

[…] Ich halte alle Ausstellungsideen augenblicklich für unglücklich. Nennenswerte Bilder habe ich keine, ausser den Halle-Bildern, die nicht verfügbar sind! Mit Gewald sich heuer als 60-jähriger aufzudrängen in der Öffentlichkeit ist mir, je mehr ich darüber nachdenke, desto unangenehmer. Es ist entweder zu spät (hätte mit »50« geschehen sollen wo ich noch auf der Höhe stand) oder zu früh (mit »70« ist ein guter Abschluss des Werkes zu erhoffen). Aber ich will Euch nicht dreinreden, nur habe ich Furcht davon. Und in Berlin, im Kronprinzenpalais, kommt ganz gewiss nicht die Ausstellung zu Stande. …

30.IV.31 [Halle]

… Gestern war kein guter Tag, und ich habe fast nur herumgelegen im Turm und gedöst. War wie betäubt … um 6, dem Zustande zum Trotze, ging ich in die »3-Groschen-Oper«[233] und war restlos begeistert davon, wenn ich auch bis gegen Schluss mehr als die Hälfte davon nicht kapierte. Zum Schluss war mir aber das Ganze klar. Am liebsten ginge ich morgen wieder hin. […]

---

232 Gemeint ist Paul Schultze-Naumburgs »Kunst und Rasse«, München 1928. In dem Buch werden moderne Kunstwerke mit Fotos körperlich und geistig Behinderter verglichen und daraus Rückschlüsse auf die Künstler gezogen.

233 »Die Dreigroschenoper«, deutsch-amerikanischer Spielfilm des österreichischen Regisseurs Georg Wilhelm Pabst aus dem Jahr 1931 nach Bertolt Brechts gleichnamigem Bühnenstück.

Halle, d. 5.V.31

... Die Bilderfrage steht so: Sie müssen sämtlich bei der Abnahme-Besichtigung der vorgeschriebenen Form halber, gezeigt werden. Entweder kann diese Besichtigung in diesen Tagen erfolgen – oder sie können noch vor der Ausstellung in Essen[234] besichtigt werden. Dann können sie zur Eröffnung in Dresden hängen, müssen aber inzwischen wieder nach Halle zurückgesandt werden ehe sie nach Essen gehen. [...] Sonst steht nichts im Wege, dass sie gezeigt würden auf den Ausstellungen. [...]

Halle, d. 7.V.31

... Nein, mit Dresden habe ich mich überhaupt nicht ausgesöhnt! Komm' doch Sonnabend her, überzeuge Dich was es jetzt für diese letzten 2 Bilder bedeuten wird, wenn ich wieder pausiere! Ich kann einfach nicht gutheissen, was mich so wieder zerstört. [...] Ich bin doch nicht ein Typ des »Ungefähr« Künstlers, der ungefähr fertig wird und dann davon-läuft um sich in der Gesellschaft zu sonnen! Und wenn, zu allerguterletzt, es die Ausstellung der Hundert und mehr Bilder wäre, und nicht eine notgedrungene, vorzeitige und vorläufige kleine »Schau, wobei die letzten Werke fehlen und das Jubiläumskind noch nicht einmal das Datum erreicht hat an dem es gefeiert werden soll[»]! Ja, auf unserer Rückfahrt von Frankreich, gut: sehen wir uns in Essen einmal diese Ausstellung an, als Auftakt zum weiteren Jahrzehnt! Das hat Sinn und Bedeutung, sogar für mich. [...]

Halle, Sonntag, den 10. Mai 1931

Heute lebe ich noch ganz im Zauberbann des Gestern! Und dabei ist's so ein grauer Tag »Nordwind«! und draussen geht, schon stundenlang, ein Demonstrationszug von politisch fanatisierten jun-

---

234 Die Ausstellung der »Galerie Neue Kunst Fides« in Dresden zu Feiningers 60. Geburtstag wanderte anschließend nach Essen. Die Halle-Bilder wurden nur in Essen gezeigt und dann in der Feininger-Ausstellung der Nationalgalerie im Kronprinzenpalais.

gen Menschen herum, mit Gepfeife der Piccoloflöten und stumpfsinnigem Gebummere einer Pauke, zum rasend werden! [...]

[Schardt] war restlos glücklich, unter seinen geliebten Halle Bildern zu sitzen, und wir haben alle Gemälde ausgebreitet und zu kombinieren versucht [...] und da frage ich Dich gleich, ob Du helfen magst? Denn das verstehst Du, wie kein anderer, die Bilder zusammen zu stimmen. [...] Ich sehe darauf, diese Woche Schluss zu machen, und dann fahren wir t'zamm nach Dessau, wenn wir mit der Hängerei fertig sind! Da sage ich auch »Hurrah«, wenn's soweit ist. Bei der Besichtigung brauche ich nicht dabei zu sein. ... Bald gehen wir hinaus in die Welt! Wenn's erst wirklich so weit sein wird, dass wir in der Bahn sitzen! ...

Halle, d. 11. Mai, 1931

[...] Zu Tausenden stehen die Arbeitslosen herum, und es ist sehr bedrückend zu sehen, obwohl die Leute ruhig und friedlich, weiss Gott, sich verhalten. Wie erst in Amerika wo keine Fürsorge für die 9 000 000 dortigen Arbeitslosen besteht! Wie kann nur der mächtige Amerikanische Staat das so weiter gehen lassen! Diese Schande seine unemployed[235] einfach verkommen zu lassen, und sie zusammen zu knüppeln, sie mit Tränengas (aus dazu extra neu erfundenen Gewehren) anzuschiessen! Eine Fürsorge zu schaffen, das wäre eine ungeheure Tat der Menschlichkeit und der Staatsmann der das vollbrächte, wäre wert als Nationalheld gefeiert zu werden! Aber wo sind Anzeichen dafür, dass das in absehbarer Zeit geschieht? Ein Staat, der <u>nur</u> die Reichen und Einflussreichen schützt! ...

Deep, d. 7.9.31

... Jede Trennung, auch die kleinste, bringt etwas Herzbruch, wenn auch in winzigster, ungefährlicher Dosis! So etwas wie ein Tonikum für's Seelensystem! und jede »Erleuchtung« ist ein Zeichen, dass, ganz im Innersten, alles in Ordnung ist und nur etwas

---

235 *Arbeitslosen*

weniges durch Gewöhnung zugedeckt. Wie ein Blinkfeuer in der Nacht; sieht man's, dann weiss man: es ist alles in Ordnung, nichts hat sich geändert, kannst ruhig sein. Aber zugleich entrinnt man der Gewöhnung auf Stunden, Tage, Wochen, und es hat ein neues Herzwürzelchen sich vorgestreckt. ... Die Sonne hat schon wiederholt ordentlich geschienen und ich habe zwei Aquarelle gleichzeitig angefangen und kann von Zeit zur Zeit sie ein wenig trocknen in der offenen Verandah, auf dem blauen leeren Tische [...]

Deep, d. 17.9.31

[...] Was mich natürlich sehr interessiert, ist jetzt etwas über die unselige Ausstellung[236] von Dir zu erfahren. (Ich will ja nur von dem Gedanken, dass sie verfehlt ist, befreit werden); (mir erscheint es absurd, Leuten die in der jetzigen Depression sicher vor Sorgen anderes zu tun haben, als sich Bilder anzusehen, eine Ausstellung wie diese vorzusetzen. Vielleicht ist es aber im Gegenteil eine »Tat«)? (aber von mir nicht)! [...]

Deep, d. 18.9.31

Ach, mein liebes Girlielein! [...] Gestern hat mich Dein schöner, langer Brief aus Berlin so froh gemacht, und seit ich ihn habe, habe ich mich so über meinen Kleinmut und mein Misstrauen wegen der Ausstellung geschämt. Ich tue Abbitte! [...] Ich habe vermutlich Bilder auch gerne, aber ich stecke zu sehr drin, um sie recht von Herzen geniessen zu können – es muss etwas ganz anderes wohl sein, das mich zum Malen treibt – Frage: Unzufriedenheit mit der Natur als »Bild« genommen! [...] Jedenfalls war ich niemals ein »Naturschwärmer« – diese Art Mensch wird auch nie Maler. [...] Und denk' mal an, dass die Amerikanische Botschaft eingeladen wird! [...] Siehst Du, ich diene einem »internationalen Zwecke« [...]

236 Gemeint ist die für Feininger so bedeutende Schau im Berliner Kronprinzenpalais.

1932

Am Jahresanfang zeigt die Kestner-Gesellschaft in Hannover eine Feininger-Ausstellung, die später vom Hamburger Kunstverein übernommen wird. Die »Blauen Vier« werden im Frühjahr in Santa Barbara und Chicago ausgestellt. Nicht zuletzt veranstaltet im November auch der Leipziger Kunstverein eine Feininger-Ausstellung.

Bei der Landtagswahl im Freistaat Anhalt am 24. April erhält die NSDAP 41,6 Prozent der Stimmen und stellt mit Alfred Freyberg den ersten nationalsozialistischen Ministerpräsidenten eines Landes in der Weimarer Republik. Gegen Ende des Jahres, bei den Reichstagswahlen am 6. November, erreicht die NSDAP 33,1 Prozent der Stimmen.

Anfang Mai hält Lyonel sich einige Zeit in Berlin auf, wo er sich unter anderem mit den Töchtern aus erster Ehe, Marianne und Leonore, genannt Lore, trifft. Von dort reist er weiter nach Deep, wo er bis Oktober bleibt, zeitweise mit Lux, Andreas und Lilo Voss, einer jungen Hamburgerin, mit der sich Andreas verloben will. Auch Julia kommt später dazu und fährt zwischendurch wieder nach Dessau, um bei den Verhandlungen um das Bauhaus die Interessen Lyonels und der Familie wahrnehmen zu können. Im September stößt Hermann Klumpp zu der Feriengesellschaft hinzu, der am Bauhaus Architektur studiert und sich besonders der Familie Feininger angeschlossen hat. Klumpp arbeitet zu dieser Zeit an seinem Buch »Abstraktion in der Malerei: Kandinsky, Feininger, Klee«, das noch im selben Jahr im Deutschen Kunstverlag Berlin erscheint.

Andreas verliert 1932 seine Arbeit. Die Aussichten auf eine neue Stelle sind für ihn als Amerikaner mit jüdischen Wurzeln während der herrschenen Wirtschaftskrise in Deutschland schlecht, er kommt aber bis 1933 im Büro des Architekten Henri Le Corbusier in Paris unter, bis er auch hier als Ausländer nicht mehr arbeiten darf. Auch Lux zieht es 1932 nach Paris. Er lebt dort bis 1936 als Maler und Fotograf. Die beiden Brüder teilen sich eine Wohnung, die ihnen der Patenonkel Theodore Spicer-Simson zur Verfügung stellt.

Unter dem Druck der NSDAP beschließt der Dessauer Gemeinderat im August die Schließung des Bauhauses zum 30. September. Mies van der Rohe gründet daraufhin das Bauhaus in Berlin als Privatinstitut neu.

Überlegungen der Feiningers, nach Halle zu ziehen, werden – auch wegen zu hoher Mieten – nicht umgesetzt.

Dessau, d. 19. Januar, 1932

… uns geht's gut; ich erfüllte meine kleinen »Pflichtchen«, und nebenbei habe ich die neue »Blaue Marine«[237] so gut wie fertig gemacht. So nüüdlich! und nun kommt die »Beleuchtete Häuserzeile II«[238] dran. Na, die ist mir auch sicher, und dann wären die ersten 2 Bilder 1932 fertig. Dann aber geht's an neue Sachen (nicht aber »neue Sachlichkeit«) und grössere Formate einmal zum Austoben. Die Kleinmalerei passt mir noch garnicht – kommt eigentlich erst in 10 Jahren, wenn ich im Rollstuhl malen muss und Filzpariser trage. – Nun ist's im Kronprinzenpalais vorbei mit meiner Macht und Herrlichkheit,[239] aber ich freue mich auf einen schönen Raum, später! Es wäre nicht übel, wenn auch diesmal ein paar wärmere Bilder dabei hingen, oder an einer Wand für sich, vielleicht. […] Im Februar, vielleicht, kann ich ein paar Tage bei Gropi wohnen, und zum Zahnarzt gehen …

(9. Mai, 1932)[Berlin]

My dearest girlie! I am sitting at the window at Hefter's[240] on the Wittenbergplatz after my little dinner, and enjoying a quiet cup of coffee. This morning saw Lore and Marianne, both very contented and happy to be together. Marianne looks very delicate … we did not talk at all about the separation; the time was entirely too short, and I scarcely felt equal to any questioning now, until the

237 »Marine«, 1932, Öl auf Leinwand, 44 × 72 cm, Privatbesitz, Hess 344.

238 »Beleuchtete Häuserzeile II«, 1932, Öl auf Leinwand, 43,5 x 72,5 cm, Basel, Kunstmuseum, Hess 352.

239 Ende der Ausstellung zum 60. Geburtstag Feiningers.

240 Konditorei und Restaurant Philipp Hefter.

tension has become less evident. […] This evening supper at Gropis, he is leaving at 11 P.M., for Frankfurt, so I shall not see him again.[241] …

Mittwoch, den 19. Mai, 1932 [Deep]

… Gestern Abend kam Dein Briefchen vom 16ten, Montag. Du armes Tierchen, sassest dicke drin, im Menschen- und Kindertroubel! aber wir wollen wirklich hoffen, dass, wie Du sagst jetzt endlich die ersehnte Ruhe eintrifft. Hier ist es ganz herrlich; natürlich es ist Mai, das darf nicht ausser Acht gelassen werden – aber so zauberhaft im Werden des Frühlings, und ungewohnt für uns, in Stimmungen. Plötzlich blühen alle Kirschbäume in Deep; die Apfelbäume aber sind noch nicht so weit, und ihr Laub ist gespenstig zart und lässt Licht und Sonne ungehindert durch, was bei Wilkes, dem Garten einen ungewohnten Eindruck verleiht. […]

Deep, den 30. Mai, 1932

[…] Wilkes hatten einen so wundervollen schwarzen Hahn, mit herrlichem roten Kamm und den weissen Oberflecken am Kopfe – ein Vogel, so schön wie irgend ein Prachtpfau, mit diesem 3-Klang; Karminrot, gelblich weiss und metallisch-grünem Schwarz, mit grossem, üppigen Schwanz – das Tier war so ritterlich, so famos für seine Hühner – und das haben sie nun, ohne dass ich's wusste, an Marianne[242], das dämliche Stücke! verkauft und abgeschlachtet für ein Mittagessen! Ich war fast krank vorgestern als ich's erfahren habe. Das Tier habe ich geliebt; und Luxi auch. […]

---

241 *Mein liebstes Girlie! Ich sitze nach einer kleinen Mahlzeit bei Hefters am Wittenbergplatz am Fenster und genieße eine ruhige Tasse Kaffee. Heute Morgen habe ich Lore und Marianne getroffen, beide sehr zufrieden und glücklich, zusammen zu sein. Marianne sieht sehr zart aus, wir haben überhaupt nicht über die Trennung gesprochen. Die Zeit war viel zu kurz, und ich fühlte mich jetzt auch kaum einer Befragung gewachsen, bis die Spannung weniger spürbar ist.*
Heute Abend Essen bei Gropis, er fährt um 23 Uhr nach Frankfurt, also werde ich ihn nicht noch mal sehen.

242 Gemeint ist die Hausangestellte der Feiningers, die die Familie zeitweilig auch in Deep unterstützt.

Deep, d. 8. Juli, 1932 (Ops's Geburtstag)

[…] Ein sonderbares Land, Deutschland! am Strande prangen Unmengen von Hakenkreuzfahnen, untermischt spärlich mit Schwarz-Weiss-roten – aber die Schwarz-rot-Gold sieht man in ganz Deep nur in »Ost« am Signalmast. Es ist ja eine Art, seine politische Gesinnung aller Welt unter die Nase zu schieben! Der Strand wirkt fast indisch, mit den fremdländischen Fahnen, jedenfalls »östlich« mögen die Nazis nun sagen was sie wollen. Ich kann's ja ertragen, aber eine weltfremde Ungezogenheit, ein Schlag gegen gesellschaftlichen Anstand bleibt's doch, wenn »Gäste« in einen Ort ziehen und den Politischen Parteizank aufmachen. Bei uns im Hause wohnen 3 Familien mit Kindern, und täglich ziehen sie los an den Strand mit ihrem Hakenkreuz, und Mittags hängt so ein Emblem aus dem Verandahfenster herunter, über unsern Köpfen. […]

Deep, den 19. Sept. 1932

[…] Es ist schlimm in Deutschland, wenn erst politische Leidenschaften überhandnehmen. Wie garstig ist und unehrenvoll, diese ganze Bauhausaffäre! Alles ist wankend, in grenzenloser Furcht vor den Zeiten, die hereinbrechen mögen, und vergiftet durch Politik! […]

Mittwoch, d. 21. Sept. 1932 [Deep]

… Ich bekam einen Begriff, aus Deinem gestrigen (Sonntags-) Brief, wie bedrückend diese Tage in Dessau und in der Wohnung für Dich sind. […] Wenn's nur so weitergeht, wie wir hoffen, dass für die Junx gesorgt ist, dann kann uns nicht viel passieren, wenn wir wirklich aus Dessau raus müssen! Mir tut natürlich unser Häuschen schrecklich leid – aber wir wären unglücklich ganz allein und von allen fortgefahrenen Freunden verlassen, in Dessau weiter zu leben. … Now give the boys my love! […] and you, my darling, I give all my love to you.[243]

---

243 *Und jetzt sag den Jungs alles Liebe von mir […] und Dir, mein Schatz, gehört alle meine Liebe.*

1933

Bei den Koalitionsverhandlungen zwischen DNVP und NSDAP setzt Hitler seine Ernennung zum Reichskanzler am 30. Januar durch. In den folgenden Wochen werden durch Notverordnungen und nationalsozialistischen Terror die demokratischen Rechte drastisch eingeschränkt. Nachdem die NSDAP im November des Vorjahres bereits 33,1 Prozent der Stimmen bei der Reichstagswahl erhalten hat, erreicht sie in der Reichstagswahl am 5. März 43,9 Prozent der Stimmen.

Mitte März werden die Erwerbungen moderner Kunst für die Anhaltische Gemäldegalerie in Dessau in zwei Schaufenstern des örtlichen NSDAP-Organs »Der Mitteldeutsche« angeprangert. Es ist die erste der sogenannten »Schandausstellungen« mit »entarteter« Kunst – der Ausstellungen wie »Kulturbolschewistische Bilder« im April in Mannheim folgen.[244] »Der Mitteldeutsche« bringt einen Artikel, in dem Klee und Feininger als »Edelkommunisten« verunglimpft werden. Daraufhin werden am 17. März die Häuser der beiden Künstler in Dessau von Polizei und SA durchsucht.

Galka Scheyer ist in Europa unterwegs und trifft die Künstler der »Blauen Vier« in Dessau und Wiesbaden, bei Feininger ist sie im März in Dessau. Julia und Lyonel Feininger entschließen sich zur Aufgabe der Wohnung in Dessau und lassen mehrere Kisten mit Bildern und grafischen Werken im Moritzburg-Museum in Halle einlagern.

Am 7. April wird das »Gesetz zur Wiederherstellung des Berufsbeamtentums« erlassen, das die Entlassung von Juden und politisch missliebigen Beamten erlaubt und in der Folge auch auf Angestellte angewendet wird. In den folgenden Monaten werden zahlreiche Museumsdirektoren und Lehrkräfte an den Kunstschu-

---

244 Bis heute hält sich der Irrtum, die Mannheimer Ausstellung sei die erste in der Reihe von Ausstellungen »entarteter« Kunst gewesen. Die Richtigstellung erfolgte bereits in der Chronologie »Paul Klee, Kunst und Politik in Deutschland 1933« von Stefan Frey und Andreas Hüneke in: Pamela Kort, »Paul Klee 1933«, Köln 2003, S. 282.

len, die sich für die Moderne eingesetzt haben, entlassen oder beurlaubt. Am 11. April wird das Bauhaus in Berlin von der Polizei durchsucht und geschlossen. Die Bemühungen um eine Wiedereröffnung scheitern und am 20. Juli beschließen die Lehrkräfte, das Bauhaus aufzulösen.

Alois Schardt verfasst eine Denkschrift über die »Wesensmerkmale der deutschen bildenden Kunst«, die seiner Ansicht nach in Emil Nolde, Franz Marc und Lyonel Feininger und bei den Bildhauern in Wilhelm Lehmbruck und Ernst Barlach gipfelt. Er fordert darin auch eine »völkische Ordnung« der Museen. Daraufhin wird er im Juli anstelle des beurlaubten Ludwig Justi zum Direktor der Nationalgalerie in Berlin berufen und soll die Neue Abteilung im Kronprinzenpalais neu ordnen. Das tut er mit Enthusiasmus im Sinne seiner Denkschrift und holt dafür auch mehrere Gemälde Feiningers aus dem Hallenser Museum nach Berlin. Aber der preußische Kultusminister Bernhard Rust lässt die Ausstellung nicht eröffnen und schickt Schardt im Oktober nach Halle zurück.

Andreas zieht von Paris nach Stockholm und heiratet dort die Künstlerin Wysse Hägg, die er am Bauhaus kennengelernt hat. Er würde gern als Architekt arbeiten, etabliert sich jedoch aufgrund fehlender Aufträge als Architektur- und Industriefotograf.

Von April bis Mitte Oktober hält sich Lyonel in Deep auf und ordnet seine Naturnotizen. Julia ist wie in den Jahren zuvor nicht die ganze Zeit dort, weil sie wie üblich Organisatorisches für ihn und die Familie regelt.

Im Herbst kommen sie bei dem befreundeten Archäologenpaar Annemarie und Ludwig Pallat in Berlin unter, die im Ausland sind und den beiden ihr Haus zur Verfügung stellen.

Bei der Reichstagswahl am 22. November erzielt die NSDAP mit ihrer Einheitsliste 92,2 Prozent der Stimmen. Am 16. November wird die Reichskulturkammer eröffnet, in der alle Kulturschaffenden zusammengefasst werden. Alle, die beruflich als Künstler oder Kunstvermittler tätig sind, werden verpflichtet, Mitglied der Reichskammer der bildenden Künste zu werden.

Little Deep, April 6th 1933

My dearest Girlie! [...] Max Reinhardt has been ousted from his Theater and his scenery forbidden! Since 35 years the world's greatest and most universally admired theatrical manager and genius! But in France, the U.S. and in England and Russia, the indignation is so great against the persecution, that already these countries threaten a World's Boycott – and where would that lead Adolf? who is helpless if he has not unlimited money? all are agreed that he looses control of the forces he lets loose.[245] ...

Sonntag, d. 9. April, 1933 [Deep]

[...] Dass ich überhaupt in den letzten 45 Jahren vergessen konnte, wie Vieles ich zu schaffen habe! in dem »Viel« was ich mir mit wenigem zu schaffen machte! Ich will nicht undankbar sein, gegen Dessau; aber ich habe nicht annähernd das dort getan, was ich erwartet hatte, als wir hinzogen. Es ist nun gut, finde ich, dass wir wieder einmal von allen Bindungen los und befreit sind. Und der Ernst dieser Jetztzeit zwingt zu äusserster Verinnerlichung und Conzentration der Gestaltungskraft – wie im Kriege in den Jahren 1914–18. [...] In der Reisezeit (Schulferien) gibt es überall Antisemiten. [...] Wenn erst sich im Reiche zeigt, welche Schäde[n] für den heiligen Wohlstand die Antisemitische Hetze zeitigt, wird die Bewegung mit aller Macht abgeblasen werden ... Um den Arbeitsdienst[246] zu betreiben, braucht die Regierung sehr viel Geld – und das Geld wird immer weniger im Lande! Diese beiden Fragen hängen aufs engste miteinander verknüpft. Kauf' mir am Stettiner Bhf. nur die Chicago Tribune, wenn Du herkommst; mich interes-

---

245 *Mein liebstes Girlie! [...] Max Reinhardt ist aus seinem Theater gedrängt und seine Bühnenausstattungen sind verboten worden! Seit 35 Jahren der weltweit größte und allseits bewunderte Theaterleiter und Genius! Aber in Frankreich, den USA und in England und Russland ist die Empörung über die Verfolgung so groß, dass diese Länder bereits mit einem Weltboykott drohen – und wohin würde das Adolf führen? der hilflos ist, wenn er nicht unbegrenzt Geld hat? alle sind sich einig, dass er die Kontrolle über die Kräfte verliert, die er loslässt.*

246 Der seit 1931 bestehende freiwillige Arbeitsdienst wurde ab 1933 militärisch organisiert und am 26.6.1935 per Gesetz in einen Pflichtdienst verwandelt.

siert's zu wissen, wie die Welt da draussen seit 8 Tagen sich weiter über dieses Problem äussert. Ich halte es für den Angelpunkt um den sich Sein oder Nichtsein der gegenwärtigen Regierung dreht. Hier lese ich keine Zeitung … für's erste ist hier Frieden, und von allem Weltgeschehen eine unerhörte Ferne! Es soll auch für uns so bleiben […]

Deep. d. 18. Mai 1933

[…] An Gropi habe ich gestern geschrieben. Es hat mich stark überkommen, wie absolut der Erste er gewesen ist, der den Kampf um die Zusammenfassung aller geistigen, aufbauenden Kräfte, für das geschlagene Deutschland aufgenommen und in nicht zu beirrendem, steten Ringen durchgeführt hat, blos um jetzt von Allen geschlagen und verdächtigt zu werden. Von allen war er der Mann, der nichts von Parteieinseitigkeit, von politischer Gesinnung duldete. Gestritten und geworben hat er allein für das Ideal der reinen Form und er hat das Bauhaus hingestellt. Und heute erwähnt ihn keiner; den Erfolg sollen Andere daraus sich aneignen oder zusprechen lassen. Doch das kann nicht so bleiben.

1934

Ab 21. April halten sich die Feiningers wieder in Deep auf. Julia fährt Anfang September zurück nach Berlin, um sich auf Wohnungssuche zu begeben. Lyonel dringt darauf, dass die Wohnung nicht zu weit außerhalb liegt, da er sich vom Großstadtleben Anregung verspricht und er die Nähe zu seinen Freunden und Kollegen, insbesondere zu Karl Schmidt-Rottluff und Erich Heckel, sucht.

Lyonel reist im Oktober mit Laurence von Deep aus weiter nach Osten ins pommersche Kuhtz, wo sie für zwei Wochen bleiben, während Julia den Umzug von Dessau nach Berlin-Siemensstadt, Lehntersteig 21/I, organisiert und die Wohnung einräumt. Laurence hat sich während seines Studiums alter Kirchenmusik mit einem Mönch der Benediktinerabtei Stift Neuburg bei Heidelberg angefreundet und sich im Sommer katholisch taufen lassen. Andreas publiziert das erste seiner Fotobücher, »Menschen vor der Kamera«, und entwirft ein Vergrößerungsgerät, das anschließend von einer Firma in Serie hergestellt wird.

Noch am Todestag des Reichspräsidenten Paul von Hindenburg, Anfang August, wird die Wehrmacht durch ein am selben Tag erlassenes Reichsgesetz auf den »Obersten Befehlshaber«, den »Führer und Reichskanzler« Adolf Hitler vereidigt.

Dienstag, 3 Uhr Nachm. 4.IX.1934 [Deep]

[…] Ich fühle es so sicher, wie nötig der Verkehr und Austausch mit Karl, Heckel, für meine Arbeit sind; ich war viel zu lange ganz auf meine eigene Quälerei in der Malerei angewiesen. Hemmungen sind bei mir bis zur Krankhaftigkeit entstanden, in den letzten 4–5 Jahren, ich brauche Dir das nicht lang zu erklären. Es erstarrt alles in mir auf dem Wege zum Bilde, weil ich zu sehr die Vollkommenheit suche und nur Erstarrung erreiche. Aus dieser Psychose muss ich mit allen Mitteln herausgelangen und wieder beweglich und sorglos werden. Denk an unsere letzten Gespräche, wie voller Sorge und Verständnis Du dafür bist, <u>dass</u> etwas verkehrt in mir ist! Mir fehlt eben die Dosis Sorglosigkeit und die endliche Befreiung von der Vergrübeltheit, in die mich die letzten Jahre am Bauhaus brachten. Ich bin Dir so dankbar, dass Du Dich um eine passende Wohngelegenheit weiter bemühst. […]

Kuhtz, 17.10.34

Well, now, mein ganz Geliebtes! […] Der Flügel verkauft! … fürs's erste wird es schwer, richtig die Bedeutung zu ermessen, die dieser Abschied vom geliebten alten Pracht-Instrument für uns besitzt! Schmerz, auf jeden Fall – aber was hätten wir sonst machen sollen? Laurence ist auch ganz bedibbert darüber. Jetzt sind die Sachen in Siemensstadt und Ihr seid im schönsten Einzugsrummel drin! Ich finde, Du hast Kolossales geleistet, in den Tagen. […]

1935

1935 beginnt die Reichskulturkammer verstärkt, ihre »Entjudung« zu betreiben. Wiederholt werden Abstammungsnachweise über mehrere Generationen und auch für die Ehepartner eingefordert. Am 10. April verfügt ein Erlass der Reichskammer der bildenden Künste, dass Ausstellungen von der Kammer genehmigt werden müssen.

Im Februar und März werden in der »Galerie Ferdinand Möller« in Berlin neue Aquarelle und Zeichnungen von Lyonel Feininger ausgestellt.

Julia fährt Ende März für mehrere Wochen zu Laurence nach Heidelberg, um seine Doktorarbeit für ihn zu tippen.

Von Ende April bis Ende September ist Lyonel ohne Julia an der Ostsee. Lux, der in diesem Jahr Einzelausstellungen in Berlin und Hamburg hat, besucht ihn dort für einige Zeit. Erschüttert registriert Lyonel den von den Urlaubern offen geäußerten Antisemitismus und die judenfeindlichen Banner, die Besuchern am Bahnhof oder auf der Brücke entgegenblicken. Das ist ein wesentlicher Grund dafür, dass Julia ihm in diesem Jahr nicht nach Deep folgt. Es wird Lyonels letzter Sommer dort. Am 15. September verkündet Hitler auf dem Reichstag während des Reichsparteitags in Nürnberg das »Reichsbürgergesetz« und das »Gesetz zum Schutze des deutschen Blutes und der deutschen Ehre« – die Nürnberger Rassegesetze.

Im Oktober holt der eng mit den Feiningers befreundete Hermann Klumpp im Einvernehmen mit ihnen und Alois Schardt die seit dem Verlust der Dessauer Wohnung in der Moritzburg in Halle lagernden Werke Feiningers in das elterliche Anwesen in Quedlinburg. Schardt ist zwar noch bis 1936 Direktor des Museums, strebt aber, seit sein Rettungsversuch für die moderne Kunst an der Nationalgalerie im Herbst 1933 gescheitert ist, seine vorzeitige Pensionierung an und weigert sich, die modernen Kunstwerke im halleschen Museum entsprechend einer Forderung des NS-Oberbürgermeisters zu separieren. Stattdessen führt der Direktor der Kunstgewerbeschule Burg Giebichenstein, Hermann Schie-

bel, diesen Auftrag aus und richtet im Dachgeschoss des Museums eine »Schreckenskammer« ein, die am 27. November eröffnet wird. Sie enthält auch Feiningers Werke aus der Museumssammlung.

Wednesday, 8.45, a. m. 24.III.1935

[…] Karl[247] rang me up at ½ 10, to tell me our pictures were to be judged to-day, by a commission – but he thinks our chances are very slight, for it is Rosenberg, who has ordered the action and he is over Goeb.-s in the Rangliste·[248] …

Tuesday, (2.4.35). [Berlin]

[…] Lux had just sold 3 pictures in Hamburg – small ones – for a very reduced price. Still, he's happy and it means enough for him to get over the summer all in all. No criticisms as yet, and – a very hard knock for the boy: the Kulturk. has written, demanding to receive proof that Lux ist »arisch« – … the matter can rest for a few days – Lux has time until the 25th of the month for his answer, you may be able to help with advice …[249]

(4.4.35) [Berlin]

Julia darling! Gloria Victoria! I'm getting on now, with irresistible power. The long »Pechsträhne« in my painting is at last overcome; I feel absolutely sure, now, of winning my goal. The period of discouraged effort and continual disappointment and worst all

---

247 Karl Schmidt-Rottluff.

248 *Karl rief mich um ½ 10 an, um mir mitzuteilen, dass unsere Bilder heute beurteilt werden sollen, von einer Kommission – aber er meint, unsere Chancen seien sehr gering, denn es sei Rosenberg, der die Aktion angeordnet habe, und er steht über Goeb.-s [Goebbels] in der Rangliste.*

249 *Lux hat eben drei Bilder in Hamburg verkauft – kleine Bilder – zu einem stark reduzierten Preis. Dennoch ist er glücklich und es kommt insgesamt genug für ihn dabei heraus, dass er über den Sommer kommt. Bisher gibt es keine Kritiken und – das ist ein schwerer Schlag für den Jungen: die Kulturk. hat geschrieben und verlangt die Zusendung eines Nachweises, dass Lux »arisch« ist – … die Sache hat ein paar Tage Zeit – Lux hat für seine Antwort Zeit bis zum 25. des Monats, vielleicht kannst Du ihm mit gutem Rat helfen. …*

deadly loss of confidence in my powers as a painter, is ended. It changes everything for me.[250] [...]

Freitag, d. 11. Apr. 1935 [Berlin]

Hier, mein geliebtes Girlie, schnell ein Brief denn auf offener Karte kann ich nicht schreiben von wegen dem Beiligenden: Kultur-Kammer! Feininger möge sich genau ausweisen, über deine arische Abstammung, hat sich was mit schöpferischem Künstlertum hierzulande! Am liebsten ginge ich hin und schleuderte ihnen ihren Wisch mitsamt »Gesinde-Büchlein«[251] vor die Füsse. [...]

Deep, d. 5. Mai, 1935

[...] The Kulturkammer demand your and my Taufschein for Lux[252] – »Der Nachweis der arischen Abstammung Ihrer Grosseltern erübrigt sich, da dieser von Ihrem Vater, Herrn Lyonel Feininger, bereits angefordert ist«, ...[253]

Deep, d. 18.V.35

Mein liebes, gutes Girlie! Na, endlich schreibst Du ein Wort von kommen! also am Mittwoch! wenn nur nicht wieder etwas dazwischen kommt.[...] Heute ist Gropis Geburtstag! vor 16 Jahren zogen wir gen Weimar zusammen! Ich schrieb ihm schon vor

---

250 *Julia darling! Gloria Victoria! Ich komme jetzt voran, mit unwiderstehlicher Kraft. Die lange »Pechsträhne« in meiner Malerei ist endlich überwunden. Ich bin absolut sicher, jetzt, mein Ziel zu erreichen. Die Zeit der verzagten Anstrengung, der ständigen Enttäuschung und, am schlimmsten, des tödlichen Verlusts meines Vertrauens in meine Fähigkeiten als Maler ist vorbei. Das ändert alles für mich.*

251 Dienstboten hatten ein Buch zu führen, das ihre Arbeitszeugnisse enthielt und in dem darüber hinaus ihr Erscheinungsbild und ihre Herkunft detailliert dokumentiert waren. Feininger meint mit dieser Anspielung jedoch das »Sippen-Buch« mit dem Abstammungsnachweis.

252 *Die Kulturkammer verlangt deinen und meinen Taufschein für Lux.*

253 Am 11. Mai schrieb Lyonel: »Lux bekam Bescheid in der K.-K.-Angelegenheit, Ausländer brauchen, um in Deutschland im 3. Reich auszustellen, nicht der Kammer anzugehören, nur muss der Kunstausstellungs-Veranstalter die Erlaubnis zur Ausstellung einholen. Infolgedessen fällt die ganze schäbige, quälende Frage für Lux fort [...]«

3 Tagen – musste sorgfältig vermeiden, irgendwie auf Vergangenes oder auf seine gegenwärtige Tätigkeit anzutippen, wegen Briefzensur.[254] …

Deep, Donnerstag, d. 29. Aug. 35

[…] Du kannst ruhig, wenn Dir das Herz danach steht, hierherkommen und Deep ein letztes Mal geniessen, und wirst von keinem Menschen auch nur angesehen werden. Das sage ich Dir, damit dieses Schreckgespenst ganz aus Deinem armen Köpfchen verschwindet. Aber wenn Du nicht kommen magst, begreife ich natürlich den Grund, der nicht Sorge um die eigene Person sein kann, sondern das Gefühl einer ungeheuren Beleidigung die einer ganzen Rasse zugefügt wird.

Deep, 3. Sept. 1935, Dienstag, ¾ 9 früh

Mein geliebtes Girlie, Deinen Brief vom Sonntag Abend erhielt ich bereits gestern um ½ 3 nachmittags … ich hatte, ehe ich auf ihn antworten konnte, erst eine mündliche »Abrechnung« mit einigen Menschen hier zu erledigen. Es war von dem »Oberkörper«, dem ziegelrot verbrannten Menschen nämlich vor Kagler's Laden vorgestern Abend behauptet worden, ich sei Jude. […] Nach allem was Runge sagte, ist niemals die Rede von Dir gewesen, denn es wurde gewusst, all die Jahre, dass wir zwar eine »Misch-Ehe« seien, aber Amerikaner. […] Als er vorüber ging, sprang ich hier vom Schreiben auf, ging an den Zaun und rief ihn an. Dem habe ich's ebenfalls mit Ruhe und Bestimmtheit gesagt, was ich auf dem Herzen hatte. Er hat sich entschuldigt, aber dann ein unüberbietbares Gewäsch angefangen, über sein »überzeugtes National-Sozialistentum«, so dass ich ihn fragte, ob das Nat.-Soz.tum denn jeden Anstand und jede Menschlichkeit ausschliesse? »Das nicht«, sagte er, aber er handele nach dem »Führerprinzip«!!! also rücksichtslos. Ich verliess ihn grusslos, wofür mir ein »Heil Hitler« nachtönte […].

---

254 Gropius emigrierte 1934 nach London und 1937 in die USA.

Habe ich nicht recht, wenn ich fühle, wie die heutigen Menschen traumwandelnd in einer mechanisierten, entmenschten Zwangsvorstellung agieren! Du kannst ihnen ihre Schande ins Gesicht sagen, sie erröten nicht einmal. Nie früher wäre es möglich gewesen, in solcher Weise mit Menschen umzugehen. [...]

Sonnabend, d. 7. Sept. 1935 [Deep]

Mein ganz geliebtes Girl! Soeben, endlich, kam Deine Brief-Antwort auf meine neuliche Katastrophen-Nachricht und hat mich von tagelangem Elendsein erlöst, denn dass diese infame Angelegenheit Dich im Innersten treffen musste, wusste ich so genau[255] [...] jetzt ist es mit Deep endgültig ... aus und tot! Und dass ich vorläufig hier aushalte, ist eine rein praktische Erwägung. [...]

Deep, den 10. Sept. 1935

[...] Dein[en] geliebte[n] Brief vom Sonntag erhielt ich gestern Nachmittag, und zum erstenmal seit ich hier bin, fühlte ich endlich mich froh und stark (nicht stark vor Zorn und Grimm) sondern stark vor Lebensbejahung – und habe auch richtig endlich die Arbeitsstauung zum Durchbruch gebracht. [...] Laurence und ich halten hier die Totenwache am geliebten, nun gestorbenen Deep aus anderen Zeiten, wir halten aus bis Ende September. [...]

Freitag den Dreizehnten, schönes Datum (13.9.35) [Deep]

... yes, you need hardly tell me what a lonely affair »ein Spaziergang alleine« in Siemensstadt or neighborhood can be, even here in Deep, with Laurence a spaziergang is almost enough to choke a fellow for surplus of lonely feeling. But I'm not writing to harp on this theme, or to strike a jarring note but just to fling a message through space to you and cheer you up ... Had a little chat with the brave old Hegemeister, yesterday, and it was good to hear a real

---

255 Vier Tage zuvor hat Lyonel Julia geschrieben, dass ihre langjährigen Vermieter in Deep, das Ehepaar Wilke, ihn verängstigt gebeten hätten, Julia möge nicht anreisen, da das alte Ehepaar für seinen Sohn sonst Repressalien fürchte.

man talk about the doings of the Nazis in Deep. He says the workmen despise them, they have to take their orders – but there is no love lost between them … all the same, I told him nothing about our trouble here, I don't want to bring it up unnecessarily any more. It makes no difference now, as far as the future is concerned. I have no communications with Wilkes since over a week, but before I leave I mean to quietly tell them how schlapp and poorly they have acted … tut-tut! this jarring note again! – I wish I could tell you how Laurence and I live now – the days are short, desperately so for all one wishes to accomplish – but when we walk on the beach there is peace, and melancholy ruminating – going over all that has been in former, happier years when we all were together and so jolly. […] I read in an English cutting Maria sent me, that 500 Kunsthandlungen belonging to Jews had been closed in Berlin by the Geheim-Polizei.[256] The K.-K.[257] has decided that »Nicht-Arier« Are not fit to deal with art!! – But the madness is becoming orgiastic. There! I'm incorrigible writing such stuff.[258] – – – …

---

256 Im Sommer 1935 erfolgte in einer konzentrierten Aktion die »Arisierung« zahlreicher Kunsthandlungen.

257 Lyonel Feininger bezieht sich hier auf die 1933 zum Zwecke der Gleichschaltung des gesamten Kulturlebens entstandene Reichskulturkammer (RKK).

258 *… stimmt, was für eine einsame Angelegenheit »ein Spaziergang alleine« in Siemensstadt oder Umgebung sein kann ist, musst du mir kaum erklären. Selbst hier in Deep, mit Laurence, reicht ein Spazergang fast schon, einem Kerl durch ein Übermaß an Einsamkeitsgefühlen die Luft zu nehmen. aber ich schreibe nicht, um diese alte Leier anzuschlagen oder Misstöne aufzubringen, sonden einfach bloß, um dir eine Nachricht durch den Raum rüberzuschnippen, um dich aufzuheitern. … Hab gestern ein wenig mit dem guten alten Hegemeister geplaudert, und es tat gut zu hören, was ein echter Kerl über das Gebaren der Nazis in Deep zu sagen hat. Er sagt, die Arbeiter hassen sie, sie müssen sich ihren Befehlen beugen – aber sie sind sich nicht grün … trotzdem habe ich ihm nichts von unseren Schwierigkeiten hier erzählt, ich möchte es ohne Grund nicht mehr ansprechen. Es macht jetzt keinen Unterschied, was die Zukunft betrifft. Ich habe von Wilkes seit über einer Woche nichts gehört, aber bevor ich abreise, gedenke ich denen ganz in Ruhe einmal zu sagen, wie schlapp und jämmerlich sie sich verhalten haben … tut-tut! Wieder diese Misstöne! – Ich wünschte, ich könnte dir sagen, wie Laurence und ich jetzt leben – die Tage sind kurz, hoffnungslos kurz in Anbetracht all dessen, was man noch schaffen möchte – aber wenn wir am Strand spazieren gehen, herrscht Frieden, und voller Melancholie wälzt man Gedanken – an all*

Deep, Sonntag, d. 22. Sept. 1935 (with enclosure of a telegram saying: Ein Sohn Tomas, Gustav, Adrian, Grüsse Wysse Andreas*).*[259]

Now my dearest girlie, I send you the enclosed telegram (which arrived while Laurence and I were at dinner) and am one with you in rejoicing at the glorious tidings! Congratulations, heartfelt and deep, to you, as the young Grandmother! and to Lux, as the young uncle! of the very swellest Baby-boy ever was! And now I picture your joy and the joy of the dear young parents, of this marvellous baby![260] Das macht vieles vergessen, was uns das Jahr an Unglück und Seelenkummer brachte! Ich werde morgen mehr schreiben – aber jetzt kommen mir Worte dürftig vor. …

Deep, d. 24. Sept. 1935

Ein »Sonnewoff« von Tag, hoher Wind, zerfranste Wolkenballen jagen: Sonne arm, mit einer feinen Windverschleierung; und morgen ist der »25.«. Da denke ich zurück an den dunstig einen, goldenen Londoner Septembertag, der unsere standesamtliche Trauung beschien, vor 27 Jahren, und, für den Fall, dass Du nicht daran denken solltest, (weil Du nun an etwas Neues und wunderbares, dort in Stockholm denkst), schreibe ich diese Worte der Erinnerung an ein Ereignis, was schon ein Menschenalter zurückliegt und was uns nicht weniger erfüllte, als es geschah. […]

---

das, was in früheren, glücklicheren Jahren war, als wir alle zusammen waren, und so fröhlich, … Ich mache mir Sorgen um Fritz und Mile – in einem englischen Zeitungsausschnitt, den mir Maria geschickt hat, habe ich gelesen, dass die Geheim-Polizei in Berlin 500 Kunsthandlungen, die im Besitz von Juden sind, geschlossen hat. Die K.-K. hat beschlossen, dass »Nicht Arier« nicht fähig seien, mit Kunst zu handeln!! – Der Irrsinn wird langsam zur Orgie. Schau! Ich bin einfach unverbesserlich beim Schreiben von solchem Zeug. – – –

259 *beiliegend ein Telegramm mit dem Inhalt:* – Der älteste Sohn Andreas lebte inzwischen mit seiner schwedischen Frau Wysse Hägg in Stockholm.

260 *Nun, mein liebstes Girlie, schicke ich Dir das beiliegende Telegramm, das ankam, als Laurence und ich beim Essen waren, und ich bin mit Dir vereint im Jubel über die freudige Botschaft! Glückwünsche, aus tiefstem Herzen, an Dich als die junge Großmutter! Und an Lux als den jungen Onkel! Zum allerfamosesten Baby, das es je gab! Und ich stelle mir nun eure Freude und die Freude der lieben jungen Eltern vor, über dieses prächtige Baby!)*

In die Neue Welt

Die Situation wird immer unerträglicher. Obwohl Lyonel und Julia amerikanische Staatsbürger sind, ist Julia durch ihre jüdische Abstammung zunehmend in Gefahr. Zudem gilt Lyonels Kunst als »entartet«, und kaum jemand wagt es noch, sie auszustellen. Nur in der Galerie Nierendorf in Berlin findet 1936 noch eine Feininger-Ausstellung statt.

Lyonel zieht sich im selben Jahr kurzzeitig aus der Gruppe der »Blauen Vier« zurück, Julia und er bleiben Galka Scheyer aber freundschaftlich verbunden. Gemeinsam besuchen sie diese im Juni in Hollywood. Der Kunsthistoriker Alfred Neumeyer vom Mills College in Oakland, Kalifornien, hat Lyonel, wohl auf Empfehlung von Galka Scheyer, zu Lehrveranstaltungen eingeladen, sodass Lyonel dort einen Sommerkurs abhält.

Als sie Ende des Jahres, nach einem Besuch bei Andreas in Stockholm, nach Berlin zurückkehren, fassen sie den Entschluss, das nationalsozialistische Deutschland endgültig zu verlassen. Am 11. Juni 1937 besteigen sie das Schiff nach Amerika. Für Lyonel, der große Teile seines Werkes zurücklassen muss, ist es eine Rückkehr in sein Geburtsland nach fast fünfzig Jahren. In einem späteren Brief heißt es: »Eines Tages wird man von mir berichten, daß ich im Alter von 65 Jahren im Hafen von New York eintraf mit ganzen 2 $ in der Tasche (wie die unerhört erfolgreichen Millionäre, die als Schuhputzer anfangen) – und mußte mein Leben neu beginnen. (Aber ein Millionär werde ich nie werden).«[261]

Während er nochmals einen Sommerkurs im Mills College hält, werden in der Ausstellung »Entartete Kunst« in München acht seiner Gemälde und einige Papierarbeiten angeprangert und aus den öffentlichen Sammlungen in Deutschland werden mehr als 400 seiner Werke konfisziert.

---

261 Lyonel Feininger an Alois Schardt, 3.2.1942, Übersetzung des im Original englischen Briefes, zitiert nach Hans Hess: »Lyonel Feininger«, Stuttgart 1959, S. 139.

Ab September wohnen Julia und Lyonel in New York, zunächst im Hotel Earl und ab Anfang des neuen Jahres an der Adresse 235 East 22nd Street, in einer Gegend, in der bereits ihr Sohn Lux wohnt und in die später auch Andreas mit seiner Ehefrau ziehen wird. Obwohl Lyonel bald Wandbildaufträge für Ausstellungsgebäude der Weltausstellung in New York 1939 erhält und auch Ausstellungen seiner Werke veranstaltet werden, ist der Anfang wegen seltener Verkäufe finanziell schwierig. Die aus früheren Jahren stammenden Verbindungen helfen nur punktuell: William R. Valentiner vermittelt die Wandbildaufträge; Karl Nierendorf und Curt Valentin, die aus Berlin gekommen sind, nehmen sich in ihren New Yorker Galerien – der Nierendorf Gallery und der Buchholz Gallery – der Werke Feiningers an; an der Westküste ist nach wie vor Galka Scheyer auch für ihn aktiv.

1939 emigriert Alois Schardt mit seiner Familie in die USA und lässt sich in Los Angeles nieder. Schriftlich tauscht er sich mit dem Ehepaar Feininger über ihre Erfahrungen mit der amerikanischen Kunstwelt aus, in der sie eine große Offenheit aber auch eine gewisse Oberflächlichkeit zu erkennen glauben.

Neben die Architektur-Motive aus Deutschland, bei denen Lyonel auf seine Naturnotizen zurückgreifen kann, und die Marine-Motive treten in Feiningers Gemälden ab 1940 die Hochhausschluchten Manhattans. In der Ausstellung »Artists for Victory« 1942 im Metropolitan Museum of Art in New York gewinnt Feininger mit dem Gemälde »Gelmeroda XIII«[262] den Ankaufspreis. 1944 organisiert Alfred H. Barr eine Ausstellung Feiningers zusammen mit dem im Vorjahr verstorbenen Marsden Hartley im Museum of Modern Art in New York. Außer Barr schreibt auch Schardt einen Katalogtext, wofür sich besonders Julia eingesetzt hat. Diese Ausstellung trägt wesentlich zur wachsenden Anerkennung Feiningers in Amerika bei. In dem Zusammenhang lernt Feininger den amerikanischen Maler Mark Tobey kennen und beginnt eine freund-

262 »Gelmeroda XIII«, 1936, Öl auf Leinwand, 100 × 80 cm, New York, Metropolitan Museum of Art, Hess 375.

schaftliche Korrespondenz mit ihm. Tobeys Werk bietet die Anregung zu den weißen Linien in einigen von Feiningers späten Bildern.

Nach einigen Unstimmigkeiten mit Galka Scheyer, weil Lyonel im veränderten Kunstmarkt der USA die »Blauen Vier« für Vergangenheit hält und zudem von einem amerikanischen Galeristen vertreten werden möchte, kommt es 1944 noch einmal zu einem freundschaftlichen Wiedersehen mit ihr in New York.

1945 hält Lyonel nochmals einen Sommerkurs ab, diesmal im Black Mountain College in North Carolina, wo er Walter Gropius wiedertrifft. 1947 wird er zum Präsidenten der Federation of American Painters and Sculptors gewählt. Aus der Verbundenheit mit den in die USA emigrierten ehemaligen Bauhaus-Kollegen resultieren Sommeraufenthalte in den Häusern von Gropius und Josef Albers. Mit den Künstler-Freunden in Deutschland, vor allem Erich Heckel, Karl Schmidt-Rottluff und Gerhard Marcks, stehen Feiningers weiterhin in Verbindung. Letzterer kommt 1950 zu Besuch nach New York. Zwei Jahre später gelingt es Feininger endlich, Schardt in Los Angeles zu besuchen.

Am 13. Januar 1956 stirbt Lyonel Feininger. Julia überlebt ihn um vierzehn Jahre, ordnet seinen schriftlichen und künstlerischen Nachlass und bemüht sich um dessen Publizierung und Unterbringung.

Mit Ausbruch des Zweiten Weltkrieges 1939 zieht es auch Andreas mit seiner Familie von Stockholm nach New York, wo sich die Familie wiedertrifft und er zunächst bei der Black-Star-Agency einen Jahresvertrag als Fotograf abschließen kann. Während des Krieges ist Andreas für das US-amerikanische Amt für Kriegsinformationen tätig, eine Regierungsbehörde, die von 1942 an den Siegeswillen der Amerikaner stärken soll. Sein Auftrag ist es, die Rüstungsindustrie des Landes fotografisch zu präsentieren. Von 1943 bis 1962 ist er beim Life-Magazine fest als gut bezahlter Fotoreporter angestellt. Seine Frau Gertrud Wysse findet Arbeit als Werbezeichnerin und Illustratorin, wird aber mehr und mehr zu Andreas' Assistentin bei dessen Fotoreportagen. Er befasst sich weiterhin mit der Entwicklung technischer Verbesserungen für seine Kameras und publiziert, selbst Autodidakt, neben zahlreichen Kunstbildbänden mit seinem fotografischen Werk mehrere vielgelesene fotografische Lehrbücher. Fotos von ihm werden unter anderem in der legendären Ausstellung »The Family of Man« des Museum of Modern Art in New York gezeigt. Gemeinsam mit seinem Bruder T. Lux gibt er 1965 ein Buch über die aus Holz geschnitzte »Stadt am Ende der Welt« seines Vaters heraus, für das er die Fotografien beisteuert. 1972 hält er einen Kurs an der University of New York. 1988 muss er aus gesundheitlichen Gründen das Fotografieren aufgeben. Er stirbt am 18. Februar 1999. Seine Fotos und Bildreportagen gelten heute als Klassiker der Fotografiegeschichte.

Laurence, der seit seiner Jugend Klavier, Kirchenorgel, Flöte, Klarinette und Oboe spielt und schon früh eigene Kompositionen geschaffen hat, promoviert 1937 in Heidelberg über »Die Frühgeschichte des Kanons bis Josquin des Préz«. Er geht, als seine Eltern in die USA emigrieren, nach Italien, um Bibliotheken und Archive nach alten Musikhandschriften zu durchforsten, und verbleibt, abgesehen von mehreren Besuchen bei seinen Eltern in den USA (erstmals 1939), in der »Alten Welt«. 1938 zieht er nach Trient, wo die bedeutenden »Trienter Codices« liegen. 1943/44 wird er als feindlicher Ausländer in der Nähe von Parma interniert. In dieser Zeit reift sein Wunsch, Priester zu werden. 1947 wird er nach einem Theologiestudium in Rom zum Priester geweiht, wo er noch bis 1949 als wissenschaftlicher Mitarbeiter in der Vatikanischen Bibliothek zu vergessenen Chorwerken forscht. Unter dem Herausgebernamen »Don Lorenzo Feininger« veröffentlicht er von da an 142 Bände zu liturgischer Kirchenmusik. 1949 lässt er sich in Trient nieder, wo er einen städtischen Chor aufbaut und leitet. Er legt über die Jahre ein bedeutendes Archiv alter Musik und eine umfassende Bibliothek wertvoller alter Choralliteratur an, die er auch durch Verkäufe von Bildern seines Vaters finanziert. Seine Sammlung wird heute im Castello del Buonconsiglio in Trient verwahrt. 1971 veröffentlicht er die Kompositionen seines Vaters, denen er in seinem Vorwort »Lyonel Feininger und die Musik« vier Briefe des

Komponisten Hans Brönner beifügt sowie fünf damals noch unveröffentlichte Zeichnungen Lyonel Feiningers.[263] Am 7. Januar 1976 stirbt er im Alter von 66 Jahren an den Folgen eines Verkehrsunfalls.

Lux, der jüngste der Söhne, emigriert, wie Abschiedsfotos von den Eltern am Lehrter Bahnhof Berlin dokumentieren, als Erster aus der Familie bereits im November 1936 nach New York und ist dort als Maler tätig, wo er zeitweilig bekannter ist als sein Vater. 1941 meldet er sich freiwillig zum Kriegsdienst. Von 1942 bis 1945 ist er als Oberfeldwebel der US-Armee in der Nachrichtendienstabteilung des Kriegsministeriums für Informationsbeschaffung zuständig und nimmt so am Krieg gegen das nationalsozialistische Deutschland teil. 1950 beginnt er seine jahrzehntelange Lehrtätigkeit, zunächst am Sarah Lawrence College in der Nähe New Yorks, dann siedelt er nach Cambridge, Massachussets, über, wo er bis 1962 am Fogg Art Museum Kurse im Zeichnen und Malen gibt. Zuletzt unterrichtet er an der School of the Museum of Fine Arts in Boston. Nachdem er 1955 eine zweite Ehe eingegangen ist, werden zwei Söhne geboren. 1957, im Jahr nach dem Tod seines Vaters, ist er gemeinsam mit Werken von diesem auf der IV. Biennale in São Paolo in Brasilien in der Ausstellung der »Meister und Schüler des Bauhauses« vertreten. 1965 veröffentlicht Lux mit Andreas das Buch »Die Stadt am Ende der Welt«. In den 80er-Jahren widmet Lux sich nach zahlreichen Ausstellungen seiner Gemälde der Sichtung seines fotografischen Werkes, dem ebenfalls zwei große Werkschauen gewidmet werden. 1983 reist er zur gerichtlichen Klärung der Eigentumsverhältnisse der Bilder, die Julia und Lyonel 1937 zurücklassen mussten, nach Deutschland. 2006 veröffentlicht Lux seine Autobiografie. Bis ins hohe Alter korrespondiert er mit Feiningerfoschern und kümmert sich um den Nachlass seiner Eltern. Er stirbt 101-jährig am 7. Juli 2011.

---

263 »Das musikalische Werk Lyonel Feiningers. Mit fünf erstmals veröffentlichten Zeichnungen des Künstlers und einem Vorwort von Laurence Feininger«. Hrsg. von Laurence Feininger. Tutzing: Schneider, 1971.

Chronologie

1871 Am 17. Juli wird Lyonel Feininger in New York geboren.
1880 Am 23. November wird Julia Lilienfeld in Berlin geboren.
1887 Lyonel Feininger reist nach Deutschland und nimmt Zeichenunterricht an der Allgemeinen Gewerbeschule in Hamburg.
1888 Lyonel zieht nach Berlin und beginnt ein Studium an der Königlichen Akademie der Künste.
1890 Lyonel wird von seinem Vater für ein Jahr auf das Jesuiten-Collège Saint-Servais in Lüttich geschickt.
1891 Lyonel setzt sein Studium in Berlin fort, das er ein Jahr später abbricht.
1892 Lyonel reist nach Paris und besucht die Académie Colarossi.
1893 Lyonel arbeitet in Berlin als freier Karikaturist.
1896 Julia Lilienfeld besucht ein Damenatelier in Berlin.
1900 Julia besucht den Unterricht von Martin Brandenburg im Verein Berliner Künstlerinnen.
1901 Lyonel Feininger heiratet die Pianistin Clara Fürst. Die Tochter Lore wird geboren.
1902 Claras und Lyonels Tochter Marianne wird geboren.
1903 Julia Lilienfeld heiratet den Arzt Walter Berg.
1905 Julia Berg und Lyonel Feininger begegnen sich auf der Fahrt an die Ostsee. Sie verbringen die Ferien gemeinsam. Danach trennt sich Julia von Walter Berg und Lyonel von Clara.
Julia beginnt ein Studium an der Großherzoglich-Sächsischen Kunstschule in Weimar.
1906 Lyonel zeichnet Comic-Strips für die Chicago Sunday Tribune. Er besucht Julia in Weimar. Sie reisen zusammen nach Paris und in die Normandie.
Beide veröffentlichen Zeichnungen in der Zeitschrift »Le Témoin«.
Am 27. Dezember wird in Paris ihr erster Sohn Andreas geboren.
1907 Julia und Lyonel veröffentlichen Zeichnungen in der Zeitschrift »Das Schnauferl – Blätter für Sporthumor«.
Lyonels erstes Gemälde entsteht. Damit beginnt sein Weg vom Karikaturisten zum Maler, auf dem er von Julia unterstützt wird.
Lyonel wird von Clara geschieden.
1908 Rückkehr der Familie nach Berlin.
Lyonel hält sich im Sommer erstmals auf Usedom auf.
Im September heiraten Julia und Lyonel in London.
1909 Am 5. April wird in Berlin der zweite Sohn Laurence geboren.
Lyonel tritt der Berliner Secession bei.
1910 Am 11. Juni wird der dritte Sohn Theodore Lucas (Lux) geboren.
1911 Während einer Paris-Reise sieht Lyonel erstmals kubistische Gemälde.

1912 Beginn der Freundschaften mit Erich Heckel, Karl Schmidt-Rottluff und Alfred Kubin.

1913 Mehrere Monate hält sich Lyonel in Weimar auf. Er tritt aus der Berliner Secession aus und beteiligt sich auf Einladung der Künstler des »Blauen Reiters« am »Ersten Deutschen Herbstsalon« in Berlin.

1914 Mit Beginn des Ersten Weltkrieges kehrt die Familie von einem erneuten Weimar-Aufenthalt nach Berlin zurück.

1917 Aufenthalt im Harz.
Lyonel hat seine erste Einzelausstellung in der Galerie »Der Sturm« in Berlin.

1918 Erneuter Aufenthalt im Harz. Lyonel beginnt mit großer Intensität, Holzschnitte anzufertigen. Er wird Mitglied der »Novembergruppe« und des »Arbeitsrates für Kunst«.

1919 Beginn der Freundschaft mit dem Kunsthistoriker Alois Schardt.
Lyonel wird von Walter Gropius als erster »Meister« an das Bauhaus in Weimar berufen. Julia wird Studentin am Bauhaus.

1921 Lyonel beginnt mit der Komposition von Fugen für Klavier und Orgel. Er übernimmt die Druckwerkstatt am Bauhaus und ist verantwortlich für die bis 1924 erscheinenden Bauhaus-Drucke »Neue europäische Graphik«.

1924 Gründung der Gruppe »Die Blauen Vier« mit Alexej Jawlensky, Wassily Kandinsky, Paul Klee und Lyonel Feininger durch Galka Scheyer.

1925 Schließung des Bauhauses in Weimar. Im Oktober wird es in Dessau wiedereröffnet.

1926 Umzug der Familie Feininger in das Meisterhaus Nr. 1 in Dessau.

1928 Hannes Meyer wird als Nachfolger von Walter Gropius Bauhaus-Direktor. Feininger beschäftigt sich intensiv mit Fotografie.

1929 Feininger erhält den Auftrag, ein Bild der Stadt Halle (Saale) zu malen, und kann einen Raum im Torturm der Moritzburg, in der sich das Museum befindet, als Atelier nutzen. Bis 1931 entstehen 11 Gemälde und 29 Zeichnungen, die alle für das Museum erworben werden.

1930 Ludwig Mies van der Rohe wird als Nachfolger von Hannes Meyer Direktor des Bauhauses.

1931 Anlässlich von Feiningers 60. Geburtstag finden große Ausstellungen in der »Galerie Neue Kunst Fides« in Dresden, im Museum Folkwang in Essen und in der Neuen Abteilung der Nationalgalerie im Kronprinzenpalais in Berlin statt.

1932 Das Bauhaus in Dessau wird geschlossen. Mies van der Rohe eröffnet das Bauhaus in Berlin als Privatinstitut neu.

1933 Im nationalsozialistischen Staat hat das Bauhaus keine Chance und löst sich im Juli endgültig auf.

1934 Julia und Lyonel Feininger ziehen nach Berlin-Siemensstadt.

1936 Feininger hält einen Sommerkurs im Mills Collage in Oakland ab.

1937 Nach einem erneuten Sommerkurs in Oakland bleiben Julia und Lyonel in den USA. Sie wohnen in New York.

In Deutschland werden Feiningers Werke aus den Museen beschlagnahmt und in der Ausstellung »Entartete Kunst« in München angeprangert.

1938 Feininger erhält Aufträge für Wandgemälde am »Marine Transportation Building« und am »Masterpieces of Art Building« der Weltausstellung in New York 1939.

Beginn der Zusammenarbeit mit der Galerie Karl Nierendorf in New York.

1941 Beginn der Zusammenarbeit mit der Buchholz Gallery Curt Valentin in New York.

1942 Feininger gewinnt in der Ausstellung »Artists for Victory« im Metropolitan Museum of Art in New York den Ankaufspreis für das Gemälde »Gelmeroda XIII«.

1944 Feininger bekommt gemeinsam mit dem im Vorjahr gestorbenen Marsden Hartley eine Ausstellung im Museum of Modern Art in New York. Beginn der Freundschaft mit Mark Tobey.

Am 23. Oktober wird Clara Feininger, geb. Fürst, Lyonels erste Frau, in Auschwitz ermordet.

1945 Feininger hält einen Sommerkurs im Black Mountain Collage in North Carolina ab und begegnet dort Walter Gropius wieder.

1947 Feininger wird zum Präsidenten der Federation of Amercan Painters and Sculptors gewählt.

1948 Lyonel unterzieht sich einer Rücken-Operation.

1950 Gerhard Marcks kommt zu Besuch nach New York.

Feininger erhält den Auftrag für ein Wandbild im Salon des Passagierdampfers »Constitution«.

1956 Am 13. Januar stirbt Lyonel Feininger in New York.

1963 Julia Feininger übergibt dem Busch-Reisinger Museum der Harvard University in Cambridge, Massachusetts, zahlreiche Naturskizzen Lyonels, Fotos und Negative, die Korrespondenz sowie umfangreiches Archiv-Material.

1968 Die Marlborough-Gerson Gallery in New York übernimmt die Nachlass-Vertretung Feiningers.

1970 Am 7. August stirbt Julia Ferininger in New York.

Personenverzeichnis

Albers, Josef – 1888–1976, deutscher Maler und Glasgestalter. Er studierte ab 1920 am Bauhaus und trat in die Werkstatt für Glasmalerei ein. Ab 1923 lehrte er als Jungmeister und ab 1925 als Meister am Bauhaus bis zu dessen Schließung 1933 unter anderem im Vorkurs. Danach emigrierte er in die USA. (S. 262)

Allo – siehe → Schardt, Alois

Anni – Anni Reitmann, Kindermädchen bei Feiningers (S. 64, 92, 94)

Apel, Willi – 1893–1988, Mathematiker, Musikwissenschaftler und Pianist (S. 153)

Archipenko, Alexander – 1887–1964, ukrainischer Bildhauer. Er ging 1908 nach Paris, wo er 1912 der »Section d'Or« beitrat. Von 1920 bis zu seiner Auswanderung nach Amerika 1923 betrieb er eine Kunstschule in Berlin. (S. 138)

Bach, Johann Sebastian – 1685–1750, deutscher Komponist (S. 18 f., 25, 37 f., 40, 83, 125, 132, 136, 139, 190)

Balzac, Honoré de – 1799–1850, französischer Schriftsteller (S. 89)

Barlach, Ernst – 1870–1938, deutscher Bildhauer (S. 249)

Barr, Alfred H. – 1902–1981, amerikanischer Kunsthistoriker, 1924 und 1927/28 Europareisen, 1929 Gründungsdirektor des Museums of Modern Art in New York, das er nach dem Vorbild der Neuen Abteilung der Nationalgalerie im Berliner Kronprinzenpalais aufbaute. (S. 200, 218, 220, 261)

Bayer, Herbert – 1900–1985, deutscher Architekt und Typograf. Er studierte ab 1921 am Bauhaus, wo er nach dem Vorkurs der Klasse für Wandmalerei unter Wassily Kandinsky angehörte. Nach dem Umzug nach Dessau leitete er als Jungmeister die neu eingerichtete Werkstatt für Druck und Reklame und setzte die konsequente Kleinschreibung als Bauhaus-Standard durch. 1928 verließ er das Bauhaus. (S. 163)

Beethoven, Ludwig van – 1770–1827, deutscher Komponist (S. 40)

Berg, Walter – Arzt. Erster Ehemann von Julia Lilienfeld, der späteren Julia Feininger (S. 24, 29, 265)

Berson, Arthur – 1859–1942, deutscher Meteorologe und Ballonfahrer, Ehemann von Lyonel Feiningers Schwester Helen (S. 26)

Blümner, Rudolf – 1873–1945, deutscher Schauspieler und Schriftsteller. Er war von 1910 bis 1932 Mitarbeiter der Zeitschrift »Der Sturm«. (S. 104)

Böcklin, Arnold – 1827–1901, schweizerischer Maler, einer der bedeutendsten Vertreter des Symbolismus (S. 132)

Bondi, Georg – 1865–1935, deutscher Verleger (S. 50)

Brandenburg, Martin – 1870–1919, deutscher Maler. Er war Gründungsmitglied der Berliner Secession und unterrichtete im Verein Berliner Künstlerinnen und in den Berliner Studienateliers für Malerei und Plastik, wo ebenfalls Frauen ausgebildet wurden. (S. 24, 265)

Braque, Georges – 1882–1963, französischer Maler. Er begründete mit Pablo Picasso den Kubismus. (S. 60)

Breuer, Marcel – 1902–1981, deutscher Möbeldesigner. Er studierte ab 1920 am Bauhaus und übernahm 1925 in Dessau als Jungmeister die Möbelwerkstatt. Im selben Jahr entstanden die ersten Stahlrohrmöbel. 1928 verließ er das Bauhaus. **(S. 209, 274)**

Brönner, Hans – 1892–1978, deutscher Komponist. Er war während der Weimarer Bauhaus-Zeit mit Lyonel Feininger befreundet. Beide musizierten oft zusammen und sprachen über Kompositionsfragen. **(S. 19, 133, 135 f., 143, 264)**

Brüning, Heinrich – 1885–1970, deutscher Politiker, von 1930 bis 1932 Reichskanzler **(S. 233, 235)**

Bülow, Bernhard von – 1849–1929, deutscher Politiker, von 1900 bis 1909 Reichskanzler des Deutschen Kaiserreichs **(S. 38)**

Burchard, Marie Manon – Schwester von Walter Gropius **(S. 140)**

Butzi – siehe auch → Feininger, Andreas **(S. 46 f., 61, 88)**

Cassirer, Bruno – 1872–1941, deutscher Galerist und Verleger. Er gründete 1898 zusammen mit seinem Cousin Paul die eng an die Berliner Secession angebundene »Bruno & Paul Cassirer, Kunst- und Verlagsanstalt«. 1901 trennten sie die Geschäftsbereiche, er übernahm die Verlagssparte. Der Verlag existierte bis 1937 und veröffentliche neben Büchern zur Kunst auch die Werke von Christian Morgenstern und Karl Walser. **(S. 46)**

Cassirer, Paul – 1871–1926, deutscher Galerist, Kunsthändler und Verleger. Er gründete 1898 zusammen mit seinem Cousin Paul die »Bruno & Paul Cassirer, Kunst- und Verlagsanstalt«, die schnell zur wichtigsten Adresse für zeitgenössische Malerei wurde und eng mit der Berliner Secession verbunden war, in der er zudem als Sekretär und später Vorstand wirkte. Von 1901 an übernahm er alleinig die Kunsthandlung und Galerie, die in Berlin bis 1935 bestand. Ab 1908 war er mit dem »Paul Cassirer Verlag« in Konkurrenz zum Verlag seines Cousins auch wieder verlegerisch tätig. Der Verlag, in dem neben Büchern zur Kunst auch Autoren wie Bahr, Toller, Heinrich Mann und Lasker-Schüler publiziert wurden, bestand bis 1933. **(S. 46, 74)**

Cézanne, Paul – 1839–1906, französischer Maler **(S. 46)**

Chagall, Marc – 1887–1985, russischer Maler. Er lebte von 1910 bis 1914 und ab 1923 in Paris. 1914 hatte er seine erste Einzelausstellung in der »Sturm«-Galerie in Berlin. **(S. 92)**

Christophe, Franz (Francis) – 1875–1946, deutscher Zeichner und Illustrator. Mit seiner Familie machten die Feiningers Urlaub an der Ostsee **(Bildteil)**

Clapp – Farmer-Familie in Sharon, Connecticut. Hier verbrachten Lyonel Feininger und seine Schwestern in der Kinderzeit lange Sommermonate. **(S. 37)**

Clara – Kindermädchen bei Feiningers **(S. 168)**

Cocteau, Jean – 1889–1963, französischer Schriftsteller, Maler und Filmregisseur **(S. 160)**

Colarossi, Filippo – 1841–1914, italienischer Bildhauer, führte in Paris eine private Kunstschule, an der auch viele deutsche Künstler während ihrer Paris-Aufenthalte studierten oder am Aktzeichnen teilnahmen. Dort durften auch Frauen studieren und nach männlichen Modellen arbeiten. Die Schule bestand bis 1930. (S. 25, 42, 265)

Corinth, Lovis – 1858–1925, deutscher Maler und Grafiker. Seit 1901 Mitglied der Berliner Secession und 1911 für ein Jahr deren Vorsitzender. (S. 150)

Cramer, Dr. – ein nicht identifizierter Musiker (S. 125)

Delaunay, Robert – 1885–1941, französischer Maler. Er gehörte zur Gruppe um den »Blauen Reiter«. Dem ursprünglich hauptsächlich braun und grau daherkommenden Kubismus fügte er eine lichtdurchtränkte Farbigkeit hinzu. Damit wirkte er auf viele deutsche Künstler anregend, darunter Franz Marc und Lyonel Feininger. (S. 60)

Dix, Otto – 1891–1969, deutscher Maler und Grafiker (S. 138)

Doesburg, Theo van – 1883–1931, niederländischer Künstler, Mitbegründer der Künstlergruppe De Stijl, gab 1920–21 in Weimar private Kurse in architektonischer Gestaltung (S. 134)

Dostojewski, Fjodor Michailowitsch – 1821–1881, russischer Schriftsteller (S. 155)

Duchamp, Marcel – 1887–1968, französischer Maler (S. 160)

Dürer, Albrecht – 1471–1528, deutscher Maler und Grafiker (S. 132, 143)

Ebert, Friedrich – 1871–1925, deutscher Politiker, von 1919 bis zu seinem Tod Reichspräsident (S. 105, 162, 172)

Eduard VII. – 1841–1910, ab 1901 König von Großbritannien und Irland (S. 31)

Engelmann, Richard – 1868–1966, deutscher Bildhauer. 1913 wurde er als Professor an die Kunsthochschule in Weimar berufen und 1930 von dem neuen Akademiedirektor Paul Naumburg als Jude entlassen. (S. 109, 113 f., 121, 125)

Ewers, Hanns Heinz – 1871–1943, deutscher Schriftsteller (S. 39)

Eysler, Otto – Herausgeber der Zeitschrift »Lustige Blätter«, die in seinem »Verlag Dr. Otto Eysler« erschienen. (S. 52)

Feininger, Andreas – 1906–1999, Fotograf, ältester Sohn von Julia und Lyonel Feininger (S. 9, 17 f., 42, 46 f., 60 f., 88, 90 f., 94 f., 117, 134, 136, 138, 153 f., 157, 159 f., 162 f., 168 f., 172, 178, 181-183, 195–197, 205 f., 210, 214, 219, 222, 236, 244, 249, 252, 259–262, 264 f.)

Feininger (geb. Fürst), Clara – 1879–1944, deutsche Pianistin. Sie war von 1901 bis 1907 die erste Ehefrau Lyonel Feiningers. Sie ist in Auschwitz ermordet worden. (S. 23, 26, 29, 46, 265, 267)

Feininger, Conrad – *1959, amerikanischer Schauspieler, Sohn von T. Lux Feininger (S. 13, 286)

Feininger, Elizabeth – 1845–1927, amerikanische Sängerin und Pianistin, Mutter von Lyonel Feininger (S. 24–26, 29, 37, 56, 139, 186 f., 200, 204)

Feininger, Elsa – 1876–1898, Schwester Lyonel Feiningers (S. 24, 238)

Feininger, verh. Berson, Helen – 1873–1899, Schwester Lyonel Feiningers (S. 24 f., 238, 268)

Feininger, Karl (Charles) – 1844–1922, deutsch-amerikanischer Geiger und Komponist, Vater Lyonel Feiningers (S. 18 f., 24 f., 37, 40, 98, 137, 139, 159, 186, 211, 265, 278)

Feininger, Laurence – 1909–1976, Musikwissenschaftler und katholischer Priester, zweiter Sohn von Julia und Lyonel Feininger. Er lebte ab 1938 in Italien. (S. 9, 19, 55, 89–91, 96, 104, 136, 143 f., 152 f., 156, 158 f., 163, 173, 177, 180–182, 190, 195, 210, 212–214, 217, 220, 222, 236, 251–253, 257–259, 263–265)

Feininger, Lore (Eleonore) – 1901–1991, deutsche Fotografin, Tochter Lyonel Feiningers aus der Ehe mit Clara (S. 11, 17, 23 f., 26, 29, 201, 210, 244 f., 246, 265)

Feininger, T. (Theodore) Lux (Lucas) – 1910–2011, Maler, jüngster Sohn von Julia und Lyonel Feininger (S. 7, 9, 12, 17 f., 22, 58, 64, 82, 91–94, 96, 104, 112, 117, 136, 138, 152 f., 156, 158 f., 163, 173, 177 f., 180 f., 183, 187, 195, 198–200, 202 f., 205, 208, 210, 214 f., 217 f., 221 f., 236, 244, 246, 253–255, 259, 261, 263–265, 270)

Feininger, Marianne – 1902–1999, Tochter Lyonel Feiningers aus der Ehe mit Clara (S. 11, 26, 29, 244–246, 265)

Feininger, Tomas Gustav Adrian – 1935–2019, Sohn von Andreas Feininger (S. 257)

Feininger (geb. Hägg), Gertrud Wysse – 1912–2006, schwedische Grafikerin, ab 1933 Ehefrau von Andreas Feininger (S. 249, 259, 262)

Felixmüller, Conrad – 1897–1977, deutscher Maler und Grafiker, Mitglied der »Novembergruppe« (S. 91)

Fleischer, Fritz – 1861–1937/38, deutscher Maler. Er schuf um 1900 ein Gemälde unter dem Titel »Mehr Licht!«, das Goethe auf dem Sterbelager zeigt. (S. 169)

Forbat, Fred – 1897–1972, ungarisch-deutscher Architekt, arbeitete von 1920 bis 1922 im Atelier von Walter Gropius und lehrte von 1930 bis 1931 an der Itten-Schule in Berlin. (S. 183)

Frank, Ise – siehe → Gropius, Ise

Franz Ferdinand – 1863–1914, österreichischer Erzherzog. Seit 1896 war er österreichisch-ungarischer Thronfolger. Seine Ermordung in Sarajevo war der Auslöser für den Ersten Weltkrieg. (S. 80)

Freyberg, Alfred – 1892–1945, deutscher Jurist und Politiker. Er wurde am 21. Mai 1932 im Freistaat Anhalt zum ersten nationalsozialistischen Ministerpräsidenten in der Weimarer Republik gewählt. (S. 244)

Frick, Wilhelm – 1877–1946, deutscher Jurist und Politiker. Bei der ersten nationalsozialistischen Regierungsbeteiligung in Thüringen im Januar 1930 wurde er zum Innen- und Volksbildungsminister ernannt. Er berief Paul Schultze-Naumburg zum Kunstschuldirektor und ließ sich von ihm beraten. Dem Erlass »Wider die Negerkultur, für deutsches Volkstum« folgten Verbote von Theateraufführungen und Filmen. Im Oktober ließ er die modernen Kunstwerke aus der Dauerausstellung des Weimarer Museums entfernen. Nach einem erfolgreichen Misstrauensantrag wurde er im April 1931 aus der Regierung ausgeschlossen. (S. 233)

Friedrich, Caspar David – 1774–1840, deutscher Maler der Frühromantik (S. 21)

Fürst, Clara – siehe → Feininger, Clara

Fürst, Edmund – 1874–1955, deutscher Maler, Bruder von Clara Feininger (S. 26, 34)

Garbo, Greta – 1905–1990, schwedische Schauspielerin (S. 184 f., 205)

Gleizes, Albert – 1881–1953, französischer Maler des Kubismus (S. 160)

Goebbels, Joseph – 1897–1945, deutscher Politiker. Er war ab 1933 Reichsminister für Volksaufklärung und Propaganda und Präsident der Reichskulturkammer. Zu dieser Zeit galt er als Anhänger expressionistischer Kunst. Aber 1937 initiierte er die Ausstellung »Entartete Kunst« und die Beschlagnahme der modernen Kunstwerke in den deutschen Museen. (S. 254, 279)

Goethe, Johann Wolfgang – 1749–1832, deutscher Dichter (S. 108, 158, 271)

Gogh, Vincent van – 1853–1890, niederländischer Maler (S. 46)

Gropius, Walter – 1883–1969, deutscher Architekt. Er war Mitglied des »Arbeitsrates für Kunst«. 1919 wurde er als Nachfolger Henry van de Veldes zum Direktor der Weimarer Kunsthochschule berufen, die mit der Kunstgewerbeschule vereinigt wurde. Daraus ging das Staatliche Bauhaus hervor. Für den Umzug nach Dessau entwarf Gropius das Bauhaus-Gebäude und die Meisterhäuser. 1928 verließ er das Bauhaus und entwarf in Berlin u. a. die Siemensstadt, in der Julia und Lyonel Feininger von 1934 bis 1937 wohnten. Gropius emigrierte 1934 nach England und 1937 in die USA. (S. 7, 19 f., 107–115, 117, 120 f., 123, 126, 131–133, 136, 138, 140, 142, 144–147, 149, 151, 160 f., 163 f., 167, 170, 172, 174–176, 178, 181, 188, 197 f., 209, 228, 245 f., 251, 255 f., 262, 266, 269, 271)

Gropius, Ise – 1897–1983, deutsche Lektorin und Autorin. Sie heiratete 1923 Walter Gropius. (S. 138, 141 f.)

Grote, Ludwig – 1893–1974, deutscher Kunsthistoriker, 1924 wurde er Landeskonservator für Anhalt in Dessau, ab 1927 war er außerdem Direktor der von ihm begründeten Anhaltischen Gemäldegalerie im Dessauer Palais Raina. 1933 wurde er vorzeitig pensioniert. Nach Kriegsende organisierte er Ausstellungen im Haus der Kunst in München, darunter 1950 die Ausstellung »Die Maler am Bauhaus«. (S. 164)

Grünewald, Matthias – 1470–1528, deutscher Maler (S. 132)

Grunow, Gertrud – 1870–1944, deutsche Musikpädagogin. Sie unterrichtete von 1919 bis März 1924 am Bauhaus, für dessen Frühphase ihre Harmonisierungslehre für Körper und Geist durch Musik und Bewegung wichtig war. Mit dem Weggang von Itten und Schreyer verlor sie ihre hauptsächlichen Fürsprecher. (S. 108)

Günther (»Frau Günther«) – Die Witwe des Malers Otto Günther (1838–1884), der nach seiner Lehrtätigkeit an der Akademie in Königsberg nach Weimar zurückgekehrt war, vermietete dessen Atelier und ein zugehöriges Zimmer an Feininger. (S. 66, 88)

Hägg, Gertrud Wysse – siehe → Feininger, Gertrud Wysse

Hans – siehe → Brönner, Hans

Hartley, Marsden – 1877–1943, amerikanischer Maler. Er ging 1912 nach Paris und lebte von 1913 bis 1915 in Berlin. Er hatte Kontakte zu den Künstlern des »Blauen Reiters«. Nach seinem Tod bekam er 1944 eine Ausstellung im Museum of Modern Art in New York gemeinsam mit Lyonel Feininger. (S. 90, 261, 267)

Hartmann, Georg – 1891–1972, deutscher Theaterwissenschaftler. Er war von 1925 bis 1929 Intendant des Friedrich-Theaters in Dessau. (S. 209, 211)

Hausenstein, Wilhelm – 1882–1957, deutscher Kunstkritiker und Schriftsteller. (S. 203)

Heckel, Erich – 1883–1970, deutscher Maler. 1905 war er Mitbegründer der Künstlergruppe »Brücke«, die sich 1913 auflöste. (S. 63, 66, 138, 222, 251 f., 262, 266, 283)

Heckel, Siddi – 1891–1982, deutsche Tänzerin, Ehefrau Erich Heckels (S. 138)

Hedda – eine Verwandte oder langjährige Familienfreundin der Lilienfelds (»Tante Hedda«) (S. 81, 90, 93)

Hegemeister – Einwohner von Deep (S. 257 f.)

Heidkamp, Emil – Kunsthandlung und Rahmenfabrik in Potsdam (S. 98, 104)

Held, Hans – Er führte von 1921 bis 1927 die Reform-Lichtspiele seines Vaters Louis Held in Weimar. (S. 154)

Held, Louis – 1851–1927, deutscher Fotograf und Dokumentarfilmpionier. Er gründete 1912 die Reform-Lichtspiele in Weimar. (S. 154)

Helm, Brigitte – 1897–1945, deutsche Schauspielerin (S. 210, 237)

Hess, Alfred – 1879–1931, Schuhfabrikant in Erfurt. Er begann 1919 in Verbindung mit den jeweiligen Museumsdirektoren, eine Sammlung moderner Kunst aufzubauen und unterstützte das Museum mit Geschenken und Leihgaben. Sowohl die Brücke- als auch die Bauhaus-Maler gehörten zu den regelmäßigen Gästen im Hause Hess. (S. 22, 148, 151, 161, 170, 179)

Hess, Hans – 1908–1975, deutscher Kunsthistoriker, Sohn von Alfred und Tekla Hess. Er lebte ab 1936 in England und verfasste die 1959 erschienene erste große Feininger-Monographie. (S. 22)

Hess Tekla – 1884–1968. Sie unterstützte ihren Mann Alfred Hess bei seinen mäzenatischen Unternehmungen. (S. 148, 161)

Hesse, Fritz – 1881–1973, deutscher Jurist und Politiker. Er wurde 1919 Bürgermeister von Dessau und 192– Oberbürgermeister. 1925 gelang es ihm, das Bauhaus nach Dessau zu holen. 1933 wurde er von den Nationalsozialisten abgesetzt. (S. 164, 200, 208, 223, 233)

Hildebrandt, Hans – 1878–1957, deutscher Kunsthistoriker (S. 14 f.)

Hindenburg, Paul von – 1847–1934, deutscher Generalfeldmarschall und Politiker. Er war ab 1925 Reichspräsident. (S. 162, 178, 252)

Hitler, Adolf – 1889–1945, ab 1933 Reichskanzler, ernannte sich 1934 zum »Führer« (S. 6, 158, 248, 250, 252 f., 256)

Hofmann, Ludwig von – 1861–1945, deutscher Maler und Grafiker. Er war Mitglied der Berliner Secession und wurde 1903 Professor an der Großherzoglichen Kunstschule in Weimar. 1916 wechselte er an die Dresdner Akademie. (S. 122)

Höschen (»Herr Höschen«) – ein Bauleiter der Meisterhäuser in Dessau (S. 196)

Hulda – Kindermädchen bei Feiningers (S. 64, 69)

Inchen – nicht identifizierte Frau aus der Umgebung der Bauhaus-Meister (S. 140)

Itten, Johannes – 1888–1967, Schweizer Maler. Er war von 1919 bis 1923 Meister am Bauhaus, wo er den Vorkurs aufbaute und leitete, der auf seiner Kontrast-Lehre beruhte. Sein Hang zum Esoterischen, wie es die Mazdaznan-Lehre verkörperte, die er am Bauhaus förderte, führte zu Spannungen mit Gropius und Ittens Rückzug aus dem Bauhaus. (S. 107, 134, 145, 147)

Jawlensky, Alexej – 1865–1941, russischer Maler. Er gehörte zum Kreis um den »Blauen Reiter« und kannte daher Kandinsky und Klee. Als er während des Ersten Weltkriegs in der Schweiz lebte, besuchte Ihn Emmy Scheyer, der er später den Spitznamen Galka gab. Sie kümmerte sich fortan um die Verbreitung seiner Kunst. 1921 zog er nach Wiesbaden, und 1924 gründete Galka Scheyer die Gruppe der »Blauen Vier« mit Jawlensky, Kandinsky, Klee und Feininger. (S. 152, 266, 283)

Junkers, Hugo – 1859–1935, deutscher Ingenieur und Industrieller. Er war Gründer und Eigentümer der Junkers Motorenbau-Fabrik und des Junkers Flugzeugwerks in Dessau. In seiner Fabrik wurden die Stahlrohrmöbel Marcel Breuers entwickelt und produziert. (S. 185)

Justi, Ludwig – 1876–1957, deutscher Kunsthistoriker. Von 1909 bis zu seiner Degradierung und Versetzung in die Kunstbibliothek 1933 war er Direktor der Nationalgalerie in Berlin. 1919 richtete er im Kronprinzenpalais die Neue Abteilung der Nationalgalerie ein, wo von Beginn an auch Gemälde Feiningers gezeigt wurden. 1931 organisierte er dort die Ausstellung zu Feiningers 60. Geburtstag. (S. 107 f., 208, 211, 249)

Kämmerer – Sekretär der Kunsthochschule Weimar (S. 109)

Kaesbach, Walter – 1879–1961, deutscher Kunsthistoriker. Er begann 1904 mit dem Aufbau einer eigenen Sammlung moderner Kunst, zu der schon vor dem Ersten Weltkrieg auch Werke Feiningers gehörten. Ab 1907 war er Assistent an der Nationalgalerie in Berlin und unterstützte 1919 Justi beim Aufbau der Neuen Abteilung. Von 1920 bis 1924 war er Direktor des Städtischen Museums in Erfurt und danach bis zu seiner Entlassung 1933 Direktor der Düsseldorfer Kunstakademie. 1922 und 1928 stiftete er seiner Vaterstadt Mönchengladbach Teile seiner Kunstsammlung. (S. 148, 151)

Kagler – Ladenbesitzer in Deep (S. 256)

Kandinsky, Wassily – 1866–1944, russischer Maler. Er gründete gemeinsam mit Franz Marc in München 1911 den »Blauen Reiter«. Seine in dieser Zeit entstandenen Bühnenkompositionen konnte er nie realisieren. 1922 übernahm er am Bauhaus als Formmeister die Werkstatt für Wandmalerei. In der Dessauer Zeit unterrichtete er freie Malerei. Nach der Schließung des Bauhauses 1933 emigrierte er nach Frankreich. (S. 66, 113, 138, 140–143, 145, 152, 161, 163, 165, 174, 176, 179, 209, 211, 213, 218, 229, 233, 244, 266)

Kandinsky, Nina – 1896–1980, seit 1917 Ehefrau von Wassily Kandinsky (S. 169, 213)

Kapp, Wolfgang – 1858–1922, deutscher Jurist und Politiker. Im März 1920 beteiligte er sich an dem nach ihm benannten Putsch. (S. 131)

Kelley, James – 1867–1934, Chefredakteur der »Chicago Sunday Tribune« **(S. 41)**

Kipling, Joseph Rudyard – 1865–1936, englischer Schriftsteller **(S. 169)**

Kirchner, Ernst Ludwig – 1880–1938, deutscher Maler und Grafiker. Er gehörte zu der Künstlergruppe »Brücke«. 1917 zog er nach Davos. **(S. 150)**

Klee, Lily – 1876–1946, deutsche Pianistin. Sie war seit 1906 mit Paul Klee verheiratet **(S. 196, 209)**

Klee, Paul – 1879–1940, Schweizer Maler. Er gehörte zum Kreis um den »Blauen Reiter«. Von 1922 bis 1931 lehrte er am Bauhaus, danach an der Düsseldorfer Akademie. 1933 wurde sein Meisterhaus in Dessau polizeilich durchsucht, er wurde in Düsseldorf entlassen und zog zurück in die Schweiz. **(S. 20, 108, 131, 143, 145, 152, 161, 163, 165 f., 170 f., 175, 189, 196, 209, 229, 233, 236, 244, 248, 266)**

Klein, César – 1876–1954, deutscher Maler. Er war 1918 Mitbegründer der »Novembergruppe« und im »Arbeitsrat für Kunst«. **(S. 106)**

Klemm, Walther – 1883–1957, deutscher Maler und Grafiker. Er war Mitglied der Berliner Secession und lebte mehrere Jahre in der Künstlerkolonie Dachau, bevor er 1913 als Professor für Grafik an die Akademie in Weimar berufen wurde. **(S. 113 f., 122 f.)**

Klumpp, Hermann – 1902–1987, deutscher Architekt und Wäschereibesitzer. Er studierte von 1929 bis 1932 am Bauhaus und war eng mit der Familie Feininger befreundet. Bei Feiningers Rückkehr nach Amerika 1937 wurden Teile seines Werkes in Klumpps elterlichem Anwesen in Quedlinburg zurückgelassen. Nach einem langwierigen Prozess wurden die meisten Gemälde an die Erben zurückgegeben. Aus dem verbliebenen Bestand, vor allem an Grafiken, Aquarellen und Zeichnungen, entstand 1986 die Lyonel Feininger Galerie in Quedlinburg. **(S. 244, 253)**

Knoblauch, Adolf – 1882–1951, deutscher Publizist. Von 1911 bis 1922 schrieb er regelmäßig für die Zeitschrift »Der Sturm«. **(S. 97)**

Köhler, Bernhard – 1849–1927, Berliner Industrieller. Er unterstützte als Mäzen insbesondere Franz Marc und baute eine bedeutende Sammlung vor allem von Künstlern des »Blauen Reiters« auf. **(S. 78)**

Köhler, Wilhelm – 1884–1959, deutscher Kunsthistoriker. 1918 wurde er Direktor der Staatlichen Kunstsammlungen in Weimar und konzentrierte sich in der Sammlung stark auf die Künstler des Bauhauses. 1934 emigrierte er in die USA. **(S. 109, 114, 131, 176, 191)**

Köhler-Bittkow, Margarete – 1897–1964, Textilkünstlerin und Malerin, 1919–1923 Schülerin am Bauhaus bei Stölzl, Feininger und Klee. Seit 1920 mit Wilhelm Köhler verheiratet. **(S. 176, 191)**

Kollwitz, Käthe – 1867–1945, deutsche Bildhauerin und Grafikerin **(S. 10, 24)**

Kortheuer, Francis – 1873–1959, Jugendfreund Lyonel Feiningers **(S. 17, 24)**

Kraus, Karl – 1874–1936, österreichischer Schriftsteller. Er gab von 1899 bis 1936 die Zeitschrift »Die Fackel« heraus. **(S. 104)**

Kubin, Alfred – 1877–1959, österreichischer Grafiker und Schriftsteller. Er gehörte zum Kreis um den »Blauen Reiter« und vermittelte den Kontakt zu Feininger. **(S. 63 f., 66, 69, 266, 283)**

Latham, Hubert – 1883–1912, französischer Pionier der Luftfahrt **(S. 185)**

Lawrence, D. H. – 1885–1930, englischer Schriftsteller. Durch die Darstellung der (auch sexuellen) Beziehung zwischen Mann und Frau in seinen Werken galt er vielen zu seiner Zeit als verrufen, ein Teil seiner Werke wurde verboten. »Söhne und Liebhaber« erschien 1925 erstmalig auf Deutsch. **(S. 277)**

Léger, Fernand – 1881–1955, französischer Maler **(S. 160)**

Lehmbruck, Wilhelm – 1881–1919, deutscher Bildhauer **(S. 249)**

Leutheußer, Richard – 1867–1945, deutscher Jurist und Politiker, von 1924 bis 1928 thüringischer Minister für Volksbildung und Justiz **(S. 152)**

Lewis, Sinclair – 1885–1951, amerikanischer Schriftsteller **(S. 203)**

Liebermann, Max – 1847–1935, deutscher Maler. Er war von 1898 bis 1911 Präsident der Berliner Secession und von 1920 bis 1932 Präsident der Akademie der Künste in Berlin. **(S. 150, 208)**

Liebknecht, Karl – 1871–1919, deutscher Politiker. **(S. 105 f.)**

Liedtke, Harry – 1882–1945, deutscher Schauspieler und Publikumsliebling, unter anerem für seine Rollen in Stummfilmoperetten bekannt **(S. 205)**

Lilienfeld, Bernhard (»Papa«) – 1844–1925, deutscher Großkaufmann und Handelsrichter, Vater Julia Feiningers. Wurde auch von Lyonel Feininger »Papa« genannt. **(S. 24, 50, 68, 74, 76, 80, 95, 97 f.,108, 131 f., 162, 177, 186)**

Lilienfeld (geb. Zuntz), Jeannette (Jenny) – Mutter Julia Feiningers **(S. 24, 50)**

Littmann – Freund von Andreas Feininger **(S. 136)**

Loewenstein, Karl – 1891–1973, deutscher Jurist. Der Sohn von Otto Loewenstein studierte unter anderem in Berlin, wo er Feininger kennenlernte und ihm die Produktion von dessen Modelleisenbahnen in der Fabrik seines Vaters empfahl. **(S. 60)**

Loewenstein, Otto – deutscher Zinnguss- und Spielwarenfabrikant in München. Die vereinbarte Produktion von Feiningers Modelleisenbahnen kam wegen des Ersten Weltkrieges nicht zustande. **(S. 60)**

Lore – siehe → Feininger, Lore

Ludendorff, Erich – 1865–1937, deutscher General und Politiker. Er beteiligte sich 1920 am Kapp-Putsch. **(S. 158)**

Luxemburg, Rosa – 1871–1919, polnisch-russische Politikerin. **(S. 106)**

Macke, August – 1887–1914, deutscher Maler. Er gehörte zum Kreis um den »Blauen Reiter«. **(S. 66, 133)**

Mackensen, Fritz – 1866–1953, deutscher Maler. Er war Mitbegründer der Künstlerkolonie Worpswede, wurde 1908 als Professor an die Kunsthochschule in Weimar berufen, deren Direktor er zwei Jahre später wurde. 1918 kehrte er nach Worpswede zurück. **(S. 168, 188)**

Maeterlinck, Maurice – 1862–1949 belgischer Schriftsteller **(S. 56)**

Mahler, Alma – 1879–1964, österreichische Komponistin. Sie war von 1902 bis 1911 mit dem Komponisten Gustav Mahler verheiratet, von 1915 bis 1920 mit Walter Gropius und ab 1929 mit dem Schriftsteller Franz Werfel. **(S. 14, 115)**

Malikoff, Nikolai – 1874–1931, russisch-ukrainischer Schauspieler und Regisseur, der auch aufgrund seines markanten Aussehens zu einem Star des deutschen Stummfilms wurde **(S. 221)**

Manon – siehe → Burchard, Marie Manon

Marc, Franz – 1880–1916, deutscher Maler. Mit Wassily Kandinsky gründete er in München den »Blauen Reiter«, zu dessen Kreis auch Alfred Kubin gehörte. Auf dessen Empfehlung lud er 1913 Lyonel Feininger ein, gemeinsam mit dem »Blauen Reiter« im »Ersten Deutschen Herbstsalon« in Berlin auszustellen. **(S. 21, 66, 133, 249)**

Marcks, Gerhard – 1889–1981, deutscher Bildhauer und Grafiker. Er wurde 1919 am Bauhaus Formmeister der Keramikwerkstatt. 1925 wechselte er an die Kunstgewerbeschule Burg Giebichenstein in Halle, deren kommissarischer Direktor er von 1928 bis zu seiner Entlassung 1933 wurde. Er versuchte, Feininger an diese Schule zu ziehen. **(S. 20, 108, 132, 143–145, 160–162, 170 f., 222 f., 226, 262, 267, 283)**

Marcks, Maria – 1886–1983, seit 1914 Ehefrau von Gerhard Marcks **(S. 226)**

Marées, Hans von – 1837–1887, deutscher Maler **(S. 132)**

Marianne – siehe → Feininger, Marianne

Marianne – Hausmädchen von Feiningers **(S. 246)**

Mariemanon – siehe → Burchard, Marie Manon

Mataré, Ewald – 1887–1965, deutscher Bildhauer und Grafiker **(S. 222)**

Melville, Hermann – 1819–1891, amerikanischer Schriftsteller **(S. 220)**

Mendelssohn-Bartholdy, Felix – 1809–1847, deutscher Komponist **(S. 40)**

Metzinger, Jean – 1883–1956, französischer Maler des Kubismus **(S. 160)**

Meyer, Hannes – 1889–1954, schweizer Architekt. Er übernahm 1927 am Bauhaus in Dessau die in Aufbau befindliche Architekturabteilung und wurde 1928 Nachfolger von Gropius als Bauhausdirektor. 1930 wurde er wegen der Unterstützung kommunistischer studentischer Aktivitäten entlassen. **(S. 200, 209, 222, 233, 266)**

Mies van der Rohe, Ludwig – 1886–1969, deutscher Architekt. Er wurde 1930 als Nachfolger Hannes Meyers Bauhausdirektor. Nach dessen Schließung in Dessau 1932 eröffnete er es in Berlin als Privatinstitut. Im April 1933 wurde es polizeilich gesperrt, und es löste sich am 10. August endgültig auf. **(S. 233, 245, 266)**

Möller, Ferdinand – 1882–1956, deutscher Kunsthändler. In seiner Galerie in Berlin vertrat er schwerpunktmäßig die Künstler der »Brücke« und dann auch die des Bauhauses. 1923 organisierte er zusammen mit W. R. Valentiner eine Ausstellung deutscher Gegenwartskunst in New York. 1929 veranstaltete er in Berlin eine Ausstellung der »Blauen Vier«. **(S. 148, 151, 223, 253)**

Moholy-Nagy, Laszlo – 1895–1946, ungarischer Maler, Ausstellungsgestalter, Fotografie- und Filmpionier. Am Bauhaus übernahm er 1923 den Vorkurs und die Metallwerkstatt. Er verließ das Bauhaus beim Ausscheiden von Gropius. **(S. 147, 167, 175, 206, 209)**

Mozart, Wolfgang Amadeus – 1756–1791, österreichischer Komponist **(S. 83)**

Muche, Georg – 1895–1987, deutscher Maler. Er kam 1920 ans Bauhaus und übernahm im Folgejahr die Weberei. Er verließ das Bauhaus 1927. **(S. 131, 145, 147, 165, 167, 171, 174, 176, 200)**

Muche, Elsa (geb. Franke) – 1901–1980, Malerin und Weberin, Bauhausschülerin und von 1922 an Georg Muches Ehefrau **(S. 169)**

Müller, Felix Walther – 1879–1970, deutscher Kommunalpolitiker, von 1920 bis 1937 Oberbürgermeister von Weimar **(S. 171)**

Mussorgski, Modest – 1839–1881, russischer Komponist **(S. 209, 211, 213)**

Neumann, Dr. – Julia Feininger Zahnarzt **(S. 120)**

Neumeyer, Alfred – 1901–1973, deutscher Kunsthistoriker. Er emigrierte 1935 in die USA und erhielt eine Professur am Mills College in Oakland. **(S. 260)**

Nierendorf, Karl – 1889–1947, deutscher Kunsthändler. Er gründete gemeinsam mit seinem Bruder Josef 1923 Galerien in Düsseldorf und Berlin. 1937 gründete er allein die Nierendorf Gallery in New York, während sein Bruder die Berliner Galerie weiterführte. **(S. 260 f.)**

Nolde, Emil – 1867–1956, deutscher Maler und Grafiker. Er wurde 1909 Mitglied der Berliner Secession, die er im folgenden Jahr wieder verließ, um sich der Neuen Secession anzuschließen. **(S. 227 f., 249)**

Osborn, Max – 1870–1946, deutscher Kunstkritiker **(S. 16)**

Pallat, Annemarie – 1875–1972, Ehefrau von Ludwig Pallat und Schwester des Dichters Otto Erich Hartleben **(S. 249)**

Pallat, Ludwig – 1867–1946, deutscher Archäologe, ab 1898 als wissenschaftlicher Mitarbeiter im Preußischen Kultusministerium für die Reform der Kunstschulen tätig **(S. 249)**

Papa – siehe → Lilienfeld, Bernhard

Paul, Jean – 1763–1825, deutscher Schriftsteller **(S. 92, 103)**

Pechstein, Max – 1881–1955, deutscher Maler und Grafiker. Er war Mitglied der Künstlergruppe »Brücke« und 1910 Mitbegründer der Neuen Secession. **(S. 106, 150, 279)**

Picasso, Pablo – 1881–1973, spanischer Maler, Grafiker und Bildhauer. Er begründete mit Georges Braque den Kubismus. **(S. 60, 160)**

Potter-Feininger, Jane – amerikanische Pianistin, zweite Frau von Lyonel Feiningers Vater Karl **(S. 137)**

Preller, Louis – 1822–1901, deutscher Maler **(S. 188)**

Probst, Rudolph – 1890–1968, deutscher Kunsthistoriker und Kunsthändler. Von 1923 bis 1933 führte er die »Galerie Neue Kunst Fides« in Dresden und engagierte sich besonders stark für Nolde und Feininger. **(S. 189)**

Pulu – Kosename, den Lyonel Feininger für Julia benutzt, auch Name eines seiner Schiffsmodelle

Ralfs, Otto – 1892–1955, deutscher Kaufmann. Er gründete 1924 in Braunschweig die »Gesellschaft der Freunde junger Kunst« und später – mit unterschiedlichem Erfolg – Gesellschaften für Klee, Kandinsky und Feininger. **(S. 163)**

Rave, Paul Ortwin – 1893–1962, deutscher Kunsthistoriker. Seit 1922 Mitarbeiter der Nationalgalerie in Berlin, übernahm er 1937 kommissarisch deren Leitung. **(S. 208)**

Redslob, Edwin – 1884–1973, deutscher Kunsthistoriker. Von 1912 bis 1919 war er Direktor des Städtischen Museums in Erfurt. 1920 wurde er zum Reichskunstwart ernannt und als solcher 1933 zwangspensioniert. **(S. 112, 114)**

Reinhardt, Max – 1873–1943, österreichischer Regisseur. Zwischen 1902 und 1933 leitete und gründete er in Berlin mehrere Theater. **(S. 250)**

Reitz, Robert – 1884–1951, schweizerischer Violinist. Er war von 1909 bis 1942 Konzertmeister der Staatskapelle in Weimar und Dozent, ab 1919 Professor, an der dortigen Musikschule. **(S. 114, 122, 125)**

Rive, Richard Robert – 1864–1947, deutscher Jurist und Kommunalpolitiker. Er war von 1906 bis 1933 Oberbürgermeister von Halle (Saale). **(S. 223, 226, 236)**

Rosenberg, Alfred – 1893–1946, baltischer Politiker und Ideologe. Er gründete 1929 den »Kampfbund für Deutsche Kultur«, in dem vor allem Schultze-Naumburg aktiv war. Ab 1933 war er kulturpolitischer Konkurrent und Gegenspieler von Goebbels. **(S. 254)**

Rousseau, Henri – 1844–1910, französischer Zollbeamter und autodidaktischer Maler **(S. 92, 95)**

Runge – Einwohner von Deep **(S. 256)**

Rust, Bernhard – 1883–1945, deutscher Politiker, wurde 1933 preußischer Kultusminister und 1934 Reichsminister für Wissenschaft, Erziehung und Volksbildung **(S. 249)**

Satie, Erik – 1866–1925, französischer Komponist **(S. 160)**

Schardt, Alois – 1889–1955, deutscher Kunsthistoriker, von 1920 bis 1923 Mitarbeiter Justis in der Neuen Abteilung der Nationalgalerie in Berlin. 1923 bis 1925 leitete er die Bildungsanstalt in Hellerau, die auch von einem Sohn Pechsteins und zwei Söhnen Feiningers besucht wurde. 1926 wurde er Direktor des Moritzburg-Museums in Halle (Saale) und initiierte 1929 die Entstehung der Halle-Bilder Feiningers. 1933 trat er der NSDAP und dem Kampfbund für Deutsche Kultur bei. Er wurde für ein halbes Jahr kommissarischer Direktor der Nationalgalerie. 1936 wurde Schardt pensioniert. Er emigrierte 1939 in die USA. **(S. 20 f., 107, 118, 153, 195, 203, 214, 216 f., 223, 225 f., 228, 236, 239 f., 249, 253, 260–262, 266)**

Schardt, Richard – katholischer Priester, Bruder von Alois Schardt **(S. 227)**

Schardt-Dietrich, Mary – 1896–1951, deutsche Schauspielerin. 1915 heiratete sie Alois Schardt. Von 1923 bis 1926 unterrichtete sie an der Bildungsanstalt in Hellerau Gymnastik und Schauspiel. **(S. 153, 173)**

Scheffler, Karl – 1869–1951, deutscher Kunstkritiker und Publizist **(S. 150)**

Scheidemann, Philipp – 1865–1939, deutscher Politiker und Publizist. Er proklamierte am 9. November 1918 die Deutsche Republik und wurde 1919 für ein Jahr Ministerpräsident des Reiches. **(S. 105, 121)**

Scheyer, Emmy »Galka« – 1889–1945, deutsche Malerin, Kunstpädagogin und Kunsthändlerin. Ab 1919 vertrat sie Jawlenskys Kunst. 1924 gründete sie die »Blaue Vier« mit Jawelensky, Kandinsky, Klee und Feininger, für die sie in Amerika zahlreiche Ausstellungen und Verkäufe organisierte. **(S. 152, 162, 176, 200, 209, 148, 260 f., 262, 266, 273)**

Schiebel, Hermann – 1896–1973, deutscher Kunstpädagoge und Grafiker. Er wurde 1934 Direktor der Kunstgewerbeschule Burg Giebichenstein in Halle (Saale) und außerdem von 1936 bis 1939 kommissarischer Direktor des Moritzburg-Museums. **(S. 253 f.)**

Schindler, Alma – siehe →Mahler, Alma

Schlemmer, Carl (Caska) – Bruder von Oskar Schlemmer, ab 1921 Werkmeister in der Werkstatt für Wandmalerei am Bauhaus, 1922 wurde er entlassen. **(S. 144, 147)**

Schlemmer, Oskar – 1888–1943, deutscher Maler und Bühnengestalter. Er übernahm 1921 am Bauhaus die Bildhauerei und 1923 die Bühnenwerkstatt, die in Dessau eine eigene Bühne erhielt. 1929 wechselte er an die Breslauer Kunstakademie. **(S. 133, 136, 145, 162, 170, 179 f., 195, 197, 199, 222 f.)**

Schlemmer, Tut – 1890–1987, deutsche Wirtschaftswissenschaftlerin. 1920 heiratete sie Oskar Schlemmer. **(S. 197, 199)**

Schmidt-Rottluff, Karl – 1884–1976, deutscher Maler und Grafiker. Er war Mitglied der Künstlergruppe »Brücke«. Feiningers Vorschlag, als Nachfolger Paul Klees ans Bauhaus zu kommen, lehnte er ab. **(S. 63, 66, 89, 105, 251, 254, 252, 266, 283)**

Schreyer, Lothar – 1886–1966, deutscher Dichter und Dramaturg. Er gründete 1918 in Berlin die Sturmbühne und 1919 in Hamburg die Kampfbühne. Ab 1921 baute er am Bauhaus, das er 1923 wieder verließ, die Bühnenwerkstatt auf. **(S. 133, 147, 272)**

Schubert, Franz – 1797–1828, österreichischer Komponist **(S. 40)**

Schultze-Naumburg, Paul – 1869–1949, deutscher Architekt. 1928 erschien sein Buch »Kunst und Rasse«, in dem er moderne Kunstwerke mit Fotos geistig und körperlich Behinderter verglich. Im Rahmen des »Kampfbunds für Deutsche Kultur« entfaltete er ab 1929 eine ausgedehnte Vortragstätigkeit über diese Thematik. 1930 wurde er Direktor der Weimarer Kunsthochschule und ließ im ehemaligen Werkstattgebäude des Bauhauses die Wandgestaltungen Schlemmers vernichten. **(S. 233, 239 f., 270, 279)**

Schumann, Robert – 1810–1856, deutscher Komponist **(S. 40)**

Shakespeare, William – 1564–1616, englischer Dichter und Dramatiker **(S. 153, 173)**

Slevogt, Max – 1868–1932, deutscher Maler und Grafiker. 1901 trat er der Berliner Secession bei. **(S. 150)**

Sophie – 1868–1914, Herzogin von Hohenberg. Sie heiratete 1900 den österreichischen Thronfolger Franz Ferdinand und fiel 1914 mit ihm dem Attentat von Sarajevo zum Opfer. **(S. 80)**

Spicer-Simson, Theodore – 1871–1959, englischer Bildhauer. Er lebte ab 1884 vorwiegend in Frankreich und war Patenonkel der Feiningersöhne. **(S. 236, 244)**

Struck, Hermann – 1876–1944, deutscher Maler und Grafiker **(S. 77)**

Strübe, Adolf – 1881–1973, deutscher Maler. Er lehrte ab 1909 an der Unterrichtsanstalt des Kunstgewerbemuseums und nach dem Ersten Weltkrieg an der Kunsthochschule in Berlin. **(S. 138)**

Sue, Eugene – 1804–1857, französischer Schriftsteller **(S. 56)**

Teupser, Werner – 1895–1954, deutscher Kunsthistoriker. Er wurde 1923 Mitarbeiter und 1929 Direktor des Museums der Bildenden Künste in Leipzig. **(S. 148)**

Thedy, Max – 1858–1924, deutscher Maler und Grafiker, seit 1882 Professor an der Weimarer Kunsthochschule **(S. 118)**

Tobey, Mark – 1890–1976, amerikanischer Maler, der 1944 mit einer Ausstellung seiner White Writing Paintings in Amerika Bekanntheit erlangt hat **(S. 261 f., 267)**

Turner, William – 1775–1851, englischer Maler **(S. 22, 50)**

Valentin, Curt – 1902–1954, deutsch-amerikanischer Kunsthändler, eröffnete nach seiner Emigration aus Deutschland in New York die »Buchholtz Gallery« **(S. 261, 267)**

Valentiner, William R. – 1880–1958, deutscher Kunsthistoriker. Er war 1919 im »Arbeitsrat für Kunst« aktiv. 1921 wanderte er in die USA aus und wurde 1924 Direktor des Detroit Institute of Arts. 1923 organisierte er gemeinsam mit Ferdinand Möller in New York eine Ausstellung deutscher Gegenwartskunst. **(S. 133, 148, 261, 277)**

Veidt, Conrad – 1893–1943, deutscher Schauspieler, der nach seiner Rolle als Cesare in »Das Cabinet des Dr. Caligari« und als Iwan der Schreckliche aus sinistre Rollen abonniert war. **(S. 165)**

Velde, Henry van de – 1863–1957, belgischer Architekt und Designer. Er gründete die Kunstgewerbeschule in Weimar und leitete sie bis zu ihrer kriegsbedingten Schließung 1915. Als Nachfolger empfahl er Walter Gropius. **(S. 7, 68, 168, 272)**

Voss, Lilo – Freundin von Andreas Feininger **(S. 244)**

Walden, Herwarth – 1878–1941, deutscher Schriftsteller, Komponist, Verleger und Galerist. Er gab ab 1910 die Zeitschrift »Der Sturm« heraus und führte ab 1912 in Berlin die gleichnamige Galerie. Zeitschrift und Galerie wurden wichtige Zentren der künstlerischen Moderne. **(S. 66, 78, 92, 95, 101–104)**

Wegener, Paul – 1874–1948, deutscher Schauspieler **(S. 210)**

Werner, Fred – *1869, australischer Musiker, Organist **(S. 25)**

Wichert, Fritz – 1878–1951, deutscher Kunsthistoriker. Er wurde 1909 Direktor der Mannheimer Kunsthalle und 1923 Direktor der Städelschule in Frankfurt am Main. **(S. 170 f.)**

Wieber, Adolf – 1894–1969, deutscher Organist und Dozent am Musikseminar und an der pädagogischen Akademie in Halle (Saale), von 1925 an Organist an der dortigen Moritzkirche **(S. 189 f.)**

Wilhelm II. – 1859–1941, von 1888 bis 1918 deutscher Kaiser **(S. 64)**

Wilke – Familie in Deep, bei der sich Feiningers zu ihren Sommeraufenthalten einmieteten. **(S. 156 f., 218, 230, 246, 256, 258)**

Wilson, Woodrow – 1856–1924, amerikanischer Politiker, von 1913 bis 1921 Präsident der Vereinigten Staaten **(S. 107, 121)**

Wittwer, Hans – 1894–1952, schweizerischer Architekt. Er war von 1927 bis 1929 in der Bauabteilung des Bauhauses tätig und wechselte dann an die Kunstgewerbeschule Burg Giebichenstein in Halle (Saale); später Gründer der Laubacher Kantorei. **(S. 222 f.)**

Wolfradt, Willi – 1892–1988, deutscher Kunsthistoriker und Kunstkritiker **(S. 152)**

Wong, May – 1905–1961, amerikanische Schauspielerin chinesischer Abstammung **(S. 235)**

Wysse – siehe → Feininger, Gertrud Wysse

Zachmann, Joseph – deutscher Tischler, von 1921 bis 1922 Werkmeister in der Bauhaus-Tischlerei, 1922 wurde er entlassen. **(S. 144, 147)**

Zuntz, August – † 1967, deutscher Fabrikant. Er baute nach dem Ersten Weltkrieg die Berliner Zweigstelle des Kaffeeunternehmens der Familie aus. **(S. 24, 189)**

Zu dieser Ausgabe

Lyonel Feininger war ein großer Briefeschreiber, dessen Korrespondenz, sofern sie sich erhalten hat, weit verstreut vor allem in Europa und in den USA aufzufinden ist und sich meist im Besitz von Museen, Sammlern oder Privatleuten befindet. Das größte Konvolut an Briefen, darunter die Original-Briefe dieser Ausgabe, befindet sich unter den Lyonel Feininger Papers in der Houghton Library der Harvard University in Cambridge/Massachusetts – in enger Nachbarschaft zum Busch-Reisinger Museum, in dem sich neben zahlreichen Naturnotizen des Künstlers auch Lyonel Feiningers Fotografien befinden. Das 1903 eröffnete und ebenfalls zur Harvard University gehörige Museum ist ausdrücklich der Forschung zur Kunst aus deutschsprachigen Ländern gewidmet und im Verbund mit der Houghton Library speziell für die Feininger-Forschung eine wichtige Adresse. Zu den Beständen, die von der Witwe dorthin gegeben wurden, gehören nicht nur Briefe aus der Hand Lyonel Feiningers, sondern auch die Briefe Julia Feiningers an ihren Mann und die an Feininger gerichtete Korrespondenz zahlreicher anderer Personen, darunter Künstlerfreunde wie Erich Heckel, Alexej Jawlensky, Alfred Kubin, Gerhard Marcks und Karl Schmidt-Rottluff.

Eine wissenschaftliche Edition des Briefwechsels zwischen Julia und Lyonel Feininger gibt es bisher nicht. Um 1960 hat Julia Feininger Auszüge aus den Briefen ihres Mannes an sie mit dem Ziel einer Publikation transkribiert, die jedoch nicht zustande kam. Das Typoskript umfasst 553 eng beschriebene Seiten, es präsentiert die ausgewählten Briefstellen chronologisch und ist in unterschiedlich umfangreiche Jahres-Kapitel gegliedert. Die Auswahl umfasst Auszüge aus ungefähr 850 Briefen. Auslassungen sind darin nicht immer gekennzeichnet, auch wurden von Julia Feininger kleine Änderungen gegenüber den Originalen vorgenommen. Von dem Typoskript existieren Kopien u. a. im Archiv der Hamburger Kunsthalle, im Bauhaus-Archiv Berlin, im Zentralarchiv der Berliner Museen und in der Lyonel-Feininger-Galerie in Quedlinburg. Nach diesen Kopien wird in der

Feininger-Literatur bis heute fast ausschließlich zitiert. Auch für die vorliegende Briefausgabe bildet das Typoskript die Grundlage – wobei nun erstmals die von Julia Feininger getroffene Auswahl zumindest teilweise in einer eigenständigen Buchpublikation vorliegt.

Das Gesamtkonvolut der transkribierten Briefe Lyonel Feiningers an Julia Feininger umfasst den Zeitraum vom 2. Oktober 1905 bis zum 24. September 1935. Die Aufenthaltsorte des Briefschreibers waren Berlin, das Ostseebad Deep in Pommern, Dessau, Dresden, Erfurt, Halle an der Saale, Neppermin (auf der Insel Usedom), Paris und Weimar. Nach 1935 waren die Eheleute nicht mehr so oft getrennt, so dass die schriftliche Korrespondenz zwischen ihnen fast ganz abbrach. Obwohl es sich um Transkripte und Auszüge aus den Originalbriefen handelt, deren wissenschaftliche Aufarbeitung noch aussteht, bieten die von Julia Feininger hergestellten Abschriften ein reichhaltiges Quellenmaterial, aus dem für die vorliegende Leseausgabe eine aus 283 Briefen stammende enge Auswahl getroffen wurde. Diese erfolgte nach der Maßgabe, wichtige Themen im Leben des Künstlers, (Ehe-)Partners und Familienvaters vor dem Hintergrund des Weltgeschehens zu erfassen und exemplarische Äußerungen Feiningers dazu hervorzuheben.

Lyonel und Julia schrieben sich überwiegend in deutscher Sprache. Der Amerikaner Lyonel Feininger pflegte dabei einen lebendigen, unmittelbaren und originellen Schreibstil, meist im Duktus der mündlichen Konversation. Sprachliche und schriftliche Eigenarten wurden in dieser Ausgabe unverändert wiedergegeben, wie etwa die spielerische Bezeichnung »die Junx« für seine Söhne oder Feiningers Vorliebe für die Verwendung von »c« in deutschen Fremdwörtern, etwa bei »clischieren« oder »Secunde«, sowie die durchgängige Verwendung von »ss« anstelle von »ß«, die sich auch in seiner handschriftlichen Korrespondenz nachweisen lässt. Besonders charakteristisch ist die ebenso spielerische wie beiläufige Vermischung der englischen mit der deutschen Sprache, wobei die jeweiligen Regeln der Groß- und Kleinschreibung oft freimütig vertauscht werden. Auch diese Eigenheiten wurden in der vorliegenden Ausgabe beibehalten. Die Rechtschreibung in dem vor über hundert Jahren begonnenen Briefwechsel wurde in der damals üblichen Form belassen, auch in die oft freie und mitunter nicht regelkonforme Handhabung wurde nicht eingegriffen, um einen authentischen Eindruck von der Korrespondenz zu vermitteln – beispielsweise verwendet Feininger bei Substantivierungen häufig die Kleinschreibung, und seine Zeichensetzung folgt bei Nebensätzen tendenziell den für das Englische geltenden Regeln und selten den deutschen. Nur offensichtliche Tippfehler sind stillschweigend bereinigt, wie auch die gelegentliche Verwendung von Leerzeichen vor einem Satzzeichen. Schreibfehler in Namen wie etwa »Mendelsohn« (für Felix Mendelssohn Bartholdy) oder »Hans Heinz Evers« (im Brief vom 7. Dez. 1905) wurden hingegen beibehalten, weil ihnen möglicherweise eine eigene Aussagekraft zugeschrieben werden kann. Entsprechende Stellen sind jeweils in einer Fußnote in der korrekten Form wiedergegeben.

Unterstreichungen in Julia Feiningers Typoskript wurden übernommen; sie bilden eine häufig von Lyonel Feininger angewandte Praxis für Hervorhebungen ab. Auslassungen sind in den Brieftranskripten von Julia Feininger entweder mit drei oder auch mit nur zwei Pünktchen kenntlich gemacht. Dabei lässt es sich anhand der Transkription nicht endgültig unterscheiden, ob es sich (wie wohl in den meisten Fällen) um eine von Julia Feininger veranlasste Auslassung oder – vermutlich viel seltener – um Auslassungspunkte im Originaltext der Briefe handelt. Alle von Julia Feininger im Typoskript verzeichneten Auslassungen sind in dieser Buchausgabe mit den im Deutschen üblichen drei Pünktchen wiedergegeben. Wo für die nun vorliegende Buchpublikation in den ausgewählten 283 Briefen weitere Passagen weggelassen wurden, ist dies durch Auslassungszeichen in eckigen Klammern »[…]« deutlich gemacht. Zudem wurden zur besseren Orientierung die Orte, von denen aus die Briefe abgesandt wurden, in eckigen Klammern in der Datumszeile ergänzt, wo sie fehlten. Finden sich in der Datumszeile Angaben in runden Klammern, so sind dies von Julia Feininger bereits im Typoskript ergänzte Angaben. Auch über die Datumszeile hinaus gibt es in den Brieftexten gelegentlich von Julia Feininger in

Klammern eingefügte Erklärungen oder Wortergänzungen; diese sind im Brieftext ebenfalls in Klammern und kursiv wiedergegegben.

Die in den Fußnoten beigegebene Übersetzung englischsprachiger Einsprengsel und Briefpassagen wurden von der Herausgeberin Ines Burdow und von Sabine Franke besorgt. Darin sind im Original verwendete deutsche Wörter gesperrt gesetzt.

Dank

Zunächst gebührt dem Kunsthistoriker Michael Freitag Dank, der im Jahr 2018 in seiner damaligen Funktion als Direktor der Lyonel-Feininger-Galerie in Quedlinburg mit dem Auftrag für ein Live-Hörspiel den Anstoß zu einer Beschäftigung mit dem Konvolut der transkribierten Briefe Lyonel Feiningers an Julia gab. Michael Freitag, der Kunsthistoriker Roland März † und der Künstler Frank Diersch haben die erste Phase der Auseinandersetzung durch Inspiration und Beratung unterstützt. So folgte dem Hörspiel ein Feature-Auftrag für den öffentlich-rechtlichen Rundfunk und der Gedanke an ein Buch. Zu danken ist dann vor allem Anke Fesel, die das Projekt an den Verlag vermittelt hat. Conrad Feininger gilt herzlicher Dank für sein offenes Ohr und seine Unterstützung bei der Einholung der Rechte. In den Harvard Art Museums waren Lynette Roth (Leiterin der Abteilung Modern and Contemporary Art und Daimler Curator des Busch-Reisinger Museums) und Megan Schwenke (Senior Archivist und Records Manager) eine unersetzliche Hilfe. Ihnen sei ebenso Dank gesagt wie Achim Moeller vom Lyonel Feininger Project in New York für Auskünfte zu Gemälden Feiningers. Sabine Franke danken wir für das umsichtige und engagierte Lektorat, von dem so manche Anregung in das Buch eingeflossen ist. Und nicht zuletzt gebührt dem Verleger Gunnar Cynybulk großer Dank für seinen Mut und seine Risikobereitschaft, sich so kurzfristig für das Projekt begeistern zu lassen.

Ines Burdow *Andreas Hüneke*

Bildquellen

Umschlag: Photo by Andreas Feininger / Getty Images **Buchbezug:** Lyonel Feininger: »Ausfahrende Schiffe«, 1917, Privatsammlung. Tusche, Aquarell, 23,7 × 31 cm; akg-images © VG Bild-Kunst, Bonn **Julia aus dem »Album von 1905«:** Lyonel Feininger: Julia, Foto aus Skizzenbuch von Lyonel Feininger, um 1905, Silbergelatine / Papier, 96 × 124 mm, Sammlung Dr. Hermann Klumpp, Kulturstiftung Sachsen-Anhalt, Lyonel-Feininger-Galerie; Foto: Kulturstiftung Sachsen-Anhalt © VG Bild-Kunst, Bonn 2021 **Lyonel vermutlich 1905 im Dorf Niedergrundstedt:** Lyonel Feininger sketching, Graal or Rügen, Baltic coast, image inverted from negative. Harvard Art Museums/Busch-Reisinger Museum, Gift of T. Lux Feininger, Photo ©President and Fellows of Harvard College, BRLF.675.241 **Karikatur »Der Engländer ...«:** Universitätsbibliothek Heidelberg / »Lustige Blätter« Heft 7, 1906 (Heine-Nummer) / Seite 4 / https://digi.ub.uni-heidelberg.de/diglit/lb21/0119 **Julia am Zeichentisch in Paris 1906:** Julia Feininger drawing in studio, Paris, image inverted from the negative, Harvard Art Museums/Busch-Reisinger Museum, Gift of T. Lux Feininger, © Artists Rights Society (ARS), New York / VG Bild-Kunst, Bonn, BRLF.675.258 **Julia mit Andreas in Paris 1907:** Julia and Andreas Feininger, Paris, image inverted from the negative, Harvard Art Museums/Busch-Reisinger Museum, Gift of T. Lux Feininger, © Artists Rights Society (ARS), New York / VG Bild-Kunst, Bonn, Photo ©President and Fellows of Harvard College, BRLF.675.223 **Julia mit den Söhnen Andreas und Laurence, 1909:** Julia Feininger with her sons Laurence and Andreas, image inverted from the negative, Harvard Art Museums/Busch-Reisinger Museum, Gift of T. Lux Feininger © Artists Rights Society (ARS), New York / VG Bild-Kunst, Bonn, BRLF.675.448 **Brief an Bernhard Lilienfeld auf Briefpapier mit Holzschnitt:** Feininger letter on woodcut stationary, Harvard Art Museums/Busch-Reisinger Museum, Gift of Julia Feininger, © Artists Rights Society (ARS), New York / VG Bild-Kunst, Bonn, Photo ©President and Fellows of Harvard College, BR63.154 **Julia und Lyonel beim Zeichnen in Heringsdorf oder Swinemünde:** Julia and Lyonel Feininger at harbor, Heringsdorf or Swinemünde, image inverted from the negative, Harvard Art Museums/Busch-Reisinger Museum, Gift of T. Lux Feininger, Photo ©President and Fellows of Harvard College, BRLF.675.226 **Lyonel am Harmonium:** Lyonel Feininger at his harmonium, image inverted from the negative, Harvard Art Museums/Busch-Reisinger Museum, Gift of T. Lux Feininger, Photo ©President and Fellows of Harvard College, BRLF.675.240 **Timmendorfer Strand 1922:** Untitled (Snapshot of Beach at Thiemendorf: Walter Gropius, Nina and Wassily Kandinsky, Lyonel and Julia Feininger), Harvard Art Museums/Busch-Reisinger Museum, Gift of Julia Feininger, Photo ©President and Fellows of Harvard College, BR63.5472 **Bauhausmeister (Ausschnitt):** Bauhaus Dessau Masters on the roof: left to right, Josef Albers, Hinnerk Scheper, Georg Muche, László Moholy-Nagy, Herbert Bayer, Joost Schmidt, Walter Gropius, Marcel Breuer, Wassily Kandinsky, Paul Klee, Lyonel Feininger, Gunta Stölzl, Oskar

Schlemmer, Harvard Art Museums/Busch-Reisinger Museum, Gift of Ati Johanssen, Photo ©President and Fellows of Harvard College, BRGA.1.29 **Julia und Lyonel im Atelier im Meisterhaus in Dessau 1927:** Lyonel and Julia Feininger in Bauhaus studio, image inverted from the negative, Harvard Art Museums/Busch-Reisinger Museum, Gift of T. Lux Feininger, Photo ©President and Fellows of Harvard College, BRLF.671.5 **Lyonel und Julia 1929:** siehe Umschlag **Julia in Lyonels Atelier:** Julia Feininger in Feininger's studio, Moritzburg, Halle, image inverted from the negative, Harvard Art Museums/Busch-Reisinger Museum, Gift of T. Lux Feininger, © Artists Rights Society (ARS), New York / VG Bild-Kunst, Bonn, Photo ©President and Fellows of Harvard College, BRLF.6.14 **Lyonel in den 1930er Jahren mit Schiffsmodell:** Lyonel Feininger with ship model, image inverted from the negative, Harvard Art Museums/Busch-Reisinger Museum, Gift of T. Lux Feininger, Photo ©President and Fellows of Harvard College, BRLF.454.9 **Lyonel 1932 in Deep mit seinen Söhnen:** Lyonel Feininger and sons on the beach, Deep, Baltic Coast, image inverted from the negative, Harvard Art Museums/Busch-Reisinger Museum, Gift of T. Lux Feininger, Photo ©President and Fellows of Harvard College, BRLF.164.23 **Julia und Lyonel 1939 auf der Dachterrasse ihres Wohngebäudes in New York:** Julia and Lyonel Feininger in roof garden, 16th Floor, 235 E. 22nd Street apartment, New York, New York, image inverted from the negative, Harvard Art Museums/Busch-Reisinger Museum, Gift of T. Lux Feininger, Photo ©President and Fellows of Harvard College, BRLF.502.3